SUPER GROUP CORPORATE
FINANCE MANAGEMENT

超级集团财务

余东文 —— 著

复旦大学 出版社

序

公司从小做到大，从单体公司发展到集团公司，一路走来，非常不易，可以说每一个成功的集团企业都可能隐藏着一个不为人知的发展故事。这些企业是否存在一个具有普遍意义的管理DNA？对集团公司的CFO而言，这些公司是否存在一种先进的财务管理模式？这是值得理论界和实务界同仁们思考的问题。

集团公司在引领产业发展、振兴国家经济方面作用巨大。在2019年财富世界500强中，有129家来自中国，历史上首次超过美国（121家），内地及香港企业达到119家，令人欢欣鼓舞。与此同时，我们还应该注意到，当下国家经济转型正在加速，从追求GDP的数量增长转为追求经济高质量发展，中美贸易战、行业周期与经济结构调整的多重压力，让集团公司面临着增长乏力、回报下降、财务风险上升的转型之痛，可以说集团企业的发展还存在着一定的不确定性。

集团公司的本质是什么？集团公司的财务干什么？集团公司应该如何看待金融业务？多元化、专业化与一体化分别适合什么样的集团？集团的哲学思维是什么？业务组合平衡的原则是什么？如何降杠杆、保持财务弹性、进行资本约束？如何开展投资并购？财务在基建、研发项目管理中可以发挥哪些作用？如何提高内部运营水平？海外投资与经营的经验、教训及建议有哪些？三层级财务分析各自的重点是什么？IPO的难点、问题有哪些？借壳上市的成本怎么算？应该怎么做市值管理？集团未来5年的产业发展趋势会怎样？这些都是摆在集团、个人面前的现实问题，也是转型时期最值得研究的问题。

目前，对集团公司财务的研究著作还不多，涉及以上问题的高水平专著更是凤毛麟角。总体而言，我觉得本书有以下特点。

1. 紧扣集团特点

集团组织具有独特的优势与特点，也面临独有的难题，不同的定位决定了集团的管控模式，从而形成了集团财务的职能定位。作者根据特大型集团的特点，跳出股权层级思维局限，将管理层级分为总部、产业板块与经营单元三级，集团总部财务设立共享中心、智能化中心、资金中心、财务卓越中心四个部门，集团公司总部的工作重心在于战略、产业布局、资源整合、海外经营、资本运作、资本结构管理等方面，令人豁然开朗，这也是与其他集团财务专著的不同之处。

2. 敢于突破与创新

在很多地方，作者别出心裁，开发了基于回报的存量业务整合模型，创造了基建项目概预算五步法，提出了"风险预算"的概念，归纳了投资并购的价值原理并认为价值是守恒的，提出了发现增长驱动力、抓住产业制高点、谁做最合适、怎么赚钱（买卖的落差价值与整合价值）的真知灼见。对基建、预算、应收账款、存货、成本、产品策略、业财融合、财务分析这些老生常谈的题目，作者花了一番心思，推陈出新，大胆借鉴了其他学科的知识，富有时代气息，读起来饶有兴趣。

3. 跳出财务谈财务，实用性强

市值管理、借壳上市、IPO都是当下资本市场的热点，但并非CFO的传统领地。古人云，只有错买的，没有错卖的。第五章产业投资与并购介绍了买的方法与技巧，第三章资源整合中则介绍了业务剥离的手法与技巧，相得益彰，在作者看来，买和卖都能创造价值。如何将财务在资本市场的功用放大,如果没有宽广的视野、扎实的研究,写好是很困难的。

作为财会战线的教育工作者,我深感学习理论并不难,大家接受相同的教育,但每个集团、每个 CFO 的实践能力就大不一样。与理论研究者不同,实务工作者要出专著,需要理论功底、洞察力、实践能力三者兼备。上海国家会计学院成立伊始,坚持"一流培训基地＋知名商学院"的特色发展模式,努力将学院发展成为中国顶尖的财会人才培养基地,积极鼓励师生进行实证研究。本书作者为上海国家会计学院的学员,也是我在江西财经大学任教时的学生,多年来,我见证了他大型集团公司的成长历程,被他孜孜以求的治学精神所打动。作者能写出这样一本高质量、复合型的专著,我感到很欣慰。

这本研究集团公司财务的专著实用性强,专业跨度大,积极吸收了国内外知名集团公司的最佳商业实践,融入了作者的理论创新、经验总结与实践探索,我非常乐意向所有的财务人员、投资人士、经营管理者推荐此书。

上海国家会计学院党委副书记、副院长
中国会计学会会计信息化专业委员会主任委员
刘勤教授

2019 年 7 月 15 日

目录 Contents

- 001　导论
- 017　**第一章　集团管控模式**
- 019　　第一节　集团的优势及特点
- 022　　第二节　集团管控模式的决定因素
- 023　　第三节　集团的难题
- 025　　第四节　集团管控模式的类型
- 026　　第五节　集团管控理念的突破
- 031　**第二章　集团总部的财务职能**
- 032　　第一节　定位
- 042　　第二节　总部财务管理架构及职能
- 052　　第三节　集团财务的思维
- 056　**第三章　资源整合**
- 059　　第一节　战略为先
- 067　　第二节　运用决策工具
- 068　　第三节　业务组合平衡
- 071　　第四节　整合模型
- 074　　第五节　整合措施
- 078　　第六节　业务剥离
- 082　　第七节　金融资产配置
- 085　　第八节　整合决策盲区

086	**第四章　资本结构管理**
088	第一节　资本结构之谜
088	第二节　资本结构的重要性
091	第三节　影响资本结构的关键因素
096	第四节　核心指标
096	第五节　如何进行资本结构管理
101	第六节　现实挑战
107	**第五章　产业投资与并购**
109	第一节　产业投资设计
122	第二节　可行性论证
129	第三节　投资决策
136	第四节　日常内控及风险管理
141	第五节　并购视点
146	附录1　高科技行业的投资策略
157	附录2　业绩补偿若干问题
160	附录3　独享一棵树,何必要一片森林?
162	**第六章　基建项目及营运**
164	第一节　基建项目管理
173	第二节　预算
183	第三节　应收账款
191	第四节　存货
205	第五节　成本管理
207	第六节　产品策略
214	第七节　业财融合
222	**第七章　海外公司**
224	第一节　境外投资遇寒流
225	第二节　海外企业经营维艰
228	第三节　海外公司理财环境

230　　第四节　重构海外公司财务
235　　第五节　树立全球化意识
238　　第六节　海外并购建议
241　　第七节　政策建言

第八章　财务分析

247　　第一节　集团分析的特点
248　　第二节　分析目的
250　　第三节　分析步骤
255　　第四节　各层级分析
277　　第五节　改进建议
280　　附录1　如何分析现金流量表？
283　　附录2　天虹纺织综合分析

第九章　IPO

297　　第一节　挑选中介机构
297　　第二节　股权融资及股东结构
300　　第三节　IPO后遗症
303　　第四节　时间是个魔术师
304　　第五节　内控制度存忧
305　　第六节　股东关系
306　　第七节　精选CFO
308　　第八节　十大魔咒
316　　第九节　政策建言
318　　附录　为什么农业企业上市难？

第十章　市值管理

321　　第一节　市值管理定位
321　　第二节　当前资本市场的特点
322　　第三节　影响市值的主要因素
324　　第四节　如何进行市值管理？

325	第五节　市值管理的量化决策
326	第六节　市值管理启迪

第十一章　A股壳成本　329

331	第一节　估值方法的选择
334	第二节　借壳成本的计算
336	第三节　借壳上市后的风险
336	第四节　背离西方理论的中国股市

第十二章　未来五年产业展望　338

339	第一节　大环境形势严峻
342	第二节　产业投资机会
345	第三节　改善产业投资环境
347	第四节　审时度势，苦练内功

第十三章　职业感悟　352

353	第一节　如何赢得信任？
353	第二节　优秀CFO的特质
354	第三节　当好战略助手
355	第四节　提高研究能力
356	第五节　练习五项能力
357	第六节　如何制订好文件？
359	第七节　财务团队能力建设
363	第八节　职业随想
364	第九节　跳槽选择
365	第十节　如何读书？

主要参考文献　366

导论

21世纪的前后十年,是中国财务管理界思潮涌动的岁月,四大会计事务所成为集团总部的座上宾,华为等知名企业聘请IBM、麦肯锡等顶尖国际咨询公司指点迷津,大批商界精英纷纷去日本、美国、德国考察取经,职场人士如饥似渴地学习西方国家的先进理论,GE、TOYOTA等在华企业纷纷登台分享各自全球最佳财务管理实践。国外财务管理的先进种子,在中国这片肥沃的土壤上开花结果,迅速地培育出一大批在世界舞台崭露头角的集团化公司。

从单个企业到众多子公司,从内涵式发展到投资并购,从自给自足到登陆资本市场,从国内竞争到全球角逐,在改革开发的黄金岁月里,庞大的市场活力是天然的试验场,中国集团公司迅速吸收国外先进理念、工具方法,集团财务管理水平一日千里。纵向看历史,中国集团财务管理取得的成绩有目共睹,但是横向比,新形势下的中国集团财务管理水平差距依然明显。

2019年财富500强中(财富500强入围并排名的依据是营业收入,姑且不论有些中国企业数据注水,贸易性收入占有一定比例),中国上榜企业达119家(不计台湾地区企业,下同),与美国的121家不相上下。入围的中国企业都是特大型集团,反映出中国集团型公司普遍存在以下问题。

首先,产业结构尚处工业化初级阶段,主要分布在石油、金融、电力、钢铁、汽车、煤炭、有色金属、建筑及房地产等领域。500强的榜单上,全球总共有5家房地产公司上榜,全部来自中国。令人忧虑的是,扭曲的经济结构对产业转型与升级将会是巨大的挑战。

其次,从回报水平分析,中国上榜企业的平均利润35亿美元,如果不计算11家银行的利润,108家非银行中国上榜企业的平均利润只有19.2亿美元,而美国非银行113家企业的平均利润高达52.8亿美元,是中国企业的近3倍;从亏损数量分析,500强的亏损榜上有31家公司,中国占了12家,中国企业亏损面为10.08%;从利润分布分析,数量占9.24%的11家上榜银行赚取了全部中国公司利润的47.5%,数量占90.76%的非银行企业赚的利润仅占52.5%;从回报能力分析,上榜中国企业的平均销售收益率为5.3%,低于上榜美国企业的7.7%和全球平均的6.6%,平均净资产收益率是9.9%,低于上榜美国企业的15%,也低于全球平均的12.1%。

再次,靠山吃山,营收的绝大部分来自国内。中国上榜119家企业,能称得上跨国公司的还很少,在全球资产分布、营收地区来源、员工国际化程度、管理水平领先程度、全球竞争力高低、价值链及全球资源整合能力方面与榜单中其他企业差距甚远。

最后,国有垄断色彩明显,大并不代表强,增长并不是由内生增长及管理水平提高所推动的。榜单前5位企业中,中国企业占到3个,分别为中石化、中国石油和国家电网。这些年政府主导央企或地方国企的重组,造就了新的500强国企,新晋500强榜单中,中国中车就是南北车合并后产生的。

研究的背景与意义

Dun和Bradstreet分别对1980年和1992—1993年美国公司的倒闭原因进行了调查,分析结论认为:随着管理经验丰富和管理水平的提高,破产倒闭的主要因素发生了重大变化,财务原因占47%,其中,营业成本过高占40%,债务负担过重占4%,资本不足占3%;经济因素占36%,其中,行业疲软占21%,利润不足占11%;余下的因素包括:灾难占6%,疏忽和欺诈分别占4%等。从国家宏观层面上分析,企业作为微观主体,战略只能排在末尾,和管理经验同样仅占1%。当然,外部因素(如金融市场、资本市场和宏观政策、国际贸易纠纷)和公司经营年数也是影响因素,但在1992—1993年的一年期无法得到反映。

美国公司破产原因似曾相识,加上中国政策变化快、经济结构尚显单一的特点(如国内GDP依赖"铁公基"、出口依赖美国),中国集团公司正在经历转型之痛。在过去的高增长时代,集团财务管理粗放并不是主要问题,只要抓住市场机会即可。集团依靠举债经营,迅速做大规模,只要蛋糕越做越大,整体回报依然非常高,财富积累非常快。

好花不常开,好景不常在,靠国运发财的时代已经一去不复返了。经济发展一旦减速,各种困难与问题就接踵而至。从集团自身而言,业务增长乏力、资本结构失衡、债务过重、经营成本较高、资产流动性差、投资失误、管理难度极高、风险频发、股东回报率低……不一而足,若集团财务水平无法适应现在的形势,必将面临被淘汰的命运。

入业30年来,我从未感觉到当前的经济如此寒冷,企业如此艰难,今后若干年,将会有大量的集团陷入困境,或从市场消失。世界上本来就没有救世主,在经济寒冬下,需要从财务视角评估集团发展战略与业务现状,剖析存在的问题及自身的不足,主动自我调整,实现艰难转型,苦练内功,方能化危为机,立于不败之地。

集团是大脑,是决策机构,要眼光长远,制定中长期发展战略;集团是手,必须不断地动态配置资源,对内进行整合,对外进行资本运作;集团也是脚,在奔跑中要避免踏入雷区,风险管理贯穿始终。如何让集团在顺境中飞速发展、在逆境中致胜?集团财务管理应该发挥哪些作用?这是个非常值得研究的领域。

处于组织顶端的集团与单体的特点完全不同,庞大的组织结构与人员规模、经营的多元性(包括业务板块、金融资产、股权性投资)、多层级的股权结构、不同类型的管控模式等特性,决定了集团财务管理的复杂性,形成了集团财务独特的定位和管控模式,囊括了资源整合、资本结构管理、投资并购、基建与运营、海外公司财务、资本运作(如IPO、借壳上市)、市值管理、财务分析等方面的内容。

在集团总部工作,既需要有哲理思维,更需具有宏观视野,研究分析能力强,涉猎面广,具有调控能力,风险与压力非常大。从2002年在中国华源集团工作开始,我便对集团财务产生了浓厚的兴趣,关注并研究集团财务的特点与发展趋势。这些年市面上集团财务方面的书籍不多,且基本上都是介绍大而化之的公司财务管理理论,针对性不强。实操性不够。虽然也有部分实务界作品,但谈的是工厂型财务管理经验或基础管理制度,视野和高度略显不足。直至2018年,华润集团前总会计师魏斌先生出版了《价值之道——公司价值管理的最佳实践》,我如获至宝,心中燃起创作欲望。

本书的特点

为让读者开卷有益,囿于自身不足,秉承"*不熟悉的不写,可有可无的不写,不精通的不开章*"的原则,本书不追求体系完整,没有同类著作的重头戏——资金管理,纳税筹划也很少述及,内控及风险管理视野也根据需要融于有些章节。

对老生常谈的预算、财务分析、营运管理等,并不人云亦云,故而或不落俗套,或提出些许新的见解或做法。

本书是一本似财务或非财务的书,没有就财务而谈财务。财务必须和战略、产品、客户、运营、基建、投资并购、资本市场、海外经营等结合起来,才能产生化学反应,发挥巨大威力,否则,就是无源之水,无本之木。让外行人有兴趣看,让财务人能看得深,是本书有别于同类图书的特点。

本书重在介绍思维、方法时,对常识性知识基本不谈或一带而过,以预算内容为例,第六章在"第一节基本项目管理"里谈及的预算,与"第二节预算"无重复之处,同样"第二节预算"并没有遵循通常的"预算定义、预算组织、编制方法、编制流程、预算表介绍、执行、分析和调整、评价、考核"这些大家耳熟能详的编写顺序,尽管看起来不合逻辑,并且人人皆知的内容还是能省则省,我也不赞同"全员预算"的运动式管理。

既然是实务著作,当然有案例,但是尽量压缩数量及字数,一个案例如果引申开,颇费笔墨,白白浪费读者时间,能三言两语讲清最佳。

本书使用的图表不多,图表的确有引人入胜、一目了然的作用,增加读者的愉悦感,但是图表的局限性很大,占据空间大,可揭示的点少,或许是财务人员长期做"表哥"工作的缘故,本书没有大量使用图表。

本书的结构与逻辑

诚如上述,本书的特点导致结构与内容有所不同(见图0-1)。

本书的逻辑如下。

(1)集团财务受集团管控模式及外部环境所制约,未来五年,产业环境将对集团财务产生重大冲击,国内经济衰退、出口大幅下降开始显现,过去追求增长的集团财务战略需要重新调整,尤其是民企,留给读者思考,故"第十二章未来五年产业展望"并非可有可无。

(2)与其他财务管理书籍相比,缺少了长(短)期融资、资金管理、风险管理、纳税筹划、绩效评估、财务队伍管理等方面内容。

资金是集团的血液,如此重要的内容为什么在本书没有开章?原因有二:其一,实业型集团的金融业务与金融企业完全不同。实业型集团的金融业务是为了服务于集团主业而存在,依附于实业,相当于内部部门,以汽车集团或工程机

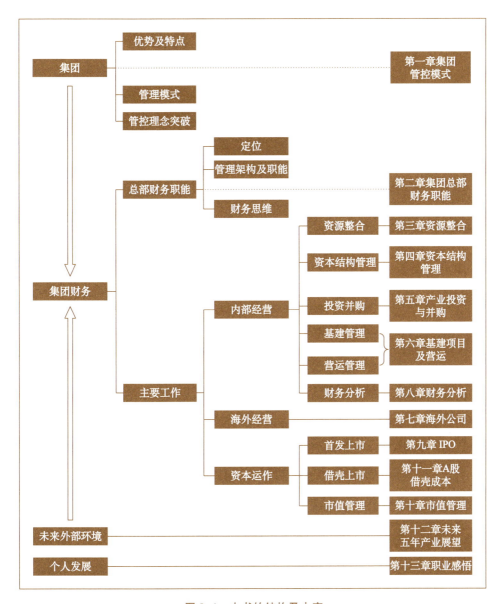

图0-1 本书的结构及内容

械集团的财务公司、供应链金融为例,实业兴则金融好,实业衰则金融差。但金融企业的资金是主业,完全市场化,客户从外部获取,其风控要求、运行规则、人员素质、金融信息与网络等方面与实业型集团金融业务相隔两重天,实业型集团的金融业务与金融企业相比,管理理念、手段和工具相差较远。目前,国内实业型集团融资并不复杂,市场融资渠道、融资产品皆公开化,对资金管理方面精益求精的读者阅读金融企业的管理文献或许更有收获。

其二,资金无处不在,在很多章节里出现。第二章第一节"三、对外融资"里提出了"适度涉足金融业务""融资做好五结合""慎用融资性贸易及非标产品"的建议;第二章第二节"三、资金中心"谈了对外融资、资金池、理财、风险管理4个职能;第四章第五节谈及互联网公司如何作出股权融资决策;第六章谈到压缩净营运资金占用、加速资金周转、提高经营性现金流的种种办法,在财务分析里使用了一些资金类指标;第八章第四节提出了股权融资的反向选择标准;第九章第二节谈到IPO企业股权融资六要点。

成长在安全线上,风险管理无处不在,集团面临着经营风险、财务风险、战略风险、合规风险以及政策风险,笔者几乎在所有章节中都贯穿了风险思想,无论是资源整合、产业投资、海外企业财务,还是IPO,都有风险管理的内容,故而没有开辟专章。

税收的立法权、裁量权、解释权、执法权都集中在税务部门,税务部门行使国家征税的权力,为国家服务,所以,这些年税收筹划在国内已经日渐式微,税收筹划或点到即止,或只可意会不可言传,本书仅在第二章第一节"十二、税收筹划"提出了"先谋后动""与业务紧密结合""与法律结合""与税局充分沟通""筹划有度"五点注意事项,未开章节深入讨论。

至于绩效评估,是对过程的监督和结果的评价,虽重要但并非必不可少。

财务队伍管理涉及集团财务系统的文化建设、组织能力打造、培训考核体系创新等,应该说集团形式上早已开展了许多行动,大中型集团都有企业大学或内部商学院(尽管师资力量、教材质量、图书硬件等无法与社会大学相比),但是运行很多年了,效果不尽理想,还需要和人力资源部门联手研究,目前,我在这方面的确还没有引以为傲的经验和深刻的心得体会。

至于财务管理工具,俯拾可得,用到则取,本书未做专门介绍。

(3)本书的读者都是个人,集团是个人职业发展的平台,最后一章职业感悟作为本书佐料,或许能给个人的职业发展带来帮助,有助于提高个人软实力,其作用可能不亚于集团"财技"的学习。

章节简介

第一章集团管控模式要让读者看清集团的真面目,设立集团具有杠杆融资、公司治理、业务清晰专业化、风险隔离、扶持优势子公司、品牌及声誉、纳税筹划及保护股东隐私、关联交易安排八大优势,也有八大特点,集团的这些优势和特点常常被一些别有用心者所利用,破坏作用非常大,这也是稍具规模的公司争相转制为集团公司的奥秘。不同的集团管控模式不尽相同,其背后受控股股东、核心企业、业务版图及复杂性、能力边界、各方势力博弈(如某些金融行业,大股东控制力让位于监管部门)五大影响力因素制约。集团貌似风光,但如果不能破解这六大难题,集团就是一个空架子,很难发挥出作用。集团管控模式通常有战略导向型、运作管理型、财务导向型三种,各自具有不同的应用场景。

解放思想,理念先行。对于特大型集团而言,需要突破公司法、理论或常识上的羁绊,让集团上上下下形成统一的思想和理念,*资本结构独立公司与非独立公司、按影响力决定管理层级、现金属于总部、多元化、专业化与一体化的适用*四个管理理念的创新,有利于集团的有序管理和长远发展,并探讨了华润集团独特的业务多元化、利润中心专业化模式。

定位决定了财务在集团的功能与作用。第二章第一节试图弥合集团与核心企业的矛盾,提出"三个有利于"的指导思想,有利于统一认识,上下同心。针对这些年许多集团脱实向虚,转而大力发展金融业务,笔者剖析了金融业务的发展难点,对融资性贸易业务提出了警告。

有的集团财务做得风生水起,而有的集团财务仅负责融资、预算、会计、税收筹划、浅层次的资本结构管理、队伍建设等常规性事务工作,对战略、投资并购、产权管理、市值管理、资源整合等价值创造性工作参与甚少,对总部的造血能力问题,大多数集团还没有引起足够的重视。

集团总部财务组织架构应该与时俱进,大集团的财务分为四个中心:*一个是共享中心*,主要从事会计工作;*一个是智能化中心*,承担信息化设计及建立决策支持量化模型两项工作,将信息化技术应用于集团财务,将建立决策模型从过去传统的管理会计中分离出来,以适应数字化趋势;*一个是资金中心*,实行资金的专业化管理;*一个是财务卓越中心*,除常规性的预算编制、财务分析报告、绩效考核、税务管理、财务队伍建设外,配合集团战略实施,在投资并购、资本结构管理、市值管理、资本运作上有所作为,并始终将风险管理置于重要位置。高度集权、专业化的四大中心,听起来很先进,但也出现令人担忧的问题。

在集团总部工作,思维层次的确要高出一等,处理好原则性与灵活性、普遍性与特殊性、强制性与导向性、前瞻性与现实性的关系。思维层次决定了集团财务的价值创造与风险控制能力,笔者提出了相对平衡、系统性、投资性、一分为二、内外兼修、对立统一等六个思维,若能消化吸收并能运用到集团实践,必将获益良多。

第一章指出集团是什么,第二章提出集团财务干什么,自第三章开始则讨论怎么干的问题,要言之有理、言之有物、言之有信,如果没有积累,没有自己的深入思考和研究,极易陷入平庸。

第三章从TCL 2018年年底的重大资产重组入手,分析TCL所犯的六大错误。资源整合属于集团财务的重头戏,第一节介绍在资本市场"两进一出"的华润水泥战略制定过程。第二节简单地介绍两种决策工具,第三节提出业务组合的三角平衡、业务组合、价值搭配三个原则,即"赚钱(盈利能力强)+生钱(现金流充沛)+值钱(估值高)"的平衡,"顺周期与逆周期、轻资产与重资产、收益性与流动性"的组合,"面向未来的现时价值与未来价值"的搭配。第四节结合波士顿矩形图的评估模型,设计出基于回报的存量业务整合模型,对高回报高增长、高回报没增长、中等回报、没有竞争优势且低回报、回报波动大、低回报且有竞争优势的业务、回报波动大的业务等六类业务分别采取不同的策略。第五节针对业务扩张、业务强化、业务收缩、业务协同提出整合措施,业务协同是资源整合中最容易立竿见影的,可以拓宽思维,在上下游协同、同业协同、跨行交叉协同、关联协同四个方面有所作为。业务剥离单独作为一个章节,是容易被遗忘的角落,如何卖资产也是一门大学问,笔者提出一些创新性建议,以实现集团价值的最大化。不可忽视的是,对以实业为主的集团金融资产,通常选套利、低估、周期三类资产进行配置,并进行有效的风险管理,最后一节对整合盲区提出警示。

目前深陷困境的GE被曝借款回购股票和发放股利,让前CEO伊梅尔达名誉扫地,在国内不被重视的资本结构管理,突然变得如此重要。资本结构之谜是什么?通过无杠杆和有杠杆的比较,得出资本结构管理重要性的七点结论,第四章第三节分析影响资本结构的5个关键因子——GDP增速、行业属性、规模大小、营运效率与收益水平、商誉,此外,与变现能力、风险程度负相关,与资产担保价值正相关。资本结构管理的核心指标是加权平均资本,一带而过。第五节进入核心内容如何进行资本结构管理,在资本结构管理理论运用中,介绍了杠杆收购、选择股权或债权融资、债转股、股权融资方式、股利政策五种方式,结合中国资本市场的特点,提出了股利分配原则、股利分配方式以及后续影响。第六节则从现实出发,针对如何降杠杆、保持财务弹性、进行资本约束三个集团财务较为棘手的难题,提出了破解之策,最后援引了华润集团的项目投资财务约束框架。

2018年,上市公司纷纷大幅下调年报业绩预期,大多数问题就是并购溢价过高,对赌业绩无法完成,巨额商誉需要计提减值。实践中,做产业投资,有的走正道,有的走偏门,目前,国内还没有完整地介绍产业投资方面的论文或专著。第五章产业投资与并购,第一节产业投资设计分为五个部分,第一部分介绍产业投资的价值原理,由驱动力原理、控制原理、最佳所有者原理、价值守恒原理以及价值构成原理五部分构成;第二部分提炼了产业投资的5个理念:倡导价值投资、具备较强的风险意识、把握最佳时机、对投资对象的偏好、异质思维;产业投资战略为大家所熟知,仅列表一带而过;第四部分产业投资策略详解了战略一致性、产业投资与金融资本相结合、与商业模式相结合、与风险管理相结合、与产业整合相结合、借力、产业周期规划等7点,并以笔者亲身经历的上海中核浦原总公司成功转型为例;第五部分介绍了雀巢的并购标准、华润集团的入行标准与扩张原则;第六部分对7种投资方法进行了利弊分析。第二节可行性论证分为三个部分:第一部分情报搜集,商场如战场,国内一些集团还不够重视或未当作一门专业,只有知己知彼,方能百战百胜,希望国内集团能学习日本,补上这块短板;第二部分可行性分析要素批评了"可批性报告"这种极其不负责任的现象,将要素分为宏观环境(包括国际环境、地方政府招商环境、社会文化方面、经济环境等)、行业分析(包括市场特征、吸引力、驱动力、竞争策略等)、业绩分析、技术分析、投资及管理框架五个方面,较为全面,读者可在此基础上完善可研报告的分析模板;第三部分定量分析方法,通过价值的衡量指标,比较了传统方法、历史指标、前瞻指标的优缺点,提示建模注意的四点问题。第三节投资决策介绍了投资管理机构的3种模式,投资决策流程、投资决策方法和投资方案评估17点,并对如何提高投资决策质量提出了16个小技巧。第四节产业投资日常内控及风险管理以上海电气内控为蓝本,融合了自己的经验体会,介绍了职责分离、风险描述、常见风控措施。第五节并购视点总结了并购应关注的13个方面,分析了天虹纺织收购美国及墨西哥纺织品的失误之处。

为增加读者的现实感,结合国内近年大力发展高科技产业的热潮,附录1《高科技行业的投资策略》提供了非常适用的投资宝典,故不吝笔墨。对并购经常适用的估值调整工具——对赌业绩补偿问题,附录2《业绩补偿若干问题》从不同的角度进行了深度剖析。对以领式期权方式入股并意欲成为戴姆勒单一第一大股东商业事件,附录3《谈吉利汽车入股戴姆勒》坦陈了个人之见,以抛砖引玉。

与前述大开大合不同,第六章转入集团的日常工作——基建及营运,如果没有深度参与,如果没有独到理解,这一章很容易流于形式,人云亦云。所有集团在基建项目方面都有深刻的教训,笔者独创了基建项目概预算五步法,即遵循基本功能→基本需求→个性化需求→经济型→成本极限。为管控成本、防范风险,提出7点要求。管理出效益,在项目管理上,吸收了项目管理的知识与经验,引用了美国标准协会创造的项目绩效评估方法,别出心裁地进行项目后评价,建立基建项目的激励与惩罚机制。

预算已经变成年复一年的机械工作,但是效果如何呢?第二节开门见山地指出了传统预算存在的问题,预算编制是一个战略描述与业务重述、经验总结与教训反思、资源配置与风险评估的过程,并非如此简单。风险就是不确定性,笔者尝试将风险嵌入预算,从战略发展、业务策略、风险管理与控制标杆设计四个维度诠释风险预算的架构,对预算风险的类别及对策进行了归类,以提高预算的效用。收入预算是起点,也最难预测、最易讨价还价,笔者曾在《CFO China》看到销售收入预算的编制技巧,其中的因素增减法令人较为信服,在此进行了引用。营运资本的预算则简单得多,围绕资金占用额与周转效率,按经验指标、目标指标或两者结合,倒求各项营运资产、营运负债的值,最终求出与销售收入的比例,也即每1元销售收入需要配套多少营运资金,与净营运资本如出一辙,既与管理用资产负债表相互呼应,又能让复杂的营运预算化繁为简,直指营运管理的核心。费用预算则回味了笔者负责机关费用预算的经验和体会,融入了华为的费用控制方法,读之不落时代。最后一部分是对预算质量的评价,这也是预算审批的必经程序。

关于应收账款的论文、著作非常多,但是应收账款的管理水平需要与时俱进,老方法不一定有效。笔者独辟蹊径,第一部分从应收账款透视出商业模式、产业链地位、勾稽识破绽、跳出业务循环、发出商品与质保金、账龄真实性;第二部分信用管理提出研究宏观环境、场景算法数据、从客户圈子看客户质量,对客户需从收入、利润贡献、回款速度、风险等多维组合分析,笔者提出了8种信用策略,此外,还要与同行比,分析逾期原因;第三部分是财务人最关心的坏账准备,首先展示了客户成本的 6 个组成,介绍了主要信用风险特征,总结出三种类型的高风险客户,谈了识破财技的方法,最后提供 5 点建议。

与应收账款不同,对财务人员而言,存货太复杂,不知如何下手。存货是万恶之源,第四节存货首先谈了存货的极端重要性。以笔者亲自领导的某集团股份有限公司"存货降低行动"为例,列举了存货的某些疑难杂症。在确定存货管理目标之后,提出了改善存货的 11 种方法或建议,有的是常规性,有的富有新意,譬如存货驱动成本分析法;借鉴了华为的产品研发四步法;外包决策不能以财务收益作为唯一评估标准,对公司专有、行业稀缺的业务,需要自己掌控,只盯着外包—自制的财务比较收益往往是短期和有害的。供应商直供货和代管料是笔者工作以来遇到的非常特殊的方式,书中方法完全可以直接指导实践。对存货的分析借鉴了快消行业的动销率,着重于 5 个方面。此外,建议对仓库实行智能化、自动化投资,建立严格的考核制度和员工过错赔偿制度,也非常重要且必不可少。

成本管理的著作颇丰,无需笔者复述。为此,第五节成本管理只是谈成本的管理思维,成本管理贯彻"四个结合",扒开成本的表现形式,介绍了成本的控制措施。联想最近俞敏洪谈到新东方约有 5 万员工但一线员工数量还不足、管理机构庞大、人浮于事的现状,笔者深有同感,简要谈了降低管理机构隐形成本的设想,本节最后向读者灌输了"总成本"的概念。第六章基建项目及营运管理的最后一节是产品策略,财务人员似乎对产品不感兴趣,认为与本职工作关系不大。其实不然,商业竞争就是产品竞争,产品策略学问很大很深。以华润水泥的定位为例,产品定位不同,决定了竞争策略不同,进而决定了不同的价值创造方式。市场上可接受的就是波特的低成本战略与差异化战略以及克利夫·鲍曼(Cliff Bowman)的战略钟模型,这些产品竞争策略理论对中国的集团公司带来了 5 点启示。从品牌建设、周期理论方面构筑产品竞争力。第七节业财融合则从常见的定价、产品分析、评价营销投入、获取客户、合同评审、竞标项目六个方面进行了研究,吸收了市场营销、心理学等方面的知识,实操性较强,较为接地气。

从国内走向海外,继而走向全球,成为世界性的企业是中国集团发展的必由之路。得益于在中国华源集团分管海外企业的经历,笔者感受尤为深刻。现在集团或多或少地存在境外投资行为,但由于投资决策上存在先天不足,战略模糊,大多惨淡经营。与国内企业不同,海外公司的理财环境具有复杂性、多样性、差异性的特点,集团总部与海外公司必须携手重构海外财务,做好设立筹划,制定分阶段财务战略,打造盈利模式,改善经营业绩,集团总部主动变革以助力海外公司发展。意识改变思想,思想决定行动,海外企业经营需要树立全球化意识,在培育文化、实施本土化策略、风险管理及合规性、道德标准、发挥影响力等方面有所作为。第七章第六节给予海外并购方面8点建议,并对美的收购库卡陷入整合难的困境进行了分析,最后,在税收、金融、外汇管制、投资便利化、返程投资等方面提供了一些政策建议。

财务分析是考察财务人员洞察力、理解力的重要方法,最见功力,在很多产业板块、集团,分析模板还是经营单元思维,高度与视野略显不足。第八章财务分析颇费心思,耗时甚多,如何把握集团特点而又别出心裁?后来确定按照"经营单元—产业板块—集团"层级分析,各自承担不同的使命,从微观分析到宏观,层层拔高,由此豁然开朗。通常,集团通过财务分析,至少达到检验战略、评估绩效、识别风险、发现增长潜能、预测趋势、追求回报、评估团队7个目的。分析步骤首先要还原真相与原貌,即使是公开数据,也并非可信,然后将会计报表转化为分析用的管理报表,最后从管理报表中找差距。第四节进入主题——各层级分析,经营单元侧重于产品线,顾客(顾客利润贡献、顾客满意度、联合开发新品),资本结构,营运效率,现金流等5个方面分析。产业板块侧重于:首先是挖掘经营单元业绩潜力(一般而言,经营单元偏实干,缺思考能力,需用赛马方式,比兄弟公司、比同行、比预算,然后质询并引导经营单元看到自身不足,由此达成共识,形成"行动方案"),产业板块并非动口不动手,在业务布局、弥补经营单元短板、发挥协同效应等方面提升业内竞争力;其次是产业投资,因产业投资已有专述,不再赘述;最后为资本结构,产业板块重在灵活程度和外部融资约束。与承上启下的产业板块不同,集团的财务分析面广复杂,主要有产业板块贡献、资本运作、资本结构管理、资产组合、产融结合、投资性资产、金融性资产、投资约束8个方面。目前,有集团的财务分析质量还不尽如人意,在战略预警、质量要求、市场导向、非财务因素、表达形式5个方面提出了改进建议。附录1《如何分析现金流量表》为财务人员提供了分析的框架及思维,财务指标可视需要使用,附录2《天虹纺织综合分析》则提供了多视角的分析案例。

集团以拥有上市公司的数量多为荣,而且上市公司的壳价不菲,IPO成功闯关是集团梦寐以求的大事,但是千军万马过独木桥,难度非常之大。IPO折戟也是一部血泪史。第九章IPO不谈专业,展示的是视野与思维,并没有谈及证监会窗口指导意见、坊间流传的首发审核51条政策、保代培训资料等专业知识及技巧,读者每周都能看到IPO通过、被否、暂缓的消息,证监会对IPO的反馈意见也是公开信息。第一节挑选中介机构提出了挑选中介的四个标准,有些质地很好的公司毁在中介手里。第二节股权融资及股东结构中结合大量股权融资得失,提出了六个注意点,以小米和愿景基金为例,对追求高估值提出警告,结合国情设计了理想的股东结构。第三节反思了IPO公司常见的四大后遗症,IPO公司最需要的是时间,而这往往是急不可耐的股东们最不愿意等的。第五节对内控制度提出了批评。第六节站在控股股东的角度,分析了应妥善处理的四个方面关系,实践中大打出手、分崩离析的例子很多。第七节讨论了对CFO的挑选标准。第八节十大魔咒则血淋淋地揭开IPO或上市后公司由盛而衰的8个方面,每一点的背后都有活生生的事实,政策谏言则希望证券市场在8个方面进行改革。附录《为什么农业企业上市难?》给意欲IPO的农业企业敲响警钟。

市值管理本是一本好经,但是在中国市场被念歪了,原因在于市值管理的主体及定位弄错了。第十章市值管理在分析当前资本市场的特点之后,探讨影响市值管理的主要因素,第四节谈了如何进行市值管理。在量化交易如日中天的股票市场,第五节借用了瑞·达利欧的量化决策方法,最后一节市值管理启迪则给予投资者一些提醒。

资本市场风起云涌,进入资本市场只有自行IPO和借壳两条路可走。壳成本的价格计算莫衷一是,为此,笔者以内生价值为基础,设计模型,分别对售壳、借壳这一对交易对手计算壳成本。在当前资本市场筑底、估值水分被挤去一部分的情况下,运用绝对法计算壳成本,对防止溢价过高具有较强的现实指导意义。第三节谈了借壳成功后的风险量化和商誉问题,前几年借壳成功的企业现在苦不堪言,最后一节对背离西方理论的中国股市提出了批评。

看云识天气,集团财务要研究宏观及行业经济形势,以期对产业发展作出正确的预判。第十二章摆出当前经济形势严峻的7个方面,第二节产业投资机会总结出产业投资的4大规律,在发展空间大的行业、中低端市场、进口替代、新兴战略里寻找投资机会,并希望国家鼓励企业走出去、刺激内需、改善营商环境,同时，企业在战略调整、重新布局、拥抱新技术、创新商业模式、重视知识产权/环境保护、提高风险管理能力等方面苦练内功，迎接下一个5年。

职场人士无不渴望成功，集团CFO并非就是业务水平最高、知识最丰富、能力最强。最后一章谈集团CFO的精神境界、内在修养与知识能力提高。为什么有的CFO能成功？其内在影响因素有哪些？需要具备哪些独特的能力？跳槽如何选择？怎么读书？各节讨论的主题都是大家现实工作和生活中遇到的，观点不一定正确，见解不一定精辟，但绝对不是心灵鸡汤，不是迷魂药。

如果说到个人从业30年的体会，没有经验，只有教训，更多地体会到市场竞争的竞争残酷，有的集团起起落落，命运多舛；有的集团曾经光芒万丈，如今不知所终；有的集团度过生死大劫，后来居上。如果在战略、文化、组织能力、财务资源、分配制度5个方面都做得很好，这样的集团一定会长盛不衰。

阅读对象

本书的相当部分内容汇集了作者多年公开发表的文章并做了不同程度的修改、更新，随着产业并购重组加剧、行业趋向头部企业集中、经济进入衰退，市场将越来越固化，对集团财务的研究更具现实意义。鉴于国内出版的关于集团财务实证性著作数量不多，希冀本书能在此方面进行有益的尝试。

本书适合在集团总部工作的人员、财务经理及CFO阅读，欢迎从事战略、投资、运营的朋友阅读，你们在本书里会找到共鸣点。

致歉

《超级集团财务》是对集团财务管理实践的探索，不是治学之谈。严格甚至严肃地讲，我不是严谨的学者，更无创新财管理论或学说的非分之想。个人研究成果多是平时拾人牙慧，加以发挥或拾遗补缺而已。由于多年养成的随手而拾、读后即弃的坏习惯，以至动笔时似曾相识的注解找不到出处，较早时期读过的文献也仅经典书籍能记忆深刻，至于期刊，未做保存，至今不知所终。如书中援引未作标注，敬请谅解，在此致以真诚的歉意！

致谢

开卷有益是每个读者的期望，对于书籍的出版，我深感惶恐不安，担心读后或味如嚼蜡，或俗不可耐，对不起对本书出版有巨大帮助的人。

吾尝终日而思矣，不如须臾之所学也。吾尝跂而望矣，不如登高之博见也。德勤、毕马威、《世界经理人》、《哈佛商业评论》、《财富中国》、《CFO China》（十年前停刊）、《麦肯锡季刊》、泛太平洋管理研究中心、埃森哲等国际巨匠独特精辟的见解、前沿性观点，让我获益匪浅。

财政部主管的《新理财》杂志对我一直垂爱有加，自2004年起就成为我练笔之所，投稿必发，虽然期间人事变动，但是杂志社新人如故友，如此良好的关系实属少见，令我感动，本书收录了我在《新理财》发表的部分文章。

上海国家会计学院副院长刘勤教授是我大学时的授课老师，30年来他一直关心我的成长，勉励我专业精进。当我提出请他作序时，他慨然应许，令我欣喜不已。

联合先生是我的同乡兼同学，私交甚笃，本书交由复旦出版社出版，颇让我忐忑不安，姜作达编辑为本书不吝时间与辛劳，字斟句酌，反复裁剪，其专业精神让我自惭形秽，对两位复旦出版人及背后团队的感激之情无以言表。

魏斌与我亦师亦友，我有幸亲历华润集团重组华源集团这个资本市场的重大事件，由此与魏总结识。虽层级相差悬殊，但他不吝指教，去年，他的专著刚出版便赠予我。本书承袭、吸收了魏总大量的研究成果，将我所理解的华润集团管理成就、魏总的财务管理思想与实践呈现给读者。

现任华润集团战略管理部高级副总监余忠良是我的战略引路人，为了讲清楚战略，为了让我相信战略不是虚幻的，他让我学习了战略有关知识，并分享了华润水泥的战略，事隔近20年，本书对华润水泥战略进行解密。

写作之际，太太一边忙着做美瘦酵素代理，一边全力支持我出书，家中诸事，基本不劳我手足和心思。时值孩子高三时期，犬子学习努力、自觉，虽高考冲刺辛苦，他从未向我提出要求与抱怨。家人的默默支持和辛勤付出，换得书房的安静，激励着我尽快完成书稿。

对个人而言，写作是一个反刍、复盘、学习、反省的历程。过去，忙于具体事务，食而不化，需要反刍；经历的每家公司、每件大事，都要对成果、教训进行总结，需要复盘；重温经典财务管理理论，学习业界大咖最佳实践，需要学习；患德之不崇，患业之不精，患力之未尽，需要反省。

我们活在一个不完美的世界里，也不存在完美的答案。作为社会科学领域，集团财务工作点多面广，集团财务既有数学的理性，也有哲学的思辨，还有行为学的领导艺术。如果能学有所用，将集团财务的某一方面或某几方面做得精、做得透、做得高，就非常了不起，则笔者幸甚矣！

2019 年 7 月 15 日

第一章
CHAPTER 1

集团管控模式

企业集团产生于第二次世界大战结束以后,国际上有几大主流观点。

美国观点:按照传统的习惯,一个利益集团(invest group)是一批在共同控制下的公司,其权力核心通常是商业银行的投资或一个家族的财富。

德国观点：以一个大企业为核心，通过控股、持股控制一大批子公司、孙公司、关联公司，从而形成庞大的财团。

日本观点有两种：第一种，企业集团是以各成员企业在技术及其他机能上互补为目的，以成员自主权为前提，在平等互利原则下结成长久的经营结合状态和经营协作机制；第二种，企业集团是多数企业互相保持独立性并互相持股，在融资关系、人员派遣、原材料供应、产品销售、制造技术等方面建立紧密关系而协调行动的企业群体。

中国观点：企业集团是指以资本为主要联结纽带的母子公司为主体，以集团章程为共同行为规范，具有一定规模的企业法人联合体，下属有全资子公司、控股子公司、联营企业、合营企业及非法人企业等各种形式的经济实体。

集团是工商经济发展的产物，是舶来品，需要思考的是，与一般公司相比，集团有什么特点？决定管控模式的背后因素是什么？管控类型有哪些？集团的难点在哪里？集团管控的理念需要在哪些方面进行突破？

第一节 集团的优势及特点

集团是由一系列法人组成的联合体,过去,集团的工商核名权在国家工商总局,现在试点下放到省及直辖市,为什么企业都热衷于设立集团呢?难道都是拉大旗作虎皮吗?

一、设立集团的优势

假如需要设立公司,一种方法是只设立一个公司作为经营实体,另一种方法是设立集团,然后在集团下再设若干家子公司,集团不经营,子公司作为经营实体,这样做有什么差别呢?设立集团的优势体现在哪里呢?

(一) 杠杆融资

1. 股权杠杆融资

多层级股权结构本质上就是杠杆,集团可以利用股权层级放大股权融资,以图1-1为例。

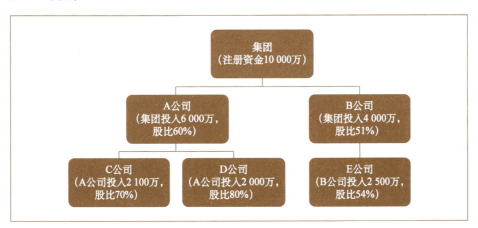

图1-1 集团股权杠杆功能

集团股东实际只出资10 000万元,但是股权杠杆发挥了神奇的作用(取整):

A公司(属一级子公司):6 000÷60%−6 000=4 000万元

B公司(属一级子公司):(4 000÷51%)−4 000=3 843万元

C公司(属二级子公司)：(2 100÷70%)−2 100＝900万元

D公司(属二级子公司)：(2 000÷80%)−2 000＝500万元

E公司(属二级子公司)：(2 500÷54%)−2 500＝2 130万元

通过两级股权，在保持控制权的前提下，集团可获得股权融资4 000＋3 843＋900＋500＋2 130＝14 373万元，股权杠杆比为1∶1.44。

2. 债务杠杆融资

假如按照权益负债比为1∶1进行债权融资(仅是假设，实践中要看集团整体资本结构是否合理)，则可融10 000＋7 843＋3 000＋2 500＋4 630＝27 973万元。

由于股权杠杆作用，集团股东凭10 000万元资本，可撬动股权融资14 373万元，债权融资27 973万元，两者合计42 346万元，杠杆比1∶4.23，放大了四倍多。

集团总部、一级子公司、二级子公司构成多层融资平台，后续资本运作可视需要在多层进行，非常灵活方便。

(二) 公司治理

集团比单体公司有优势，可以在子公司建立完善的法人治理结构，但这取决于股权分散程度。

(三) 业务清晰，管理专业化

集团可以让不同的子公司经营不同的业务，这样更加专业化、清晰，还可以符合监管部门的准入条件，如房地产、金融、实业三者不能混合经营，金融行业也不允许混业经营。

(四) 风险隔离

集团与子公司之间有一层甚至多层防火墙，可以有效地进行风险隔离，即使经营不善的子公司破产，也不会对集团产生毁灭性灾难。

(五) 扶优

十个指头有长短，可以集中资源培育优势子公司，让其价值最大化，对集团有利。此外，集团可以作为孵化器，将培育、收购的产业装入子公司。

(六) 品牌及声誉

尚未达到一定规模的企业，统统放入集团篮子里，有利于商务(招投标、争取优惠政策)及品牌宣传。

(七) 税收筹划

居民企业税收上有优惠，在国内可以避免双重征收，还可以通过不同子公司之间的税负差进行纳税筹划。

（八）其他

设立集团可能还有其他考虑：股东隐身于集团，信息披露可不充分，有利于保护股东隐私；通过关联交易设计、转移定价安排，为集团获得利益，不一而足。

集团这种联合体方式的妙用，难以一一列举。

二、集团的特点

与一般公司相比，集团公司具有以下特点。

1. 有一定的实力和规模

《企业集团登记管理暂行规定》规定，母公司下面的分子公司至少有 5 家，且母公司的注册资金必须在 5 000 万元以上，母公司和子公司的注册资本加起来要至少有 1 亿元，除核心企业外，必须有三个以上的紧密层企业，还可以有半紧密层和松散层企业。一般而言，集团是大象，代表实力较强。

2. 集团依赖核心企业

集团母公司自身一般不对外经营，对核心企业依赖性较强，主营业务依托核心企业。

3. 集团为虚拟的联合体

合并报表为虚拟会计主体，由此给对外融资、利润分配、少数股东关系管理等方面带来难题。

4. 跨区域、跨国甚至全球经营

集团附属企业必须遵守所在地的法律法规，管理难度大，风险高。

5. 内部股权关系复杂

近亲繁殖，犬牙交错，存在交叉持股、母子联姻、跨代联姻现象，多层次的股权关系增加了内部决策的复杂性，外部人很难看出披着集团面纱公司的真实面貌。

6. 监管难

大型集团都有成百上千的分子公司，集团监控比较难。与此同时，不可避免地出现层层监管、多头监管的现象，下属公司疲于应付各种检查、审计。

7. 股权链长

特大型集团股权链非常长，有的层级多达 8 级，具有管理层次多、信息扭曲、指挥失灵、缺乏活力、机构臃肿等大企业通病。

(1) 每往上传递一层,信息量便被筛选掉2/3;

(2) 每往上传递一层,信息便被加工,传至总部时,信息已被大大扭曲;

(3) 管理链越长,风险越大,监督的成本越高;

(4) 管理链越长,控制力越容易弱化。

8. 组织结构复杂多样

集团下有产业板块(有的是法人组织,有的是虚拟组织),产业板块的组织结构有产品导向型、地区导向型、客户导向型,也有试图弥合两者缺陷的混合体。

第二节 集团管控模式的决定因素

与单体公司比较,最大的不同就是集团非常复杂,所以才会出现不同的定位,进而决定了选择的管控模式。

一、控股股东意志及风格

延续母子这个资本纽带,集团是人格化的实体,集团渗透了控股股东的思维、意志及行事风格,有的控股股东善于抓大放小,有意放手,培养子公司的独立能力;有的注重执行力,相信细节决定成败;有的担心子公司能力不济,必须全面参与或监督;有的出于风险意识考虑,担心子公司不可控,需要全面介入。

二、集团管控与核心企业独立性的矛盾

国内早期的集团一般是先有儿子后有老子,在核心企业的基础上组建集团,所以,国内的集团先天具有枝强干弱、各自为政、集而不团的毛病,零售业巨无霸上海百联就是典型的例子。这些年集团不断上收权力,有的集团变成无所不管的婆婆。名分上的"老子"、事无巨细的"婆婆"这两种极端角色,并不少见。

三、业务版图及复杂性

单一化与多元化、大象与猴子(大象块头大,但是笨重;猴子轻巧灵活,但是没有力量)、业务版图的大小(是区域、全国、跨国还是全球)、组织架构的多重性、

关联交易的复杂性等，都会影响对集团的定位。

四、能力边界

集团的资源是有限的，只能聚焦于好的产业。知道自己能做什么，知道自己不能做什么，不要超越自己的能力边界。每个集团都有自己的基因，腾讯不善于运营，阿里不擅长社交，两巨头都曾深入对方腹地抢地盘，结果才明白靠砸钱、靠学习，还是做不成。很多集团发展到一定阶段，就不可避免地遇到经验主义、刚愎自用、赌性与贪婪四大魔鬼，认为集团无所不能，铺摊子，什么行业赚大钱就做什么，这也是成长的代价。

五、各方势力博弈的结果

由于存在股东、客户、供应商、政府监管部门等多方力量，在有的行业，控股股东很难按照自己的意愿行使股东权利，索性听之任之，如大型银行、保险公司、证券公司，很多集团是放手不管的，由监管部门代行控股股东的权力。

第三节 集团的难题

集而不团是中国集团公司的通病，刘光起、李志平所著的《A管理模式——集团企业版》中，对集团体制的不足有较为深刻的分析。

一方面，集团总部的投资权力受到限制，实际上可支配的财权分散于各成员企业手中，面对市场成员企业各自孤军奋战，成员企业之间的运作能力差别很大；另一方面，集团的管理效率下降，集团公司的职能部门发号施令，监督运作，机构膨胀，管理效率低下，成员企业的决策机构里董事会成员大多由总部人员担任，听命于总部，经常与外部的市场及内部的实情脱节。

作为整体的大脑，集团自身面临着一系列困难与挑战。

一、集权与分权

这是老生常谈、非常敏感而又始终困扰集团管理的话题，也是母子公司之间发生矛盾的焦点。在集团总部和成员企业之间，主要体现在战略管理、业务经营计划、运营协调与监督、预算管理、投资管理、审计与风险管理、绩效管理、关键人力资源管理、信息管理、集中采购、营销管理、企业文化管理等12项核心权力的分配上。

二、股权关系复杂

集团犹如迷宫，如果不深入到底层，很难看到真实的财务状况与经营成果，安邦的循环注资、华信的交叉持股这种搭积木方法硬生生地撑起庞然大物，仅集团合并报表就是一项非常庞大、复杂的工作。

三、空心化

集团一般不从事经营，经常性收入来源少，除管理费用收入、债权投资利息收入外，子公司派息分红收入不稳定，股权转让收入偶然发生，且数额升降幅度大。许多集团非常缺钱，靠股息红利收入度日，拿税后利润弥补税前亏损。

四、资本结构失衡，负债率较高

一般而言，集团对子公司可以通过上市、增资扩股、派息等多种方式进行资本结构管理，但集团总部可选择的方法并不多，融资空间小，而且总部股东排斥外部投资者。2004年，中国华源集团为解决负债率过高、流动性不足的问题，曾试图引进国内外战略投资者，但是外部机构乐意入股子公司，却不愿意染指复杂的集团。

五、融资难

集团总部通常不从事经营业务，资产主要为长期股权投资、不动产，兼有少量理财等短期投资产品。集团合并报表即使看起来债务杠杆不高，存在可融资空间，但是融资能力仅分布在现金流充沛、盈利能力强的少数子公司，业界形象地称之为"穷庙富和尚"。即使集团整体融资资源丰富，但总部融资品种少，融资渠道狭窄。

合并报表的可融资空间，并不代表集团总部能有这么大的融资空间，合并报表是会计主体，非法律实体，完全是针对整体财务状况、经营成果、现金流量的反映。可融资空间可能存在于某一个单体里，所以，表现为子公司与集团总部争夺融资资源,如融资空间和融资通道。

集团的产业板块并不都是完全属于成熟型,现金"奶牛"毕竟是少数,多数需要消耗现金,有的还缺乏造血能力,譬如有的业务需要维持、有的明星业务需要增加投入、有的业务需要转型重塑、有的需要进入新领域,所以,大多数情况下依靠集团支撑其发展,故而集团一直需要融资。

六、税收筹划难

国内税收法律复杂多变,税负率高,违法责任重,税收自由裁量权、执法权均由所在地的税务机关行使。集团自身不从事具体业务,只能做些评估税收风险、税务成本方面的事,而纳税筹划需要结合业务特点进行筹划,集团对实操中的风险点难以把控。除集团自身的资本运作外,集团自身的纳税筹划范围很小。

第四节 集团管控模式的类型

创造价值、给股东最好的回报是集团的使命,围绕集团的使命,需要对集团进行合适的定位。流行的有两种观点,一种是很多年前国务院国资委对集团的定位,集团承担战略规划、经营决策、投融资、资源配置、风险管理与控制五大职能,国资委旨在强化集团总部的控制力;另一种是集团负责战略、投资、主要人员任命、预算考核、现金与财务政策、内部协同与资源综合利用、总体形象与统一品牌职能,经营决策权交予产业板块。

集团管控模式一般有战略导向型、运作管理型和财务导向型三种。

一、战略导向型

产业板块所在的行业或从事的业务是集团的主营业务,符合集团的战略发展方向,集团总部承担战略规划、投融资、资源优化配置、风险管理与控制、关联单位经营者队伍管理、提供法律等公共服务、集团品牌维护等主要职能。战略导向型是集权与分权相结合、相平衡的管控模式,可形象地形容为"上有头脑,下也有头脑"。

二、运作管理型

由于子公司不仅和集团存在战略协同，同时存在较为密切的业务往来，因而总部要参与子公司的重大经营决策，密切关注子公司业务领域的优化及市场份额的增长，深入子公司的市场、营销、财务、采购、研发、生产等业务。运作管理型是集权度最高的管控模式，营运的决策权在集团，过程控制是其鲜明特点，子公司需请示汇报，并严格执行集团的决策，此模式可以形象地表述为"上是头脑，下是手脚"。

三、财务导向型

财务导向型是最分权的管控模式，结果控制是其明显特点。集团和子公司业务没有明显的相关性，而集团对该子公司的投资也主要看重投资收益，通常，总部提供财务法律咨询和日常的参股管理。

对特大型集团来说，管理链较长，管理层级较多，位于金字塔顶的总部基本为战略导向型，作为产业板块的一级子集团为运作管理型，当然，要视控股程度对不同产业板块实施不同的管控模式。

第五节 集团管控理念的突破

理论永远跟不上实践的创新，丰富的实践为集团理论提供了源源不绝的新鲜材料，突破了旧有管控理念。

一、资本结构独立公司与非独立公司

产权多元化和《公司法》对集团管控模式提出了理论挑战。子公司既有控股股东，也有少数股东，同股同权。按照会计准则的定义，从集团所有者的角度，分四种类型。

第一种，控制关系，集团有权决定一个企业的财务和经营政策，并能据以从该企业的经营活动中获益，是子公司；第二种，共同控制关系，是合营企业；第三种,重大影响,是联营企业;第四种,参股企业,不具有控制、共同控制、重大影响。

实际中,并不能将会计准则照搬照抄,只要投资方享有现时的实质性权利成为既定事实,则诸如能否任命或批准被投资方的关键管理人员,能否出于其自身利益决定或否决被投资方的重大交易,能否掌控被投资方董事会等类似权力机构成员的任命程序,或者从其他表决权持有人手中获得代理权,与被投资方的关键管理人员或董事会等类似权力机构的多数成员是否为一致行动人等此类问题并不以股权比例论。

产权多元化带来的问题:谁当控股股东?控股股东的权力与义务如何(有的对等,有的不对等)?控股股东与少数股东之间的利益杠杆如何调整(通常以股权作为杠杆调整,相互之间购买或转让股权)?

公司法虽然主张同股同权,但是不同股东对公司的影响力、作用、贡献是不一样的,国外将股份分为优先股与普通股,道理如出一辙。华润集团破解了这一难题,抛开传统的持股比例思维,创造性地提出集团管控新理论:资本结构独立公司与资本结构非独立公司。

资本结构独立公司指公司具有相对决策权的公司,如上市公司、参股公司以及联营公司;资本结构非独立公司指在财务、人事、业务等重大决策方面不具有相对独立权的公司,如全资子公司、绝对控股/相对控股的非上市公司、部分合营公司以及章程或其他股东授予集团管理的特定公司。

对资本结构独立公司,集团需按照公司的治理结构、管制规则,通过董事会、经营层、监事会实施自己的意志,不可越俎代庖,不能直接插手子公司的具体事务。对资本结构非独立公司,因集团是经营、风险的主要承担者,集团可以将其视同部门管理,重大事项必须由集团决定。

二、按影响力决定管理层级

集团管理需要突破"股权上的层级""负责人的行政级别"思维模式限制,以对集团的影响力排英雄座次,原则上,产业板块作为一级公司管理,但是对于规模较小的产业板块(可按营收、资产、现金流、利润、市值等指标设定),应作为二级或三级公司管理。反之,业内排名靠前、规模较大的经营单元,可作为一级或二级单位管理。

按影响力决定管理关系,可设为一级、二级、三级管理单位,并授予不同的经营权限。一级公司比二级公司拥有更多的自主决策权,如对外投资、薪酬、用人、审批等,由此起到人人争先、鞭策落后的横向激励作用。

对于拥有不同业态、不同产业的子集团而言,集团通过分解产业,实施专业化管理,通过虚化避免出现大山头难以驾驭的情形。

同样,经营单元做得越大,越靠近集团总部,直至成为一级公司直接受集团管理,不仅享有更多的经营决策权,还可以得到集团更多的资源支持、更快的响应。

集团总部通常会储备一定的人才,一旦有需要便委派到产业板块或经营单元任职,考虑其资历、过往贡献、契约等众多因素,对有的中高层干部,集团仍承认、保留原来的级别,享有原有的工资福利等待遇。但是集团干部被委派到经营单元做董事长或高管,应按所在公司在集团的管理级别进行管理,个人职级再高,也不得逾越集团规定的管理层级,由此建立良性的能上能下的畅通机制。

三、现金属于总部

曾经创造美国时代的 GE 公司在集团治理上成绩赫然,GE 认为,现金属于总部。以资金池为中心的内部银行、资金中心、财务公司等资金组织在集团内得到大力推行,现金属于总部为集团资金集权提供了理论依据,极大地减少了集团推行的阻力。

在"承认成员单位的资金所有权、保证子公司用款合理需要"的前提下,将集团成员单位的资金纳入统一的池子里,由集团根据各成员单位的用款需求,统筹资金的筹集、使用、调度,对外提高谈判筹码,获取更多的低成本信贷资源,提高信用等级,对内降低资金成本,减少资金沉淀,最大限度地降低集团持有的净头寸。资金池就是资金集权式管理方式,上收与资金相关的部分决策权,不仅有经济意义,而且可以发挥集团的监督功能,监督成员单位的资金去向。至于资金池的利弊,后文另有表述。

四、多元化、专业化与一体化

按照涉足的主业类型及数量,既有一主几翼一业为主、多元经营的单一性集团,又有多元化投资、专业化经营的综合性集团,也有少数极为罕见的上下游通吃的一体化集团。

多元化、专业化与一体化，究竟哪个好，这是一个争论已久的话题，正反两方都可以举出很多成功的例子。作为实践探索者，笔者认为，行业不同，企业特质各异，需要分析三种战略的适宜情形，发现背后的规律，如表1-1所示。

表1-1　集团战略适配类型

类型	高增长，高回报	高增长，低回报	低增长，高回报	低增长，低回报
专业化	♣	♣	♣	
多元化		♣		♣
一体化	♣		♣	

专业化：不适合低增长、低回报类型，贫瘠土地种不出粮。

多元化：企业的活动超出了其现有的价值体系或行业，不适合高回报情形，通俗地说，现有产业回报低才会适合向其他领域进军。

一体化：也称相关性多元化，是专业化的扩大版，有纵向一体化和横向一体化两种形式，纵向一体化是强化已有竞争力，主要是补短；横向一体化是打通产业链往上下游延伸，一体化超出企业现有的产品和市场，但仍在同一个价值体系或行业内运营的发展战略。与多元化相反，一体化一荣俱荣，一损俱损，不适合低回报情形。

不同产业板块所需的核心能力和各板块之间的复杂程度，都对集团的管理能力提出了高要求。术业有专攻，集团不要企望成为全能型，在一个领域里成为行业领导者或领先者，已非常不易。大部分情形下，都需要搞专业化，转型也是在原有产业上的跃升。武术明星李小龙说："我不怕会一万种招式的人，我怕把一种招式练一万遍的对手。"专业化就是聚焦，将简单的事重复做，将重复的事坚持做，5年、10年、15年之后，就会脱胎换骨，集团就变得非常强大。

小舢板拼不成航空母舰，执行多元化或一体化战略的集团，各个主业也必须具有核心竞争力，能成为行业领先或领导者，避免大而不强。

业务多元化、利润中心专业化的模式

横跨大消费（零售、啤酒、食品、饮料）、电力、地产、水泥、燃气、大健康（医药、医疗）、金融众多领域，集7大战略业务单元、18家一级利润中心的非相关多元化发展的华润集团为什么能成功呢？笔者认为，靠并购发展的华润集团的成功是个例，有其特质，不能轻易模仿。

✓ 长于战略研究，对行业看法高人一等，华润具有发达的商业头脑，市场开发能力非常强；

✓ 进入的行业很好，具有人口驱动型的特点，市场空间大，产业集中度不高，增长性强，容易通过整合形成规模效应；

✓ 善于把握进入时机，犹如优秀的猎手，华润早就想进入医药医疗行业，苦于时机不合适，一直耐心地等待，直到三九集团、华源集团出现危机，华润临危受命，以白衣骑士的形象出现，出色地完成政治任务，既完美地实现商业价值，又践行了社会责任；

✓ 集聚了一大批优秀的高智商人才，名校名企背景的人才能进入集团、SBU、利润中心的管理机构，这些人的学习能力非常强，能很快领悟产业成功的秘籍，一旦被并购原控股股东或者团队不配合时，能迅速接管；

✓ 知止，对自己的短板不为或少为，譬如技术颠覆性强的高科技行业，也没有盲目跟随"走出去"的国家战略；

✓ 良好的声誉与红色背景带来诸多资源。

随着时代的发展，集团管控的理念也会不断变化，集团既要博采众长，与时俱进，也需结合自身特点有选择性地消化吸收，不可盲目照抄、模仿。

第二章
CHAPTER 2

集团总部的财务职能

对于战略导向型集团而言,首先要围绕集团战略,对总部财务进行清晰而准确的定位,借此才能搭建财务组织架构,界定财务职能。对于在集团总部的财务高管而言,需要有集团思维,避免将工厂思维带入集团。

第一节 定位

总部需要统筹考虑合规性和绩效、整体利益和局部利益、当前利益和长远利益、母子公司权力分配及内部协同、业务政策和财务政策、外部监管与内部管理要求、总部管理能力与业务复杂度的匹配,进行准确定位。

需要说明的是,属于集团总部职能但后续章节中没有展开讨论的,在此节中着墨较多,并非赘言。

一、妥善处理财务上的集权与分权

管控模式没有最佳,只有合适。集团应根据持股比重、施加控制力、影响程度,采取紧密型、中间型、松散型管理模式,妥善处理好集权和分权的关系。

财务上集权与分权的衡量标准为是否满足"三个有利于":是否有利于产生更多的回报?是否有利于提高长期竞争力?是否有利于集团健康发展?而不是为了争夺权力与资源。理想的财务权限是:在遵守总部统一的财务政策的同时,保持高度的灵活性;在融入公司全球化管理控制体系的同时,保持区域化的特色。

管控无定式,管理内容并非一成不变的,需要与时俱进。近年来,集团管控理念发生了巨大的变化:该收的,收得更紧,譬如许多高脑力的重大决策权收归集团,集团建立资金池也已成为潮流;该放的,放得更松,业财一体化赋予了经营单元、产业板块更多的日常经营决策权,以提高决策效率。

上市公司有一项重大的使命,就是帮助集团解决问题。过去,资本市场承担着为国有企业脱困的重任,国有企业的 IPO、兼并重组、整体上市、脱贫,往往监管部门会网开一面,优先办理。无利不起早,民营集团也同样对上市公司要求颇多。客观上集团与上市公司的财务权力分配关系,成了集团最重要也是最难处理的关系。大部分集团的主业都在上市公司,一方面,上市公司股东众多,必须执行监管规则,作为控股股东的集团通过董事会、监事会施压决策、监督的影响力;另一方面,作为控股股东,集团希望对上市公司的董监高实施控制,上市公司财务听命于集团财务的部署与安排。

二、参与战略制定

假设某集团以房地产开发、商业、医药业为主营业务,由于看好汽车业的丰厚利润和发展空间,决定大举进军汽车业,并以此为集团未来的核心产业,图2-1中的数字均为假设。

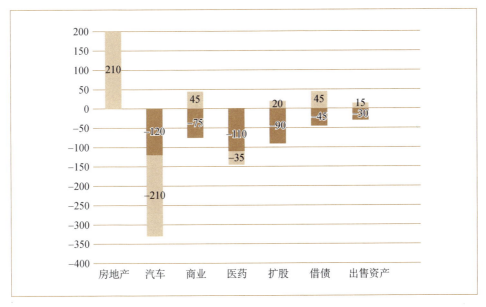

图 2-1 多元化产业现金流瀑布图(单位:亿元)

集团现金流贡献为:房地产210亿元,汽车－330亿元,商业45亿元,医药－35亿元,通过扩股20亿元、借债45亿元、转让资产收回15亿元后,集团仍然有30亿元的现金缺口。图2-1反映了大多数集团普遍遇到的问题:战略制定时,一定要量力而行,如果核心业务产生的经营性现金流不足以支撑新业务的发展,则新业务战略就不可行。

增长、回报、风险控制是集团追求的目标,为此集团每隔3—5年就会制定新的发展战略,如果不能在发展目标与财务资源之间取得平衡,集团往往遭受灭顶之灾或深陷泥潭,现实中活生生的例子举不胜举。

根据集团财务资源的多寡,为集团的战略提供有价值的建议,在促进增长、控制风险、改善回报方面发挥参谋的作用。对集团财务资源少但发展目标很高的业务,做"摇头先生",敢于否决(见图2-2)。

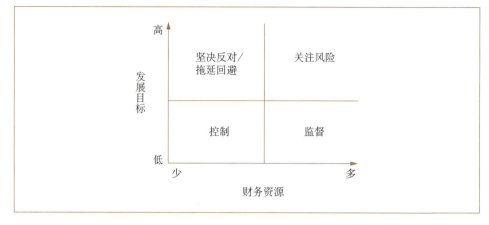

图 2-2　财务资源和发展目标的平衡

三、对外融资

资金池的核心工作就是融资,融资是集团总部的不二职责,集团要维系与扩展,单靠自有积累难以完成,必须借鸡生蛋。集团的发展史就是一部融资史,企业处于危机时需要钱,企业发展更需要钱。集团融资,需要把握关键几点。

(一) 适度涉足金融业务

第一局:押 1 个;第二局:押 2 个(已经输 1 局,n 为 1);第三局:押 4 个(已经输 2 局,n 为 2,下同);第四局:押 8 个;第五局:押 16 个……理论上,只要有无限多的赌本,只要赢一次就可以。现实中,经营好比赌局,金融就是赌本钱。

纵观规模巨大的集团产业板块里,都有金融。产融结合、为主业发展源源不断地输送资金,是集团发展金融业务的基本点,形成产业、金融的良性循环,这也是世界财团的共同特征。

但是这几年国内很多集团脱实向虚,金融化过度,以获取价值巨大的金融牌照为目的,核心业务难以盈利,利润来自类金融业务,产品不赚钱,靠吸引资金存量与流量赚取息差。笔者认为此类做法难以持久。而且在 2018 年,许多集团金融平台地雷频爆,固然有去杠杆、股市大跌等外部因素,但其背后有其深刻的内在原因。

金融牌照大致分三个层次:银行、保险、信托是"中央军",是金融市场的中坚力量;证券、消费金融公司、金融租赁是"地方军",还得靠"中央军"供给;至于小额贷款、担保、P2P、基金、典当是"杂牌军",牌照没有什么含金量;财务公司是内部组织，没啥好说的。

金融是看天吃饭的，国家通过制度安排（吸储）、维持高利润（增加拨备能力和保持资本金充足率）护住银行，市场上的钱90%是从银行出来的，信托、基金子公司、金融租赁、小额贷款等都是影子银行，做的是银行的通道业务，吃银行不愿吃的骨头和汤。所谓的资产证券化业务，本质上只是信贷模式的翻版。至于资产管理、P2P，若是自营，一旦出险，公司都有可能破产。

实业集团现在做金融，难在哪里呢？

（1）大部分集团产业支撑力不够，产融结合交集很少，资源聚合能力差，此外，需要控股股东有雄厚的财力。

（2）是否具有募资能力（如银行的揽储能力）、产品设计能力、风控能力和投资能力（如银行贷款投放）等方面的硬核能力。

（3）各级政府是资源的掌控者，背靠政府的"中央军"才能活得滋润，要么政府是大股东，要么政府可以直接任命董监高，做大做强与政府层级有很高的正相关性。

（4）需要监管部门的特许和保护，如发行产品许可、监管惩处等，安邦、宝能都是靠万能险才异军突起。

（5）现在市场竞争非常激烈，产品普遍同质化，市场充分饱和，大量的市县级城商行濒临破产倒闭，证券市场熊长牛短，有的金融牌照发得太多了（如保险），就算批准筹建也不一定开得了业，开了业也赚不到钱。

（6）只见贼吃肉，不见贼挨打，金融站在经济危机冲击的最前线，系统性风险无法抗拒，当下躲犹不及。例如GE，成也金融，败也金融。

（7）艺高人胆大，一些金融机构靠监管政策套利、黄线区非标获利，充当金主工具，此类行为实非一般企业可为。标准产品利薄，靠做大规模赚钱；非标产品利厚，靠管理风险赚钱。

民营金融不好做

前些年，很多集团热衷于搞金融。路子广的，筹办银行或证券公司、获取保险牌照、开设金融租赁公司；没路子的，搞财富管理、基金、支付、小额贷款、担保、融资租赁。但是进来之后，发现金融行业非常难做，一直在苦

> 扛或走在踩雷的路上。
>
> 金融是与国运高度关联的行业,其兴也勃焉,其亡也忽焉,随经济周期而跌宕起伏,即使有非常强的品牌、募资、风控、投资、投后管理、退出能力,也难幸免。
>
> 覆巢之下,焉有完卵?随着经济的衰退,金融行业站在经受浪潮冲击的最前线,其破坏性非常强、传导非常快,民营金融企业垮掉只是眨眼工夫。
>
> 由于市场上好资源基本被国有的银行、信托、保险、证券占据,民营金融只能做非标产品,开发的产品极具个性化,按收益分为固收、浮动、半浮动;按是否托底,分为保本、非保本……尽管做了投资组合以对冲风险,尽管做了防火墙进行风险隔离,尽管加了担保、抵押、质押、保证金、预收款等各种明锁暗锁,但是一旦最底层的基础资产开裂,则地动山摇。

(二)融资做好"五结合"

(1) 集团与上市公司错开融资通道,集团侧重发展短融、中票、发债等直接债权融资工具,上市公司不能与集团抢融资资源。

(2) 与股权杠杆、债权杠杆相结合。与银行、基金、资管、财团等合作,产品可以灵活多样,如股权、债权、名股实债、结构化金融产品等。在保证基础资产质量的前提下,根据各方的利益诉求,集团精心设计交易架构,包括资金来源、股权安排、投资路径、权益影响、退出办法。

(3) 与业务相互结合,让传统的融资产品发挥最大效应。相比非标、创新产品,传统的融资产品成本低,长、短期适配。

(4) 业务与投资相结合:遇到好业务,可以作为财务投资人参股,再转手退出。

(5) 与上市公司的市值管理相结合。集团作为孵化器,上市公司作为价值放大器,待业务进入高速发展期后,通过上市公司套现。

(三)慎用融资性贸易及非标产品

很多集团本部带有贸易业务,贸易业务带来的利润可能是负的,但如果淘汰,却可能影响企业的融资,从而影响企业主业的发展。此时,贸易充当了集团的融资工具。

贸易业务设计的初衷是做大流量,为从银行融资提供方便,有的集团是为了冲营收规模,违反业务的真实本质,做起融资性贸易业务,类似华信这样的集团也不少。但是贸易业务是搬砖头的活儿,高风险而低收益(形容为"99%的风险,1%的利润"),雪球滚得越大,崩裂的可能性越高。许多集团经历了贸易巨额坏账的危机,后来主动斩断融资性贸易业务。做大并不等于做强,做大后也并不必然变强。如果贸易业务无含金量,靠其规模提升500强排名,是非常危险又愚蠢的行为。

现在市场上民营集团找CFO,对候选人的第一要求就是会融资,有融资资源,会做结构化融资产品,尤其是非标产品的创新,如资产证券化、信托融资等高成本产品。笔者认为,非标产品设计没有难度,但这是大麻,偶尔吸,可续命;长期吸,会致命。集团扭转困局的根本措施在于战略检讨、资源整合、改善经营,并辅之以资本运作,体质健康比吃药更重要。

四、产权管理

集团财务面临两个层面的产权管理,一个层面是集团股东,包括定期汇报集团的经营状况,提交股利分配方案,并按时支付股利,办理集团产权变更;另一层面是控股或参股公司的其他股东,包括股东关系管理、参与股权调整方案、商讨分红方案等,较为常见的是股权梳理。

1. 去中间层

横向压缩股权层级,纵向收缩股权跨度。如果从风险隔离考虑,需要设立防火墙,设双层甚至多层股权架构,需单独报批。

2. 同业股权归并

提高产业集中度,发挥协同效应,避免各子公司单枪匹马地独斗市场。

3. 淡化法人结构

突破思维窠臼,创新管理方式,打破股权层级,不以法律关系对子公司管理。

五、投资并购

扩充产能、业务布局、转型升级、拓展产业链、获取战略资源等都必须进行投资并购,无论是自力更生的内涵式发展,还是依托外力的外延式发展,投资并购是集团发展的主旋律,在"第五章产业投资"里有详细论述。

六、资本运作

几乎所有的集团在资本市场都有身影，IPO、借壳上市、增发、资产重组、送配股、派息、回购、缩股、私有化退市……集团作为控股股东，善于利用资本市场规则，将优势子公司做成业绩优良、股东回报率高、市值大、控股股东得益多的公众公司。

七、市值管理

集团的核心功能是价值创造，体现在财务上，就是打造一个"善平衡（资本结构平衡）＋能生钱（经营性现金流充沛）＋会赚钱（盈利能力强）＋很值钱（市值高）"的公司。市值管理不仅仅是上市公司的事情，作为控股股东的集团更要做大市值，通过资本运作，在资本市场获得巨大的利益。

八、资源配置

集团最显著的职能就是资源配置，动态优化集团的资产及业务，集中优势资源投向核心业务。在不同的发展阶段，集团需要排定不同的业务优先顺序。好业务才是集团存续、发展的立足点。

（1）聚焦主业，不断优化。将主业做强做大，力争取得市场的领导地位，产生经济及社会溢价效应。

（2）为未来布局。将现有业务梳理归类，在核心业务、防守型业务之外，明确哪些是需要大力扶持的明星业务？哪些是星星之火可以燎原的种子业务？

在"第三章资源整合"有详细介绍，资源配置的有效抓手就是资金及预算。

九、资本结构管理

资本结构管理从未像现在这么引起重视，2017—2018年是对国内一些企业刻骨铭心的年份。伴随着国内实行供给侧改革、金融去杠杆政策的推行，一批企业没有度过生死劫或陷入困境。自有资金严重不足、以小投入撬动大资金、短贷长投、账面富贵却缺米少盐、子公司吝于分红派息、加权平均资金成本（WACC）高于集团必要报酬率、债权投入与资本投入失衡等一系列问题，皆源于资本结构管理失当。

作为集团总部，要注重顶层设计，不仅要注重推动业务的增长，更要注意攻守平衡，为每一产业板块设计出科学合理的资本结构。

十、风险管理

2017年发生的高比例股权质押融资、层层加杠杆、复杂而长的债务链,导致国内近一半上市公司控股股东质押的股票股价低于平仓线。

财务对风险具有天然的厌恶感,这也是导致一些集团CFO被贴上"胆小、错失机遇"的标签。风险并非就是洪水猛兽,集团发展有风险,不发展更是风险,风险如影随形,作为集团总部财务,要接纳而不是拒绝风险。

集团建立资金池后,好处是显而易见的,降低财务费用,降低"存贷双高",增强整体融资能力,但是集团统一融资后,成员企业的债务依存度向集团转移,将分散到各成员单位的风险和本由银行承担的风险转移到集团总部,融资由分散转向集中,一旦集团融资遇到难题,则没有后手,满盘皆输。与此同时,集团同时承担更多的担保责任。

风险与损失、报酬并不一定呈正相关或呈正比。识别或预计风险→评估重要性→评估发生的概率、频率→管理风险,通过风险管理四部曲,按照风险程度高低(违约概率和发生概率之积),或有损失高低(风险敞口和损失率之积)进行组合,最终落实到回避、控制、转嫁、接受四种行动方案,如图2-3所示。

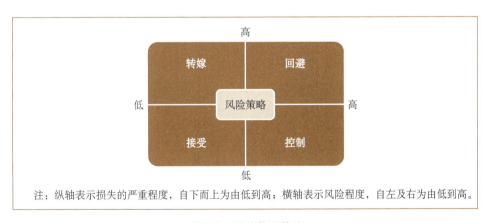

注:纵轴表示损失的严重程度,自下而上为由低到高;横轴表示风险程度,自左及右为由低到高。

图2-3 风险管理策略

集团需要建立风险模型,一方面,要理性地评价过去的风险管理策略,检验过去的风险管理案例是来源于能力还是运气,大部分人想当然地把功劳记到个人能力上,将失败/错误责任归于外部因素、运气不好。另一方面,要分析当前暴露的风险有多大?应该采取何种策略?此外,可以总结优化风险管理策略。

进行风险对冲组合,增加企业的整体抗风险能力,集团需将国内业务与国际业务、顺周期与逆周期、轻资产与重资产、收益性与流动性进行组合,避免发生共振效应而引发危机,防止集团的大起大落,追求可持续稳定发展。当主业的风险水平较高时,可发展一些利润贡献小但现金流稳定的低风险业务。

十一、增强总部的造血能力

翻看上市公司的年报,不难发现,凡是控股型的总部一般都有巨额的税前亏损,税盾效应无法发挥。

总部的收入主要来源于子公司的股息收入、股权转让收入、利息收入,因此,提高总部的盈利能力,解决空心化问题是当务之急。

(一)收取管理费

《中华人民共和国企业所得税法实施条例》第四十九条规定,企业之间支付的管理费、企业内营业机构之间支付的租金和特许权使用费,以及非银行企业内营业机构之间支付的利息,不得扣除。因税务不支持,故不作讨论。

(二)收取服务费

集团总部承担董监薪酬、战略、投资、财务、法律、人事、审计、公共关系、品牌及知识产权维护的任务,根据《国家税务总局关于母子公司间提供服务支付费用有关企业所得税处理问题的通知》,符合规定的服务费,母公司可以向子公司收取,母公司作为营业收入申报纳税,子公司作为成本费用在税前扣除。营改增之后,几乎是可以零税负将费用转嫁到产业板块,为总部收取服务费打开了方便之门,与收取管理费殊途同归。

产业板块承担董监薪酬、采购、市场、销售、培训、IT、财务、人事的任务,也可以向经营单元转嫁费用。

分摊的方法如下。

(1)根据因果关系、受益程度、承受能力,公平或平等原则,向产业板块分摊直接服务费用;

(2)对无法区分服务对象的间接服务费用,总部可以无形资产使用费的名义收取费用,如产业板块对专利、商标、技术、特许权的使用需有偿。

分摊费用的妙处在于:一方面,可以提醒产业板块,总部服务成本是客观存在的,产业板块的收益必须补偿总部服务成本后才能称得上盈利;另一方面,总部的服务费是要付费的,鼓励产业板块对总部服务的充分使用,反之,促使总部提高服务效率,改进服务质量,降低服务成本,增强产业板块的成本意识和压力,减少只会徒增总部成本而没有价值的活动,迫使产业板块控制成本。

也可以将盈利公司的法人变更为非法人的部门或分支机构,以节约税负。

对上公司或非控股子公司,须征得其他股东的同意,因为这是重大的关联交易,涉及其他股东的利益。

十二、税收筹划

通过设计合理的税务结构和税务方案,降低税务成本,集团税收筹划需把握以下几点。

（一）先谋后动

税收筹划只是副产品,必须服从于公司战略、大局,尤其是并购、投资,不能为了节税而节税。当然,如果收购一个能够对板块业务有很大互补作用的税前亏损巨大的公司,通过整合后能产生盈利,也是很不错的税收筹划。

（二）与业务紧密结合

税收筹划并非凭一纸协议、靠一个金点子就能完成,它依附于业务,需要通过业务设计、执行而得到完成,且满足税收政策规定的条件。

把亏损的项目卖出,然后再买回来,这样看似不可思议的资本运作在财务上可以将亏损账面化,既起到抵税的作用,又能达到继续持有的目的。其意义在于回归真实价值,而且可以将账面上的商誉、账面投资高于交易价格部分形成的亏损,统统在税务上完成核销。

（三）与法律结合

纳税筹划,不仅仅符合税法要求,一定要请法务部门参与,在合约中对条款予以约定。

（四）与税收部门充分沟通

在满足税收政策所有条件的情况下,对于普适性政策,三分靠沟通,七分靠政策;对于特惠性政策和重大税收筹划,七分靠沟通,三分靠政策。

（五）筹划有度

单方得利、过度得利都不是完美的方案,必有后患,或得之东隅,失之桑榆,其他方面付出代价,明星逃税就是税收筹划过了头。

十三、队伍建设

与集团的战略目标相比,财务队伍建设任重而道远。目前存在的一些不足如下。

(1) 专业素质不高,在信息技术、专业知识、业务能力、敏感性、外语等专业要求方面差距甚大;

(2) 知识老化,年龄偏大;

(3) 晋升固化,没有建立人才输送的上升通道,未能充分发现、挖掘人才。

集团财务需将财务队伍的组织能力建设作为最重要的工作,有计划、有步骤地选拔、培养财务水平高、经验丰富的高潜质或高素质的专才/领导人才,打造适应集团战略发展需要的人才队伍。

定位非常重要。实践中,无论是国有还是民营,代表股东的集团总部经常错位、越位。根源在于公司治理有问题,纵然在发展了20多年的资本市场,大多数上市公司还没有真正地做到"五独立",这点大家心知肚明,见怪不怪。有些控制欲很强的集团,行政等级管理观念根深蒂固,自身该做的不做,在经营管理、投融资、人事任命、业绩考核、薪酬激励、资金管理等事项上大包大揽,越俎代庖,一竿子插到底,产业板块形同虚设,集团管资产、管业务、管人员、管资金,严重制约了集团发展。

第二节 总部财务管理架构及职能

这些年最大的变化在于集团业务的全球化,集团财务被赶鸭子上架,明显不适应。业务全球化给财务部门带来哪些挑战与变化呢?

第一,推动业务增长。随着中美贸易战、内需不振、人才与知识产权问题日益严重、国际产业分工与转移等形势的变化,中国企业需积极寻找增长点,海外投资并购成为必选之路。

第二,挖掘资财收益。如同股票波动会产生投资机会一样,由于各国的税收、汇率、税率、融资成本及外汇管制的复杂和差异化,产生了资财机会。全球性的税收筹划,可以降低税收成本;全球性的资金管理,可以极大地降低综合融资成本。

第三,分散风险。所有的鸡蛋不能放在一个篮子里,单个企业很弱小,对有些能预计到的重大风险无能为力,还有些风险无法预料。从某种程度上讲,国与国之间的鸿沟形成了风险隔离带,财产安全与自由流动是企业自保的本能,站在全球视野寻找避险港,是全球化经营的另一大好处。如今,大企业都进行宏观经济研究,以预测财经风险,并针对性地提出应对策略,如政治大选/换届、大宗商品价格走势、汇率及国家外储变化、美联储货币政策等。

当然,全球化经营对财务提出了挑战,集团需要突破诸多瓶颈,以开放性思维与全球化视野,在多元与弹性的管理与文化机制、财务集权与分权的相机调整、财务政策统一性与灵活性的处理、重构集团财务组织架构、引进国际化人才、培养队伍学习能力等方面悉心打磨,建立起全球化的财务体系。

麦肯锡2018年度的调查颇令人意外,非CFO受访高管对于财务部门的角色认知没有相应改变,对CFO的主要贡献来自哪里各执所见(见图2-4)。47%

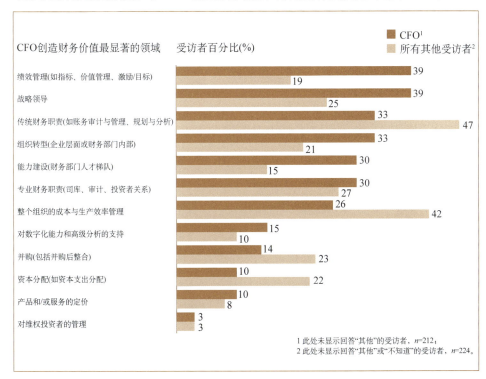

图2-4 CFO与非CFO受访者对于CFO贡献最显著的领域看法

的非CFO受访高管认为CFO的主要贡献体现在传统的财务工作（如账务审计与管理），42%的非CFO受访高管认为主要贡献是管理整个企业组织的成本和生产效率。这与CFO受访者的看法大相径庭。

CFO自评高于外部的方面包括：绩效管理、战略领导、组织转型、能力建设、对数字化能力和高级分析的支持；外部评价高于CFO自评的方面包括：传统财务职责、成本与生产效率管理、并购、资本分配。

并非自黑，应当承认的是，外部评价比CFO自评更为客观。外部对CFO的定位局限于传统领域，强于监测、控制和分析，而在大局观、创新意识以及人资能力方面，CFO显得逊色。

由于互联网的飞速发展，以及人工智能技术等的日渐成熟，工作效率大幅提高，集团管控范围也随之扩大，集团财务组织架构也需不断演变。

根据各层级财务职能定位，为适应新型组织结构的特点，集团采取矩阵式组织结构，既保持统一性、专业化，又要放开经营权限（见图2-5）。

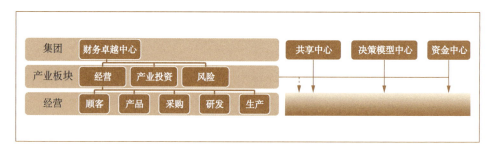

图2-5 多层级集团财务组织架构

一、共享中心

现今具有一定规模、管理规范的集团都已经建立了标准化作业流程（SOP），很多集团设立了共享中心，为财务的智能化奠定了基础。

简单的财务审核及账务处理可交由机器人处理，最容易见效的就是工作量较大的费用报销的审核及制证，拜文字图片识别的视觉技术所赐，单据扫描后瞬间就可以完成审核、凭证制作。今后，随着听觉技术的应用（国内领先的有上市公司科大讯飞），以及之后视听混用技术的成熟，财务会计工作将从人的独立完成、机器独立完成，到最终人机交互一体化完成，财务工作的效率会极大地提高，失误率会大大地减少。

财务的逻辑是"工作是以业务的发生为基础",以采购为例,一旦检测通过、物资入库、ERP(Enterprise Resource Planning,企业资源计划)自动抛单到财务部,财务部按"发票到否、付款时间安排"等内定规则,可由机器人自动地完成凭证制作,销售也是如此。

随着机器人学习能力的提高,SaaS、ERP等软件嵌入机器人技术的应用,财务工作将自动收集数据、整理数据、填制凭证、生成报表、生成符合各种要求的报告(如内部管理报告、上市公司定期报告),因此,财务集成化将变得近在咫尺,届时,财务需要的人工将会少很多。哪些财务活动可以实现自动化呢?

根据麦肯锡全球研究院对自动化的研究。42%的财务活动通过采用成熟的技术可实现全自动化,还有19%可实现高度自动化,其实,包含RPA(机器人流程自动化)在内的多种基础任务,毕竟自动化技术已经出现很久了(见图2-6)。

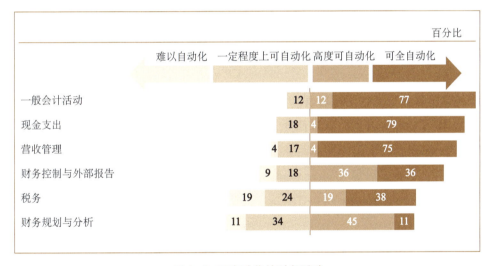

图2-6 可自动化的财务活动

随着RFID技术的成熟及成本降至可接受水平,集团可以从固定资产、单件价值较高的存货入手,集团可和RFID服务商联手制定物联资产管理方案。无论何时何地,每隔一定时间贴有RFID标签的实物资产自动上报一次位置信息,使用部门可以实时了解资产的使用负荷状态或者闲置情况,财务部门足不出户便能了解资产盘点的实时信息。

共享中心是基础平台,这些年财务共享如火如荼,在记账、审单、收/付款、对账、验/开票、费用报销、佣金计算等某些局部领域进行了探索,但是客观地说,效果还不尽如人意,尚需各方共同努力,推动财务系统智能化的应用。

二、财务智能化中心

2019年,上海国家会计学院主办了"影响会计人员的10大信息技术"评选,从边缘计算、财务云、财务知识图谱、分布式账本等30项候选技术中,评选出10项技术,按支持率由高到低的排序分别为:财务云(72.1%)、电子发票(69.5%)、移动支付(50.7%)、数据挖掘(46.9%)、数字签名(44.5%)、电子档案(43.1%)、在线审计(41.4%)、区块链发票(41.1%)、移动互联网(39.6%)、财务专家系统(37.7%)。

上海国家会计学院副院长刘勤教授认为,回望信息技术在会计领域的应用,从最初的会计电算化,经过第二个阶段的信息化,目前进入第三个阶段,即智能化。人机共生系统的机制设计是非常重要的,它需要考虑很多因素:人和机器的组织分工、流程配套、信息传递、系统衔接、风险管控、利益均衡、伦理安全等。

为适应智能化浪潮,集团有必要设立财务智能化中心,其主要职能是智能化设计、建立决策模型。

(一)智能化设计

智能化设计最早的领域是会计共享,将财务人员从大量的会计凭证中解放出来,后来延伸到发票认证及开具、银企对账、纳税申报等领域,智能化设计是一项极其复杂的工作,吸收各方面人才加入这个组织,承担系统的开发、测试、优化与升级,进行流程梳理,将内部控制嵌入流程,在系统中导入风险管理工具,监控运行,负责安全维护。

(二)决策模型中心

抛弃苏联模式的"资金来源=资金运用"的复式记账法,至今才30年不到,即使在相对水平较高的证券市场,上市公司的整体专业化程度依然不够高。公司管理简单粗放,对西方财务管理、国际会计准则的知识食而不化,财务内部细而专、复合型人才严重短缺,财务人员素质偏低,知识老化现象严重等现状制约了专业化程度的提高。譬如资产减值模型、商誉减值规则、各类预测模型、税务/资金安全预警、基于ABC法的成本收益分析(以快递行业为例,快递员随身携带的把枪,不仅让财务成本非常精确,不像过去根据自己的主观判断大而化之的分摊办法,而且据此进行物流网络优化、路径优化、产品定价、运力提高)、产品价值多维分析等量化工具的开发和使用,目前大多是空白。因此,提高专业化水平之路还很漫长。

管理会计应用最大的问题就是量化决策，无论是内部的量本利分析、自制外购决策、投资项目可行性论证等，还是投资并购的估值，都需要建模。即使是会计上的计提减值准备，也需要数学模型。量化就要建立模型中心，即复杂场景计划（敏感性分析）和预测模型，并随着其预测能力的提高不断修正完善。

以数据说话，将定性与定量有效结合，是集团刻不容缓的任务，分四步走。

第一步，搜集、整理内部数据，数据年限至少 3 年以上；

第二步，搜集外部同行数据；

第三步，建立模型，并进行测试，譬如风险系数 $Beta$ 值；

第四步，将模型应用于实践，并不断修正完善，譬如集团定期公布 $WACC$ 和 IRR。

决策模型在集团财务管理中具有极端的重要性，凡是涉及重大的项目，提交预案前，必须进行模拟测算，如投资并购、举债、扩产、股利分配、一次性收益或亏损、经营业绩反转或巨变等，预测即将产生的正负面效应，并进行压力测试。集团财务管理将从回顾历史、监控现在，转向对未来的预测，量化决策模型是大数据时代数学化思维在财务管理界应用的产物，是一种无法阻拦的潮流，具有十分重要的现实价值，具有广阔的发展前景。

三、资金中心

将资金从财务部独立出去，成立资金中心或组建财务公司是集团的惯常做法，资金中心担负着融资、管理、配置、投资的任务，有以下主要职能。

1. 做好对外融资

对接国内外资本、资金市场，拓宽融资渠道，降低融资成本，保障集团业务经营、投资及派息所需资金。

（1）收集、分析金融市场及资本市场等主要筹资工具的最新动态，研究与融资相关的法律法规、货币政策及市场信息，并提出相关融资对策和方案；

（2）制订集团整体及总部融资计划，拓宽融资渠道，创新融资模式，在满足监管机构、金融机构及评级机构约束性指标条件的同时，降低融资成本；

（3）负责管理和维护公司与银行及非银行金融机构、证券机构、投资基金等客户的公共关系。

2. 发挥资金池的作用

利用境内资金池、跨境资金池(人民币和外币),提高资金集中度,利用内部资金余缺,加大内部存贷款的比重,减少对外融资依赖,配合资产负债表管理以降杠杆。

3. 适当理财

以安全为原则,利用闲置资金,做好在债券市场、货币市场、股票市场的金融投资。

4. 注重风险管理

集团常见的风险有流动性风险、汇率风险、大宗商品交易风险、衍生金融工具风险、或有负债风险。

资金管理必须以交易性需求为主,以预防性需求为辅,兼顾投机性需求。在资金来源渠道、筹集及使用成本、增量、流量、存量、资金投入、收益上形成完整、专业的管理体系。

四、财务卓越中心

尽管集团总部忙于编制合并报表,但是从管理层来看,提供一份合规的符合各方要求的财务报表,是财务部天经地义的工作,谈不上有价值创造,所以,集团总部需要卓有成效地开展以下方面工作。

(一) 业财融合与活动监控

近年来,财务的重心从监控转向与经济活动的融合,为各项经济活动提供有力的支持。任何一个公司,所有的活动都围绕"客户""订单"进行。曾经,诺基亚的企业文化、管理水平、成本控制能力都算首屈一指,但是失去市场,没有订单,都没有用。一个优秀的营销人员,如果能掌握基本的财务知识,做生意时在把控风险、控制费用、回收货款方面肯定会做得更好。同样,如果财务人员学习业务与经营,工作中也会如虎添翼。获客、下单是天下公司最难的事,财务除了在报价模型、产品组合、盈利模式、新品上市、合同评审、费用管控、应收款风险管理、绩效计量、业务融资(多快好省地拿钱)等传统领域发挥作用,如果能更深入一步,在项目评估、投标、业务及产品定位、营销策略等方面提供建设性意见,将提高成功率和盈利水平,化解业务风险。以经济活动中的研发项目为例,财务在资金[预算、过程监控与决算,使用方式(开口、闭口、签批权限),资金来源(募集资金、自筹、政府补贴、研发费加计扣除抵税)];评估指标(毛利率、内部回报率、盈亏平衡点、投资回收期);研发组织的绩效计量及考核等方面提供服务,以提高研发项目的成功率。

过去提倡将财务语言转化为商业语言,现在则要助力业务部门,不能光说不练。学习一些市场与营销知识,与业务部门就有了更多的共同语言,提高了自身评估业务的能力,更好地执行营销政策。

业财融合与活动监控主要体现在以下方面。

(1) 预算编制、执行、分析;

(2) 深入经济活动,提供各类建议;

(3) 提供管理报告;

(4) 制定财务政策,并监督执行情况;

(5) 业绩评价和管理层考核。

(二) 资本结构管理

其后有专门章节论述,此处从略。

(三) 投资并购

(1) 根据公司战略,基于行业研究和分析,搜寻投资标的;

(2) 参与公司的投资和并购工作,包括项目评估、尽职调查、估值测算、商务谈判、方案设计、交易执行等;

(3) 与该行业内的创投集团、产业基金、行业协会、顶尖人才等建立联系,搭建有效的项目信息渠道;

(4) 负责投后管理工作。

(四) 内控与风险管理

前些年,财政部、证监会等众多部门力推内控制度,从实施效果看,并不理想,上市公司仍频频暴雷,风险高发,财务造假横行,违法违规行为屡禁不止。笔者认为,主要原因在于内控制度过度与执行难并存,中国版的COSO体现了"天下文章一大抄"的特色,中小板抄主板,创业板抄中小板,写在纸上,挂在墙上。流程和规则是公司运行的保障,但内控制度并非越细越好,僵化、运行效率低下、守旧、复杂化也是一种风险,常见的弊端就是集团运行效率大幅下降,营运成本急剧上升。建立、完善一套内控与风险管理制度是非常必要的,但是要根据企业实际情况度身定做,使可操作性强,重在效果,以下设计融合了德勤的研究成果。

(1) 将内控与风险管理纳入公司治理体系,搭建组织架构(见图2-7);

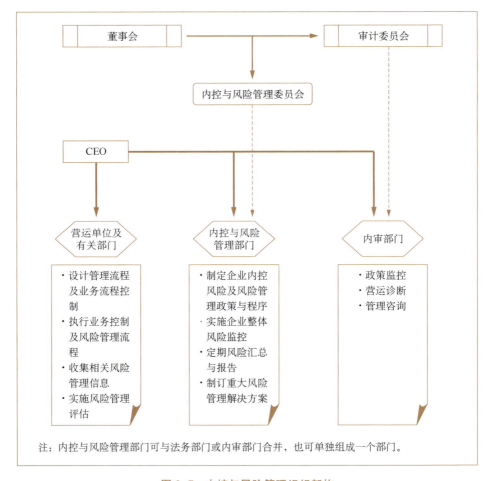

图 2-7　内控与风险管理组织架构

（2）制定内控与风险管理体系建设规划、政策与程序，并组织实施；

（3）提出跨职能部门的重大决策、重大风险、重大事件和重要业务流程的标准；

（4）提出重大风险管理解决方案，并负责该方案的组织实施和对此风险的日常监控；

（5）提出重大决策风险评估报告；

（6）开展风险检查工作，提供改善意见和建议；

（7）组织建立集团内控与风险管理信息系统。

（五）其他

（1）税务管理（纳税筹划是其工作内容的一部分）；

（2）股东关系管理及市值管理；

（3）推广最佳实践；

（4）考评、培训、培养财务团队。

共享中心主要从事会计工作，智能化中心主要承担智能化设计及建立决策模型两大工作，将先进的信息技术应用于集团财务，将决策模型从传统的管理会计中分离出来，以适应数字化趋势。资金是集团的血液，是集团最宝贵的资源，这些年以实业为主的集团吸收了金融业大量理念、工具和方法，资金专业化水平日益精进，若想更加专业化，则有必要将这一中心独立出来。财务卓越中心除常规性的预算编制、财务分析报告、绩效考核、税务管理、财务队伍建设外，配合集团战略实施，在投资并购、资本结构管理、市值管理、资本运作上有所作为，并始终将风险管理置于重要位置。

四大中心职能齐备，听起来很美，但从早年开始推行的共享中心开始，已出现了令人担忧的情况。

中心化之忧患

集团总部成立各中心的初衷是好的，将优秀人才、共享的资源集中起来，一方面实现权力上收，另一方面更加专业化，听起来两全其美，但是有矛必有盾，中心带来的问题也是令人担忧的。

（1）提议权、决策权集于总部，权力过分集中，反而更容易滋生腐败。财务系统的腐败重灾区在资金、财务信息系统购买、中介费用，还有人事权力，从分散在各业务板块、经营单元的小贪，变成集团总部的大腐。

（2）高离职率与队伍素质的下降将变得不可避免。单从事上看，中心专业化可以提高效率与质量，百害无一弊；但从人看，总部中心专业分工更细，每个人只是螺丝钉，由于中心人员的素质较高，对个人职业发展抱有期望，导致人员稳定性成为大问题，离职跳槽多。反之，由于集团各中心实力强大，使得业务板块、经营单元的工作更加简单，只需傻瓜式操作，不需要动脑，只要执行即可。工作的枯燥、缺乏挑战性让有能力的员工纷纷离职，财务人员素质退化。由于基层难以培养出合格的后备人才，无

> 法为集团各中心输送合格的人才，缺乏优秀人才的集团中心，财务的价值创造能力必然下降。但如果从外部空降，只会加速优秀员工的离职。
>
> 人是最宝贵的资源，如果偏离人性化，让集团人才队伍的整体素质下降，中心模式就不是好模式，无法持久。

衡量集团财务组织架构成功与否，有几个核心指标：成本（可控，降低成本不是集团成立各中心的目标，价值创造、风险控制才是本质）；效率（高效）；沟通（渠道畅通）；人才队伍（能力和水平提高），以保持组织的敏捷性，发挥各层级的创造性。财务不只为监控而存在，抑制组织活力的成本控制只能作为次要指标。

第三节　集团财务的思维

哲学是一门研究人的思想的学科，目的在于明变、求因、评判。财技为术，哲学思维方为道。

总部位于集团的塔尖，其财务工作者往往需要开阔的视野、开放式的思维、对子公司的整体状况了如指掌、丰富的实践经验，具备营运管理能力、投资能力、金融能力和较强的掌控能力，只有具备哲学思维，用哲学思想指导今后的工作及行为，方能处事不惊，游刃有余。

一、相对平衡

儒家文化里的中庸，实质上就是平衡，在不平衡中求得动态平衡。如果将业务比作油门，则财务就是刹车，确保企业成长在安全线上。集团财务设计合适的资本结构，管理好资产负债表，将风险控制在适度范围，是其第一要务。当然，平衡是动态的、相对的，旧平衡会被打破，新的平衡会形成。

平衡思维启示我们，在进攻的同时，也要注重防守。集团的成功可能不是因为做了多少伟大壮举，而是因为避开了多少意外和灾难。

相对平衡的思维，要求集团稳健经营，张弛有度，不能进行剧烈、激进的大规模扩张，要"三天打鱼，两天晒网"，在增长中完成自我修复。增长很快虽然在表面上看是好事，但是文化融合、管理系统、资源配置、人才队伍往往跟不上，基础不牢，容易地动山摇，最终导致倒退或回到以前的位置，代价巨大。

二、系统性

无论是并购，还是跨境投资，目标只能单一，但在决策时，往往需要系统性思考，以确保单一目标能最大限度地实现。例如，涉及股权激励方案时，要考虑核心人才的定义、持股模式、激励效果强弱、资本运作影响、激励方式、流动性、便利程度、税负问题、管理成本、会计处理、业绩摊薄等因素。

从经济上说，集团股权层级不能太长，横向缩减跨度，纵向压缩层级。但是现实中，也不能从单一角度考虑。出于风险隔离考虑，集团有时需设防火墙，设双层或多层股权架构，避免火烧到集团总部身上。

系统性思维要求从具体事务中跳出来，看整体与局部的关系，如非相关性多元化中的某些辅业，带来的利润贡献可能是负的，但能为主业提供融资。如果立即剥离，会极大地制约主业的发展。

三、投资性

笔者将近30年的职业生涯中，首先是*从会计思维起步，之后进入财务管理思维，现在上升到投资思维*。公司是股东的投资产品，是否值得持有，是否值得长期持有，完全视对股东的回报情况、股东财富最大化而定。对集团而言，有进有退，有所为有所不为。

投资思维体现在资本运作上，是将资产、业务当产品卖，不要沉溺于现在的业务，没有什么不可以卖的。江阴、诸暨曾经是民营上市公司集中地，但由于产业转型跟不上，思维守旧，当壳资源稀缺时，还想着价格抬高些再卖，结果错失了退出的最佳时机，如今苦苦地挣扎在保壳路上。

在安排业务组合时，需具备投资性思维。浙江龙盛的主业很好，但是公司的大部分资源被房地产消耗了，所以，资本市场给予的估值不高，"染料＋房产"的业务组合损害了股东价值。

投资不同于投机，"贪婪是好事，金钱永不眠"的思想根深蒂固，加之在商业实践中，赌性大、喜投机的本性让一些集团破产或陷入困境。

四、一分为二

事物都有两面性,有利必有弊,危中有机,安中有患,主观认知不一定符合客观事实。

2017—2018年国内经济政策剧烈震荡,覆巢之下,安有完卵乎?资本市场上一些实控人悲惨出局。相反,一些猎手进场,低门槛、低价位地收购了上市公司。

顺势而为是聪明之举;洞察先机、逆流而动也是顶尖高手所为;逆流而动则往往选择在大变局的前夜,介于萌芽与爆发之间。

五、内外兼修

集团财务面临着虚与实、高与低的双重矛盾。

(一)虚与实

虚就是要研究政策,分析大势。2018年上半年的金融去杠杆,导致大量集团债务违约,就是对去杠杆的预判出现重大错误,且多数集团偏好低成本、笔数少、金额大的融资产品,这样就导致自身的债务结构失衡,掉头太难。

实就是研究成果最终要应用,要转化为成果,将政策上的原则性与操作上的灵活性有效结合。以跨境投资为例,涉及大量的法律法规,海外公司功能定位(如获取核心技术或东道国市场)固然很好,但是要考虑税收协定、境外税收抵免、受控外国公司规定、资本弱化、转移定价和反避税等境内外税收法规,还要考虑投资股权架构及投资主体设立形式、工会、劳工、对利润的汇回限制、外汇管制、知识产权保护等商业相关法规。此外,对文化差异;汇率波动;风险管理(外部风险有政策风险、行业风险和极端风险,内部风险有战略风险、监管风险、运营风险、财务风险、风险管理策略风险);壳公司运行维护成本;融资渠道及成本酌量考虑。

(二)高与低

高就是要立得高,才能看得远,这是境界问题。相对于国家、行业,集团毕竟是条小船,禁不起大风大浪,因此,现在的集团财务更加注重研究宏观问题,这是大势。

低就是要学习专业性很强的业务,如向国际会计准则全面接轨的会计准则、税收法规条例等,如果业务生疏或荒废,集团做决策就会出大错,就会变成眼高手低,例如,雅戈尔为了避免2018年亏损,对中信建设的投资从金融资产变为长期股权投资,想增加93亿元的利润,结果被交易所驳回,竹篮打水一场空。

既要仰望天空,又要脚踏实地,这是集团财务工作的特点。

虚与实、高与低的双重矛盾,需要集团内外兼修:练好内功,钻研业务,同时外观天象,广觅资源。

六、对立统一

专业化与多元化是永远在争论的话题,随着这些年来行业竞争的加剧,行业集中度越来越高,逐渐向头部集团靠拢,原来多元化经营、四面开花的集团在竞争中被专业化集团甩在身后,多元化与专业化是对立的。多元化与专业化又是统一的,凡是百年企业,在重大时刻都顺利实现了转型,都拓宽了创业之初的业务,现在的专业化是过去多元化积累所得,专业化的"僵死"和多元化的寻死,是历史规律,是竞争必然。

社会总是在不断变化,以主业为同心圈的适度多元化发展,在多化中培育出明星产业,无疑是对立统一思维下的正确选择。

面对纷繁复杂的业务,集团财务工作者要处理好原则性与灵活性、普遍性与特殊性、强制性与导向性、前瞻性与现实性四者之间的关系,不可对立化。

哲学思维决定了集团财务的价值创造能力与风险控制水平,成功带有一定的偶然因素,但是持久的成功,一定有其内在必然因素。杰出的集团财务管理者通过不断学习(学习经典理论、以人为师、向市场学习),日积月累,艰苦磨炼,一旦形成理性、科学的哲学思维,必将受益无穷。

第三章

CHAPTER 3

资源整合

2018年12月，TCL集团以47.6亿元的价格将TCL的消费电子和家电等智能终端业务中几项核心资产左手换右手，转移到自己的非上市公司TCL控股名下。TCL集团的重大资产重组在中国集团型企业中具有典型性。但回过头看，如此大的资产腾挪，实乃迫不得已，TCL集团的确走错了几步棋。

错误一，战略失误连连。

2004年，TCL通讯完成收购阿尔卡特手机，海外投资造成的巨额亏损被当作出海警示教材。依靠运营商渠道做低端手机，TCL通讯曾经坐上国内手机行业的龙椅，但由于未能适应手机智能化的趋势，等看清时局时，大势已去，成了中国版的诺基亚，2016年亏损4.74亿元，2017年亏损20亿元。

电视机行业早已是一片红海，连续五年呈负增长，相对巨额的出货量与销售额，电视机行业基本在微利或亏损边缘挣扎，而且国际市场面临着汇率波动、贸易壁垒的难题，单靠企业难以克服。

就这样，起家的业务舍不得抛弃，在价值高位时只能惜售，在走下坡路时，又由于浓厚的怀旧情绪，舍不得清出，导致包袱越背越重，最终变成累赘。

错误二，股权架构及业务布局不合理，集团整体上市不适合复杂多元化的企业。

李东生将所有的苹果放在TCL集团一个篮子里，烂苹果拖累了好苹果的价格，而且风险具有连锁效应，一荣不一定会俱荣，但一损一定会俱损。理想的设计是集团不上市，集团下分设不同的产业板块，各产业板块互相独立，进退自如，不仅可以有效地进行风险隔离，还可以将集团价值最大化。

错误三，TCL通讯私有化，2年时间失去百亿市值。

2015年TCL通讯净利8.86亿元，2016年9月以7.5港元/股的高位私有化，从香港退市，整体估值约95.92亿港元。到了2018年6月整体估值为－1.12亿人民币。

错误四，没有一成不变的核心业务，投资者看重未来，TCL集团对行业判断缺乏敏锐感，抱残守缺，核心业务调整不及时，导致资本市场估值不高。

错误五，股权近亲繁殖、负债率高、昔日的核心业务侵蚀了

大部分利润、内部交易巨大、对内担保数额巨大,TCL具有集团型企业的通病。

错误六,在国内乃至国际产业链格局中,没有正确定位在产业链的角色,缺乏合作意识,这也是国内企业通病。

从原材料加工,到生产零部件中间品,再到成品的组装,国内企业喜欢从鱼头吃到鱼尾,上下通吃的一体化战略必然导致更多的上下游变成竞争对手,难以在竞争中合作,如重组报告中披露,海信对TCL电视较为忌惮,一直都没有将华星光电作为主力供应商。智者开局,愚者结尾,将最后的利润和风险留给别人。

作为资本市场的先行者,年逾60岁的李东生还需托起47.6亿元的债务,令人唏嘘不已。TCL集团的重大资产重组,在资源整合方面有哪些启迪呢?

第一节 战略为先

近年来,众多民企集团爆发资金危机,背后有其深刻原因:业务布局不合理,主业不强,多元化消耗过多战略性资源;资源配置不合理,以高回报业务补贴亏损业务;投资决策盲目,产生大量低回报、亏损业务;固守战场,会进场却不善于离场;业务调整不及时,战略缺乏前瞻性,资源整合能力差。

阿里巴巴总参谋长曾鸣说:"战略说白了非常简单,就是决定一个企业该做什么,不该做什么,有所不为,才能有所为,大舍才能大得。"

一些集团的战略华而不实,与其说是战略,还不如说是做锦绣文章,全是纸面功夫。制订战略,要看到至少3—5年的未来前景,察人所不知,发现行业成功的关键因素,要知己知彼,扬长避短。有些集团的战略受决策者的偏好或随机性的影响,发生误判,也就是说战略是错误的,这个需要在后面实践碰壁后进行调整。

一、战略制定注意事项

制定战略,不仅需要踏实的调研、分析,更需要具有前瞻性和差异化的思维,对行业驱动力,客户价值主张(客户特征、产品/服务的特性、同业竞争力),资源和组织能力,盈利模式有深刻而独到的认识。

案例阅读

华润水泥的战略

1993年,华润集团历时五年在东莞建设了一个水泥粉磨站,投产之日就是亏损的开始。水泥行业,虽然存在"一没有资源支撑,二没有技术优势,三没有成本优势,四没有市场地位"的诸多劣势,但是困难并没有阻止华润集团做出大产业梦想。

2002年,华润水泥敏锐地抓住新型干法技术的应用,并辅之配备余热发电,实现煤、电和水泥循环,大幅降低了成本,与此同时,进行"以辊压机代替生料立磨,脱硫石膏替代天然石膏"的重大技改,保持环保领先。在技术、环保上实现突破之后,2004年,华润开始规划水泥的未来,制定出以"资源、市场、物流"为支点的"两点一线"战略和"资源掌控、资源转化、资源分销、系统成本最低和区域市场领先"为核心的"3+2"战略。

让我们来看看2004年华润水泥是如何制定战略的。

总体战略：通过横向扩张和合理布局,实现总成本领先,建立区域市场领导地位;为高标准建设项目提供优质的水泥,成为客户低成本、安全可靠的水泥供应商。

领域分析结论如下。

➢ 产品:高品质水泥、低成本但需求量大的水泥。

➢ 市场与客户:混凝土和预制件的生产商,大型基建项目和建筑公司。

➢ 地域:立足两广,面向华南,择机进入具备"资源、市场、运输"三要素并存,有机会建立行业领导地位的其他区域。

➢ 价值链:矿山开采、原料加工、熟料烧制、水泥粉磨、物流、分销以及技术服务。价值链的核心环节为熟料烧制、物流、分销和技术服务。

➢ 核心技术:高效低成本的物流系统、独特的技术服务能力。

发展路径：从产品、目标市场、地域进行分析。（略）

差异化：确定定位要素之后,进行饱和度分析(见图3-1)。

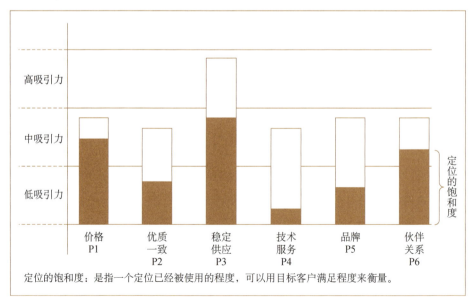

图 3-1　定位要素评估

然后,通过对自身目前及竞争对手的比较,总结出战略期的定位(见图3-2)。

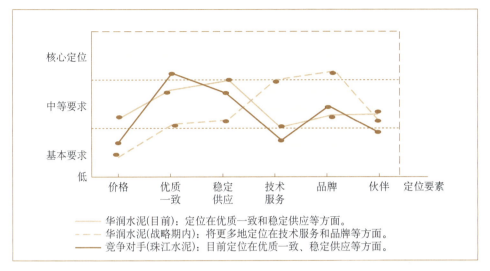

图 3-2　确定定位要素的标准并绘制定位系统图

最后的定位结论是:如何和对手竞争?

➤ 目前:主要通过优质一致的产品性能和稳定可靠的供应保障能力获得相对竞争优势,赢得客户。

➤ 战略期内:将更多地通过提供优质独特的技术服务和可信赖的品牌吸引客户,开发有较大利润空间的矿渣粉等新产品,赚取较高的利润。

发展轨迹（发展速度和优先顺序）。

➤ 发展速度:三年左右的时间,水泥生产能力达到 X 万吨。

➤ 优先顺序:

• 加快"两点一线"战略布局,培育以"资源、市场、运输"完美组合为基础的核心能力;

• 跨区域发展,选若干个符合进入准则、有发展潜力的区域,建立新的增长点。

在扩大分销和客户网络的同时,建立统一品牌。

经济逻辑（如何赚钱）:利用下列六大模型来实现盈利,并阻击对手。

➤ 地区领先模型:通过地区领先,实现区域市场控制,提升在该市场的定价能力,从而获取高于行业平均水平的利润。特别是在跨区域发展时,可尽量先与区域市场的大公司合作,然后由点及面,再行拓展。

➢ 低成本企业设计模型:从战略上优化布局,占据优质资源,完善物流体系,迅速扩大规模,实现规模效应,统一控制大宗商品的采购,降低企业总体成本;在新建生产线时,从设计、施工到安装调试,对每一个环节实行成本控制;在并购时,利用良好的政府关系、两大业务协同和华润较强的整合能力,实现低成本收购;对老生产线进行技术改造,改善资产质量,提高生产效率。

➢ 价值链定位模型:纵向整合,实现价值链协同和资源共享,通过混凝土和预制件业务网络,控制高标水泥终端市场,保证行业低谷时的稳定销售和合理回报,开发高附加值水泥,提高产品毛利率。

➢ 产品金字塔模型:以低标号的产品为塔基,利用低成本和规模优势挤占小水泥的市场份额,形成防守型产品;以高标号的产品为塔尖,赚取高额利润。

➢ 独特产品模型:开发生产具有较大利润空间的矿渣粉,赚取高额利润。

➢ 周期利润模型:在行业景气时,进行流程优化,精细管理,并可考虑租赁其他企业的现有产能或外包贴牌生产,以便在不景气时及时退出,减少损失。在行业不景气时,注意回笼资金,控制财务风险,并加强两大业务协同,稳定基本业务量。可研究利用周期利润模型,在行业低谷时,进行低成本扩张。

华润水泥历经上市—退市—再上市,终于跻身国内前三甲,成为市值达500亿港元的公司。

二、战略制定常犯错误

几乎所有的集团都制定了战略,但是多数犯了以下错误,导致战略没有多少实际价值。

(1)高估自己的能力,纵使同一行业,企业特质也不尽相同,企业文化、组织禀赋、人才资源迥异,并非靠砸钱就能成功。加工型企业讲求精细、勤奋,操作工多,纪律性强,能快速见效;高科技企业崇尚自由,包容错误,知识分子多,对待遇及工作环境要求高,中长期方可见结果。所以,加工型企业向高科技行业进军,若想取得成功,难度相当大。

(2)追求完美,理想化设计。越完美的战略,执行的可行性越低。

(3)缺乏战略必备的资源,进入壁垒非常高。以互联网企业造车为例,汽车行业需要雄厚的资金实力,沉淀深厚的经验积累,各类系统性行业精英,牢固的供应链关系,政府支持的意愿及能力,危机公关能力,公众对汽车事故的容忍度(包括概率、事故严重程度)。同样,跨界进入新能源汽车行业的新入者,能幸存的估计不到十之一二。

(4)战略储备不够,临上阵才磨刀,匆匆搭草台班子,平时不储备资源。

战略错误往往将公司拖入泥潭,以下资料根据上市公司的公开信息整理。

 案例阅读

智慧能源的困局

远东智慧能源股份有限公司(SH 600869,以下简称智慧能源)是国内电线电缆综合实力位居前列的制造企业,业务主要集中在电缆、锂电池、工程三个板块,2018年实现营收1 751 156.02万元,实现净利18 694.23万元,各主要板块的财务指标如表3-1所示。

表3-1 智慧能源2018年板块业绩　　　　金额单位:万元

业务单元	电缆	锂电池	工程	电力设备
营业收入	1 471 262.02	106 159.45	145 198.55	21 521.02
毛利率	15.51%	10.55%	19%	16.03%
净利润	43 800(约数)	−9 434.15	9 566.83	暂无

注:
① 因与公开信息分类口径不同,数据不一定精确;
② 锂电池板块数据基于远东福斯特新能源有限公司和远东福斯特新能源江苏有限公司(以下简称福斯特),工程板块数据基于北京京航安机场工程有限公司(以下简称京航安)和上海艾能电力工程有限公司(以下简称艾能电力)。

一、面临的问题

智慧能源的前身是远东电缆,在电缆领域具有较强的竞争优势,但是近些年频频进行大手笔收购,跨界投资,是重大的战略失误。

(1)估值过高,扣除减值准备后的商誉余额为173 346.71万元(尚不包括收购京航安49%的股份形成的商誉直接冲减资本公积,减值率约为10%),2018年归属于上市公司股东的净资产为485 689.21万元,总资产为1 837 022.73万元,商誉占总资产的9.44%,占净资产的35.69%。

(2) 收购项目的盈利能力未能如愿,艾能电力、福斯特、保定意源达电力设备制造有限公司的对赌业绩实际上都没完成。

(3) 资本性开支巨大,现金流量压力陡增。经营活动方面:2016年为－2亿元,2017年为－6亿元,2018年为5亿元,小计－3亿元;投资活动方面:2016年为－6亿元,2017年为－16亿元,2018年为－1.5亿元,小计为－23.5亿元,完全依赖融资进行的投资和运营达26.5多亿元。

即便如此,公司依然雄心勃勃地宣告:2019年公司拟继续投资建设远东福斯特高能量密度动力储能(方形)锂电池研发及产业化项目、智慧能源产业园暨6亿千瓦时高性能动力及储能锂电池等产业链项目、年产2万吨高精度超薄锂电铜箔项目等重点项目,跨界进入光通信领域,新建投资远东通讯光棒光纤光缆产业建设项目,并将开展电缆产业扩能,继续突破装备市场和高端市场。

(4) 负债率高企,资产负债率为72.89%,已处在高风险区域。

(5) 资本市场信誉受损。监管部门频频发函,包括青海证监局问询9次(2013年3次,2014年2次,2015年1次,2016年3次),上交所2018年3次发函,且公开谴责。经营计划不审慎,公司原宣称2018年预计营收200亿元、净利润6亿元以上,整体毛利率18%以上,2020年预计营收800亿元、净利40亿元。而实际情况却大相径庭。

二、战略调整

在传统业务电缆领域,公司仍具有较强的竞争力,管理水平尚佳。但问题出在战略层面,靠战术上的勤奋难以挽救,公司经营也就愈发困难。

(一) 退出锂电池业务

锂电池业务系以12亿元估值收购远东福斯特新能源有限公司而涉足的新兴产业,对赌期踩线完成对赌业绩,对赌期满第一年实现营收106 159.45万元,较上年下降26.05%,实现利润－9 434.15万元,较上年减少18 250.27万元,并向陕西通家汽车股份有限公司发起支付货款本金及违约金合计11 587.28万元的诉讼请求。收购远东福斯特后,公司现在三元产品样样都做,先有圆柱(18650有3亿千瓦时、21700有3亿千瓦时)、软包(5亿千瓦时),后又向方形(6亿千瓦时)发展。受到上游涨价(碳酸锂和钴是正极材料主料)和下游政府补贴退坡降价的双重挤压,新能源产业一片红海,初涉其中的智慧能源难以扭转颓势。

锂电池板块的策略是检讨战略,停止扩产,伺机剥离。

电动车40%的BOM成本由动力电池系统构成,动力电池BOM成本的40%由正极构成。技术路线决定了方向,方向错了,跑得越快,离目标会越远。采用磷酸铁锂还是三元锂电池?选对了跑道,并能攻克产业化难题,谁就是行业主宰者,掌握了大杀器(低成本与高效率)。选择什么跑道,作为外行的收购方并不能看得明白,也不需要看明白,下注时机应待行业大局已定之时。没有航海经验的船员,尽量不要选择在大雾之时出行,尽管在理论上这样做可能会成为第一批到达彼岸的人。

现在谈智慧能源的投资决策错误,是事后诸葛亮,对当下无益。收购前的福斯特,本就疾病缠身,问题重重,收购后表现不佳就不足为怪了。福斯特产生巨额亏损,消耗了巨额现金流,拖累了公司的整体融资能力和股东回报,限制了主业拓展能力和再投资能力,致使负债率过高,上市公司整体价值偏低。新能源汽车市场发生变化,福斯特现处于战略风险期,后续需要大量投入,且忍受较大亏损,公司已难以承受。此外,公司要充分预计风险,例如外部环境发生重大不利变化、产品没有先进性或企业竞争能力不足、后续投入不足、经营层能力不够、关键人员出走或人才不足……

因此,无论是从收益还是从风险衡量,剥离锂电池业务是当下迫不得已的明智之举,好处显而易见:

(1) 释放上市公司的财务资源与盈利水平,提高上市公司的价值。

(2) 剥离后的公司财务会较为健康,打开了融资空间,降低了融资费用。公司可以集中精力做好主业整合,在市场低谷期进行线缆业务并购,奠定行业领导者的地位。

(二) 主业战略调整

电缆业务是公司的根基,其优势地位要巩固。电缆板块策略是从过去追求增长和规模,转向提高回报,增加经营利润,减少营运资本占用。

电缆行业料重工轻,材料占比太高,主材是铜、铝,对铜铝价格波动高度敏感,报价都是依据"铜价+塑料+加工费",智慧能源对铜价没有做期货套保,业内铜加工费普遍在700—2 000元/吨。大客户一般签框架合同,量大,交货期长,导致整体毛利率较低,故账期长,回款慢。

(1) 提高订单的利润贡献。客户和订单的质量决定订单的利润和风险,事前评审非常重要,包括客户性质、所在行业、工程项目、地域、报价方式、付款方式、付款比例、质保金收回期限。

(2) 控制材料成本。首先,铜铝价格波动风险高,铜铝价格的高低决定了企业的毛利水平,针对价格波动的影响,探索锁铜锁铝模式。其次,提高"良品率,材料利用率,采购节超率(塑料、配件等)"三率,控制订单余量和生产余量。再次,按实际产量经验指数,在内部树立标杆。

(3) 提高生产效率,将60天生产周期压缩,制订递减计划。

(4) 进行营销资源整合,改革营销模式,提高投入产出比。

最可比的标杆是宝胜和万马,有两种可比方法。

① 人均费用。假如按照宝胜的人均费用,智慧能源可降低费用5亿元/年;假如能达到万马的人均费用标准,可降低费用3.9亿元/年(见表3-2)。

表3-2 电缆行业业务公司人均收入与人均费用比较

名称	电缆收入	人数(个)	人均产出(万元)	人均费用(万元)
万马		667	1 110	66
宝胜		692	2 990	56
中超		838	885	27.86
南洋		818	628	40.9
智慧能源	142亿元	1 136	1 252	100.55

② 人均产出如果按照宝胜的高产人均2 990万元/年,公司只需要476人,即使人均100.55万费用的标准不变,也可以降低成本6.6亿元/年(见表3-2)。

(5) 清产核资,彻底摸清家底。经营历史越悠久,日积月累的问题会多,2018年年底,公司有应收票据及应收账款575 873.79万元,预付账款43 302.20万元,其他应收款46 728.64万元,存货260 151.92万元,四大流动资产账面余额合计为926 056.55万元,占总资产的一半。通过盘查四大流动资产,清理变现流动资产。

(6) 对产品线进行调整,淘汰低回报甚至负回报的产品。

① 价量走势组合分析。通过产品价格走势(议价能力)和销量走势(成长性和市场空间),判断产品的未来成长空间。

② 利润贡献分析。通过对毛利额、毛利率的双重分析,对产品进行优化:双低——放弃;双高——扩产;额高率低——巩固;额低率高——扩大销量。

③ 顾客分析。按销售额、利润贡献、信用风险和增长潜力四个维度评价。对优质客户,不是放宽信用,而是提高交付能力和服务响应速度。

电缆行业的产业集中度低,但是规模大,行业整合是迟早的事情。通过对自身传统业务的调整,积极为整合国内电缆行业做好准备。

(三) 工程板块

通常,工程类业务有三大特点:第一,善于拿别人的钱做业务,并能将风险降为最低;第二,不同的行业决定了不同的盈利模式与盈利水平,能准确地预估成本;第三,须具有独特的能力,如设计能力、集成能力、项目管理能力。

不幸的是,艾能电力自2015年起跨入过了景气期的太阳能光伏领域,分包成本占比很高,作为主要成本的组件,企业基本无利可图。2017年实现营收83 214.55万元、净利396.54万元,2018年发生惊天逆转,收入仅为36 787.71万元,亏损高达-7 460.34万元,经营性现金流、利润、成本不正常,收入确认随意性大,投入法确认成本存在问题。

京航安是目前国内同时具备机场目视助航工程专业承包一级、民航空管工程及机场弱电系统工程专业承包一级双重资质的企业。2018—2020年度承诺净利润分别为不低于14 300万元、17 160万元、20 592万元,2017实现收入75 187.19万元、净利润11 578.32万元,2018年实现收入113 557.88万元、净利润17 027.17万元,2018年利润率及收入增幅较为异常。

艾能电力的策略是清理资产及业务,回归电力工程领域;京航安的策略是规范收入成本的核算,深入了解业务,防范快速扩张的风险。

第二节 运用决策工具

投资的目的是获取回报,以回报作为衡量业绩的标尺,理论上,回报率越高越好。由于所涉足行业、行业沉淀积累、掌握资源要素的不同,通常有两种衡量业绩的方法。

一、基于收益的内含报酬率 IRR

IRR 也称折现现金流量收益率,即初始投资等于未来贴现现金流的贴现率,与 NPV 相关,尽管有非常规业务计算的缺陷,但 IRR 仍是一种易于理解和被广泛使用的方法。

$$\sum_{t=1}^{n} \frac{NCF^t}{(1+K)^t} - C = 0$$

NCF^t 为第 t 年的净现金流量;K 为内含报酬率(IRR);n 为项目使用年限;C 为初始投资额。

二、基于内部成本的 WACC

加权平均资本成本又称综合资本成本,即使两家业务相同的公司,由于个体特征不同,综合资金成本肯定不会一样。

$$K_W = \frac{D}{V} \cdot K_D \cdot (1-T) + \frac{S}{V} \cdot K_S$$

K_S 为权益资本成本率;S 为权益资本现值;K_D 为债务的利率;D 为债务现值(约等于面值);T 为实际所得税税率;$V=D+S$,为公司的总价值;K_W 为公司的综合资本成本。

通过将 IRR 与 WACC 进行比较,就可以作出决策:

若 $IRR > WACC$,回报较高;

若 $IRR \approx WACC$,回报达到公司当前平均水平;

若 $IRR < WACC$,回报较低或亏损。

第三节 业务组合平衡

集团不能看单项业务,要整体评估,不能为了单项而舍弃整体利益。

一、三角平衡

盈利是股东对公司最基本的要求,股东的投资回报需要靠公司盈利来实现。

经营者更看重现金流的造血能力,而非账面"富贵的"利润数字。这两年国内去杠杆,将一些赚钱的集团公司/上市公司逼入破产边缘,就是因为偿债能力出现问题。资金是公司的血液,但在如今的经营环境,破产并非要等到资不抵债的那一天,发生一个恶性事件就会造成债权人挤兑,从而导致公司陷入"黑字破产"。

互联网的估值扭转了传统财务理念,投资者更看重未来的利润创造能力,而非当下利润,值钱的公司不等于是赚钱的公司。在进行业务组合时,集团通过对业务估值,对有利于业务的内在价值(intrinsic value)进行正确评价,从而为下一步业务调整确立基调。

集团要转变"利润挂帅,一俊遮百丑"的老式思维,在"赚钱(盈利能力强)＋生钱(现金流充沛)＋值钱(估值高)"中进行微妙的平衡,综合考虑利润、现金流和估值。

二、业务组合

几乎任何行业都经历过凄风苦雨。巴菲特之所以成为股神,是因为他在股市待的时间很长,自然寿命也很长。赚钱不是唯一的目的,能活下来并持久地赚钱,才是集团首当其冲要考虑的大事。

经济周期、行业周期、产品生命周期、天灾人祸、难以抗拒的巨大冲击,难以预料的飞来横祸……经历了繁荣与衰退、起起落落的集团必须站在更高的角度考虑业务布局问题。

钢铁行业是典型的重资产公司,有很高的门槛。但是低谷时,一年要亏几亿元乃至十几亿元,连续亏几年,极大地考验着集团的抗压能力,也可能带来灭顶之灾。所以,集团如果有重资产业务,其他业务就得适当配置轻资产业务;集团如果轻资产业务的比重过大,则面临着业务易受冲击、没有核心竞争力的问题,需要适当配置重资产业务。

撇开经济周期,有些行业的收益性很好,但是需要垫付大量的资金,如房地产业；有些行业是微利，但是有充沛的现金流，如零售业；有些行业对经济周期不敏感甚至逆周期，但经济景气时也没能赚大钱，如医药业。对于多元化集团而言，需要将风险进行组合，不可单纯地追求收益的高低。

这些都需要集团认真梳理，导入风险平衡理念，将顺周期与逆周期、轻资产与重资产、收益性与流动性进行有效组合，追求可持续发展，避免共振效应引发危机，防止集团整体财务及经营状况的大起大落。

三、价值搭配

估值转化是将内在价值转化为市场价值。估值是买未来，为什么会买未来呢？如果现在的资产估值很高，站在未来看价值较低，或者越来越低，那么未来创造现金的能力就越来越差，剩下的可能就要面临资产变现问题，而众所周知，在下跌通道里，资产变现是非常困难的。所以，对即将进入衰退期但目前还在成熟期的公司，即使有很多净资产，也能创造很好的回报，其未来价值并不大。

华润集团前CFO魏斌先生认为，运用四象限组合可分为四种类型：第一种类型是现在有价值，未来也有价值，需要优先配置；第二类是现在没有价值，但未来有价值，这类资产的不确定性最大，如果行业发展的趋势与预期发生较大差异，或者公司的组织能力不足，无法抓住未来的价值，那企业的价值就很难得到体现，许多处于成长期的消费品、科技等行业的公司都是如此；第三类是现在有价值，但未来没有价值，如一些成熟期的企业；第四类是现在没有价值，将来也没有价值，这类资产可以考虑处置，特别是进入衰退期的公司。如果现在价值与未来价值正相关，则存在动量效应，需要关注；负相关则为反转效应，需要警惕。在价值追寻的过程中，集团需要发现存在正负相关的动因，预判业务的未来价值。

投资看未来，股东更看重未来的价值，一些现在看起来业绩表现不错的公司，如果未来价值不大，却还要坚持下去，那么股东清算的财产可能就是一堆不断贬值的存货和难以变现的不动产及设备。这并非危言耸听，很多企业的利润都在不断扩大再生产的新增土地、厂房和设备、不断上升的存货和应收账款里，股东并没有得到实际回报。

第四节 整合模型

有效的业务组合战略可以为股东带来巨大价值,凸显集团的眼力和手段。

一、业务评估模型

在比较典型的评估模型中,使用较为广泛的是波士顿2×2矩形图以及GE与麦肯锡公司共同开发的3×3行业吸引力—经营优势矩阵,使用波士顿矩形图,通过找出影响集团业务发展的两根主线的强弱,对集团业务进行组合,可以将集团业务分为四个象限,为各种业务在集团的未来定位提供有说服力的分析。

波士顿矩形图分析法提供了分析框架,然而在实战中,评估的因素非常多,从市场吸引力、企业竞争能力两方面,通过对各种不同的业务组合进行评估,进而进行优化和调整。市场吸引力包括总体市场大小、年市场成长率、行业毛利率、竞争密集程度、技术要求、能源要求、通货膨胀、环境影响、安全投入、环保要求、社会/政治/法律可接受等方面,属于外部环境。企业竞争能力由市场份额、份额成长、产品质量、品牌知名度、分销网、促销效率、生产能力、生产效率、单位成本、物资供应、开发研究、绩效等多种要素组成,侧重于内部管理。

以横轴表示企业竞争优势,以纵轴表示市场吸引力,如图3-3所示。

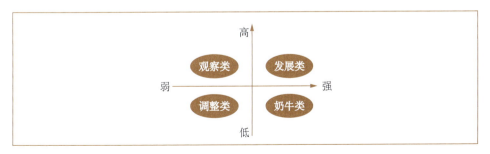

图3-3 业务产权与模型

评价产业板块有四个问题要回答:行业好不好?战略对不对?资源够不够?

激励行不行？行业和战略是集团和产业板块共同研究制定的，除非有偏差，在资源整合过程中，一般不考虑前两个问题。

二、业务整合模型

从产业板块而言，需要考虑竞争优势、增长、回报和分配机制四个关键因素。通常，集团会拿回报作为度量各产业板块的标尺，再评估产业板块有没有竞争优势。如果有竞争优势，低回报业务、回报波动大的业务就不一定会被剥离。如果没有竞争优势，增长的只会是规模，高回报就不会长久或回报率会低于同行，增长越快，对集团业务价值的毁损就越大。需要提醒的是，集团在紧盯业务增长、业绩回报的同时，要重视人才，事业是靠人干出来的，而分配机制又是员工利益的基本保障，如果核心员工出走，再好的业务也难以做好，公司的价值会受损。

依据波士顿 2×2 矩形图的四种类型，有了决策工具分析回报，存量业务整合模型就自然生成，如图 3-4 所示。

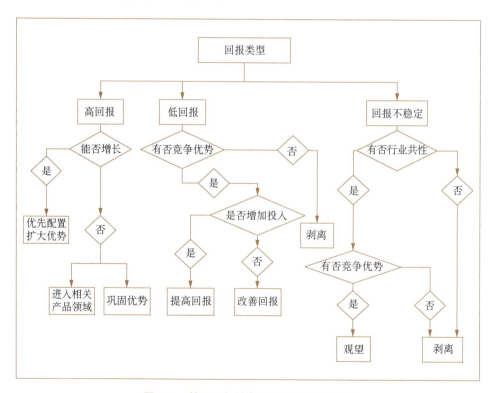

图 3-4　基于回报的存量业务整合模型图

从图 3-4 不难得出以下结论。

（1）将资源优先配置在高回报、高增长的业务上，巩固核心业务，提高市场占有率，此类业务属发展类，靠投资推动增长，增长率 g 是导向性指标。

$$g=\frac{M(1-d)}{A/S-L/S-M(1-d)}$$

式中，A/S 为增加每一单位的销售收入对应的资产额；L/S 为每增加一个货币单位的销售收入对应的负债增加额；M 为销售净利率；d 为股利支付率。

（2）高回报的业务如果没有增长，那么，此类业务属奶牛类，可用于保持优势或进入相关产品领域。以下为东阿阿胶高举的竞争策略。

东阿阿胶的竞争策略

东阿阿胶（SZ，000423）拥有中成药、保健品、生物药等产业门类，是全国最大的阿胶系列产品生产企业，随着中国消费升级、百姓对养生保健的重视，有补气养血功效的阿胶成为馈赠佳品。在收入增长有限的情况下，要提高回报，东阿阿胶不走寻常路。

第一，全国驴存栏量只有 600 万—700 万头，而且驴的生产周期需要两年，所以，东阿阿胶往上游走，跑马圈地，对养殖进行垄断，在新疆、内蒙古、甘肃、辽宁、云南等地建设 20 个标准化的养驴示范基地；

第二，形成垄断之后，东阿阿胶定位高端保健品，聚焦阿胶、复方阿胶浆、阿胶糕三大产品系列，大力进行品牌宣传；

第三，提价，挣钱不吃力。2010—2018 年，东阿阿胶已对旗下部分产品提价 15 次，最多时一年曾涨价 3 次，据媒体报道，2001—2016 年，东阿阿胶旗下阿胶产品的零售价从每公斤 130 元涨到 5 400 元，涨幅超过 40 倍。

在过去的十年，东阿阿胶销售收入的增长不足四倍，但净利润从 2007 年的 2.11 亿元跃升到 2017 年的 20.44 亿元。

这类业务可以用 EVA（经济增加值）来衡量，EVA ＝税后经营利润－投入的资本总额×加权平均资本成本,是公司财务利润超出资本风险机会成本(包括机会成本和资本的风险成本)的剩余部分,较为适合增量投资。若 EVA 为正,可以投资。

(3) 对中等回报的业务,需要研究其提升潜力。通过提升销售额、毛利率或资本效率(销售额占使用资本的比率),降低资本成本,靠外部市场实现增长,计算集团需要追加的经营性资本投入,计算方法如下。

$$AFN = \frac{A}{S}gS_0 - \frac{L}{S}gS_0 - [M(1+g)S_0 - D]$$

其中,AFN 为追加的资金需求;A/S 为每增加一个单位销售收入所应增加的资产额;L/S 为每增加一个单位的销售收入所对应的负债增加额;S_0 为本年的销售收入;g 为销售收入增长率;M 为销售净利率;D 为预计发放的股利。

(2) 对于没有竞争优势,低回报,且回报波动大的业务,属于调整类,应毫不犹豫地剥离。

(3) 对于低回报的业务,如果有竞争优势,首要任务是改善回报,而不是追求增长,否则,也应予以剥离。即在不增加资金投入的情况下,通过经营过程的重整和生产效率的提升来提高回报,通过内涵成长增加回报。

(4) 对于回报波动大的业务,属于观察类,可进行少量投入或不投入。

首先,分析行业是否具有结构性问题,例如,所有行业参与者的回报率都被压制,是否可以通过行业整合来提高行业回报?其次,分析自身是否具有比较竞争优势,如果都 OK,就在执行力上找问题,通过行动改善回报,这类业务被列为观察类可继续观望。对另一类回报波动大的业务,可能由于技术还没有成熟,也可能是其自身竞争优势不够突出,那么,对这种业务,集团是无能为力的,只有剥离。

第五节 整合措施

犹如医生先诊断后治疗,如果诊断错误,则再好的治疗、再贵的药方也无济于事。集团财务在资源整合中,既要一往无前,信心百倍地迎接这一巨大的挑战,又要清醒地认识到它的艰巨性,这对财务部门提出了很高的要求。

(1) 善于判断宏观经济形势的走向,分析给企业带来的机遇和挑战;

(2) 熟知公司战略,致力于战略执行;

(3) 具有较深刻的行业业务知识,知晓内容涵盖关键成功因素和关键业绩指标;

(4) 读懂运营数据,对企业整条价值链进行逐一研究,解剖财务数据背后的鲜活实例,及时地将分析结果转化为可操作的行动方案;

(5) 进行价值评估,计算现有价值,预测未来价值;

(6) 以模拟方法评估业务组合的有效性及可行性;

(7) 参与资源整合过程,并与目标指标加以对照,及时修正。

集团将业务划分为观察、发展、奶牛、调整四类,通过股权调整、人才分配、资金投向、资产配置等多种方式,对资源采取扩张、强化、收缩、协同、剥离等策略进行整合。因业务剥离属退出,后一节作单独讨论。

一、业务扩张

(一) 聚焦核心业务,做强做大主业

主业是集团的安身立命之本,集团必须在业内或细分市场做到前列,成为行业领先者。主业强,不仅能让产品溢价销售,而且会带给集团许多无形资源,产生晕轮效应,如品牌、声誉。对核心企业的非控制股东权益,可以通过收购少数股东持有的股份增厚集团利润,进一步强化集团对核心资源的控制力,必要时,将其变成全资子公司。

为汲取多元化经营的教训,在聚焦核心业务时,应知晓成功扩张的关键因素。

(1) 以稳健核心为基础,在最有吸引力的部分重点投资,加强竞争力,如市场渗透、市场开发、产品开发、后向一体化、前向一体化、横向一体化等。

(2) 满足三大标准(与核心业务的关联性、盈利能力和独特的商业模式)。

(3) 可复制,便于推广以获得高成功率与高收益。

(4) 变革组织及流程,以适应新业务。

> ### 投资人才模式
>
> 正邦集团是一家以饲料生产起家的农业企业,旗下有上市公司正邦科技(以下将正邦集团与正邦科技统称为正邦),创始人林印孙先生敏锐地抓住行业快速成长的机遇,采取"投资人才"模式。"投资人才"模式简单地说,就是在国内农业企业享有盛名的职业经理人想自己创业,分享股权创造的财富,但难处在于现有平台不可能提供这样的条件;另一难处是职业经理人苦于没有资金实力,于是,正邦与职业经理人共同设立一家企业,职业经理人注册资金款的不足部分由正邦暂借,双方约定利率与还款期,职业经理人将股权质押给正邦,由此职业经理人成功地转型为老板。投资人才模式取得了惊人的成功,让正邦一跃成为国内的龙头农业企业。

(二)开创新业务

无论是通过并购的外延式增长,还是通过自有投资的内涵式增长,集团公司既要在内部革新其核心业务,又要源源不断地开创新业务,不断保持新旧更替渠道的畅通。

对于为未来做准备的新业务,出于审慎考虑,开始时集团投入有限的资源,以低风险进入,一旦掌握了行业成长奥秘,才开始加大投入。

整合并购标的公司较为复杂,要抓住"最佳100天",可遵循七步法。

步骤一,做好交割前的准备,包括法律、人员、资产方面等;

步骤二,改选董事会及监事会,确定高管及核心部门、核心人员;

步骤三,界定权力的集中与授予,根据定位(紧密型、松散型还是混合型),在重大经营决策、预算、关键管理人员任命与考核、业绩评价等方面予以规定;

步骤四,达成战略共识,制定商业模式,量化目标及行动计划,明确优先发展的业务,合理配置资源;

步骤六,列出整合任务清单,专注于优先项;

步骤七,主动沟通、积极协调,检查整合成果。

二、业务强化

强化是既不扩展也不收缩的策略,其主要任务是构筑护城河,固守已有的竞争优势,不过分冒险,捍卫已有成果,主要表现如下。

(1) 在获利能力强、风险相对低的部门集中投资;

(2) 在产品线上仅作维持性的更新改造投资,并尽量减少投资;

(3) 保持大部分获利产品的优势,包括市场渗透、市场开发、产品开发等方面。

三、业务收缩

此类是鸡肋业务,食之无味,弃之可惜,除非迫不得已,否则不再进行投资,如政府规定的对环保方面的投入。业务收缩并非听天由命,无所作为,而是需集中精力克服内部弱点并回避外部威胁,争取收回现金、降低风险,以保持盈亏平衡或少亏为原则。

四、业务协同

协同是集团当仁不让的职责,近年来,有许多集团在此方面进行了尝试,但是受思维局限、内部掣肘、办法不够等困扰,致使对内、对外协同未达到集团设想的效果。集团的协同可从以下方面着手。

(一) 上下游协同

一方的采购是另一方的市场,肥水不流外人田,在这方面集团很容易进行统一协调。

(二) 同业协同

这是最容易见效的地方,现在普遍的模式都是采购、销售、研发由业务板块统一集中,工厂的职能就是负责制造,资金统一划入集团的资金池,子公司用款需通过资金池。技术、市场、采购、资金协同后,避免了子公司之间的重复投资、重复研发、分散采购、各自为战的销售,公司的成本和费用会更低。同时,复制子公司的最佳商业实践,将一个人、一个部门、一个公司的经验与知识转化为一个部门、一个公司、整个板块的财富。

(三)跨行交叉协同

他山之石,可以攻玉,以新材料聚酰亚胺为例(因其价格昂贵、颜色金黄、号称"黄金丝"),通过纺织行业的最先进的设备及工艺,可以大幅度地提高其纺丝的长度及收丝工艺的效率。

(四)关联协同

集团周围聚集了一批合作单位,如广告公关公司、中介、金融机构、更高级别的政府等,集团可以利用其优势,放大集团的作用。

关联带来订单

上海华源复合新材料公司是国内金属复合板行业销售额与出口量名列前茅的领军企业,创造了多项国内第一。公司从铝塑板生产起步,逐步拓展到铜复合板、钛锌复合板、不锈钢复合板、镀锌钢复合板和双金属复合板、覆膜镀锌钢板和特色铝单板。2007年,招商银行决定对全国门面进行改造翻新,外墙使用铝塑板。作为时任总会计师,笔者立即向华润集团时任财务部总经理魏斌先生反映,请求集团向招商银行总行表达积极的业务合作诉求。之后的中标结果:以长江为界,长江以南的招行门面改造翻新供应商为中国第一家生产铝塑板的东莞华尔泰公司,长江以北及跨江的上海、江西、安徽的供应商则花落笔者所在的上海华源复合新材料公司。

毋庸置疑的是,集团存在着某些有形或无形优势,这些优势可以将内部的增长潜力转化为经营业绩,这就是协同的价值所在。

第六节 业务剥离

波特从1950—1986年对33家抽样公司的相关资料进行汇总。每家公司平均进入27个新领域和80种新的行业,其中,70%左右都是通过收购获得的。但公司将其在新产业中收购的53.4%重新剥离了出来,在新领域收购的剥离率为60%,当被收购的部分与本公司的现有领域无关时,剥离率为74%。波特的研究成果对集团的启迪在于:必须以壮士断腕的决心,坚决退出非核心业务,将资源投入核心领域,实行产品聚焦和专业化经营。

业务剥离通常源于以下背景:剥离是必需而且必要的;出售非核心业务,将资源投入核心领域;对多元化分散投资的纠偏(此前进入了并不擅长的领域);完成历史使命,在提高了价值之后,实现已得到的收益。

剥离与收购是对立的概念,由于收购通常需要支付溢价,与此对应,剥离有时可获得超常收益。

一、做减法

集团内法人过多,管理链较长,管理跨度大,必须纵向压缩层级,横向收缩跨度,减少法人数量,实行资源的集中配置。

庞大的组织结构会带来如下许多弊端。

(1) 管理链越长,控制力越容易弱化,信息冗余和扭曲越严重,风险越大,监督的成本越高;

(2) 资源高度分散,集约化程度低,规模优势难以发挥,牵扯、耗费太多的时间与精力;

(3) 随着集团业务的不断扩张,集团背负的辎重越来越多,如果不抛弃价值不大的物品,集团这辆火车会越跑越慢。

二、主动退出

冬天大剪,防治病虫害;春天小剪,确保养分供给生长旺盛的部分;夏天修剪,增加抗风能力。万物生长皆有规律,产业如同树木,必须不断退出一些没有价值的业务。任何集团真正的盈利都是由一两个核心业务在支撑(核心业务并非一成不变),但这些稳健的核心业务被其他多元化业务的亏损所侵蚀,所以,必须退出非核心业务。集团应从战略角度考虑,学会知止,主动、坚决地淘汰那些前景黯淡的瘦狗业务。

退出不一定就是坏事,通过退出变现,落袋为安,偿还到期债务,还可以化解风险。

担任控股股东也不一定就是好事,现实商业社会就有这样的事例,财务投资人被动成为第一大股东后,被迫为公司的所有融资提供担保,也成为公司的最大债权人,股东权利是有限的,但是作为对外融资的担保人和公司的债权人,责任是无限的,公司的风险被控股股东一人承担。

(一)退出的业务类型

(1)市场吸引力差、企业竞争力弱的业务;

(2)未来价值将会大幅下降的业务,可抓住时机逢高出货;

(3)虽很有价值,但无法发挥出应有价值的业务。

退出业务必须主动,事先谋划,把握时机非常重要。2018年,国内爆发流动性危机,为清偿债务,海航、三胞等民企被迫挖肉补疮,甩卖资产,但是只有优质的资产才有人愿意接盘,想退出的业务是无人问津的。

(二)退出方式

方法一,寻找最佳所有者,让出控制权后继续持有。2018年,上海纳克润滑技术有限公司与国家能源集团旗下的神宁煤业集团合作,纳克拥有煤制烯烃、茂金属等多项世界顶尖技术,但是这些技术在纳克这样的民营企业,发挥不出多大价值,需要很多资源做支撑。因此,与央企神宁煤业集团合作,不失为互利共赢的选择。水涨船自高,让别人做大价值,自己的收益自然最大化。

方法二,转让。对于现在现时价值较高,但未来价值较低的业务,要在价格临近高点时出售,获取较高的溢价。对于经营不善的业务,及时止损并回收投资成本,增加现金流,是一项明智的决策。

方法三,清算。资产清算会有出售难、变现难的问题,一般而言损失会比较大,是下策。但在合资协议里约定资产处置及估价方式的,投资人各取所需,可能损失反而小。当然,还有些不太常用的方法,如资产置换、资产证券化,通过商业信托分拆上市等,因其不具有普遍性,在此不作展开。

三、讲究战术,择机抽身

上述退出方法便于理解,而实践中的退出方式则多种多样,有的是以进为退,集团在退出时,需要精心筹划。

(一)建立战略联盟

将退出与引入资源相结合,建立战略联盟,弥补自身的不足。战略联盟者可以凭现金、专有技术/专利权、特许经营权等互补性资源入股或拆分合作双方的战略资产、成立竞争力更强的合资公司,由此达到相互合作、共担风险、共享利益的目的。

选择合适的合作对象,与强者联盟,可以减少集团的财务压力,减少管理负担。但是让出控制权或者放弃重大影响决策权则要慎重,否则,将来转让股权时,会损害议价能力。

(二)退出方式不拘一格

退出需要结合多方面的因素,量体裁衣,例如:通过出售全部股权/资产/业务;出售对对方有吸引力的部分资产/业务,靓女先嫁,借以抬高整体价格;外包;合约制造;通过 IPO 拆分资产/业务等。

(三)转让前的布局与包装

国内企业在转让业务时常犯的错误包括:对待售的企业/资产/业务不闻不问,导致销售锐减、利润直线下降、管理失控。更有甚者,还没过河就开始拆桥,例如,抽走资金/关键人员、削减销售预算、未做准备就提前将管理权拱手让人等,严重损毁了转让价值。

转让前的布局与包装可从如下方面着手。

(1)先将欲退出的具有关联性、互补性资产/业务从原主体拆分出来后合并为一个或几个业务单元,做资本结构调整,业务安排,并采取强有力的措施进行整合,先培育后出售。

(2)整顿财务,重构报表,改善形象。包括清理应收款与库存、策划关联交易、清理长期投资、剥离非核心资产/业务、改善 KPI、做好纳税筹划、聘请知名会计师事务所审计等安排。

(3)解决遗留和潜在的问题,尤其是法律上的权利证明、税收、或有负债、长期契约等。

(4)化解担保、承诺等或有负债风险。获得信用贷款的公司毕竟很少,大多数公司的融资需要借助股东资源,譬如主要股东按持股比例提供担保或承诺,但对有股权出售计划的公司提供担保时,应尽可能地在担保合同中约定,担保责任或承诺义务随股权转让时自动解除或一并转出。

(5)安排关键管理人员的出路,稳定员工思想,做好宣传解释工作。

(6)建不如买,买不如租,可以适当地保留维护性资本开支,但不宜做一些重大的资本性支出安排。

（7）选择合适的转让时机，谋取有利的交易定价方法，尽可能地提高转让收益。

（8）先分红，后出售。其意有三：第一，分红是税后所得，而股权转让是税前所得，税收筹划上是节税的；第二，分红款对估值影响甚微，从交易对价中直接扣除就可以了；第三，分红款主动权在自己，但转让款受共管账户、交易结构、支付比例、估值调整机制（如对赌条款）等多种因素制约。

（9）商谈交易条件和方法，化解交易风险。

第七节 金融资产配置

上述讨论的是实业类型的业务，实践中，集团普遍涉足金融业务，如理财性资产（获取闲置资金收益）；基础资产（做衍生金融产品之用）；融资性资产（做融资之用，如国债），笔者对此研究不深，权当抛砖引玉。

一、配置的资产类型

金融资产的流动性强，价格波动大，易变现，机会稍纵即逝。集团配置金融资产，安全至上，短期投资流通性强的产品，主要为股票（如认购带有托底条款、违约惩罚责任的定向增发股票），债券，外汇，大宗商品交易，贵重金属合约（如黄金、白银）。建议集团配置以下三类低风险类金融资产。

（一）套利类资产

举例说明，银行牌照是稀缺资源，入股省级城商行是许多投资者梦寐以求的事。待正式运营后，城商行以基准利率按照股东入股额的1∶2或更高倍数匹配贷款，创始股东相当于空手套白狼，还拿到低成本的数倍贷款，投资后每年享受的分红足可覆盖投资成本的利息。如果将来上市，还可以享受PE倍数增值收益。

在金融界，出于对风险的恐惧和对利润的追求，套利类资产为资产配置的理想产品。

（二）低估类资产

此类资产与市场变动具有一定的相关性，因成本足够低，安全边际足够大，故而投资风险较低，具有溢价空间。

一般而言，安全边际具有以下特点：便宜（指购买价值低于内在价值的价差足够大，且具有增值潜能）；资金使用成本低；产品回报率较好。一些集团对购买低价格产品情有独钟，一不小心就陷入了产品交易结构复杂、现金流回报波动大、交易容易失控的雷区。

根据风险偏好，金融资产投资也有进攻性投资和防御性投资，进攻性投资看重足够高的回报，防御性投资注重足够大的安全边际，发生损失的可能性较低。

通常，低估类资产的内在价值尚未被发现或挖掘，公开市场价格低于内在价值，需要敏锐的眼力和果断的行动力方能发现。

（三）周期性类资产

股票、黄金、国债、美元类资产的流动性强，有保值或增值功能，属于最佳投资产品之一，但是也需踏准经济周期的节奏。早年听闻某经济学者的投资周期理论，深受启发，行行道理都相通，按照马斯洛的层次需求理论，可以将周期类资产进行分层，在合适的时期投资合适的产品。

衰退期：投资大众消费类、医药类股票等抗跌、逆周期股票，这是投资的"生理需求"；

萧条期：投资黄金、国债、美元等保值避险品种，这是投资的"安全需求"，也是最基本需求，不能亏钱；

复苏期：大宗商品及原材料类股票启动，龙头股一枝独秀（恐惧还未消除），这是投资的"爱和归属感"需求，投资要赚钱；

扩张期：普涨，科技类股票受宠，这是投资的"尊重需求"，体面地赚钱；

繁荣期：券商类股票涨幅大，文化传媒、高端服务类股票受追捧，古玩字画等收藏品奇贵无比，莺歌燕舞、纸醉金迷，金融泡沫累积，这是投资的"自我实现需求"，世界就在我脚下，人生得意须尽欢。

踏准经济周期的节奏，不一定就能赚很多钱，但至少可顺势而为。集团不需要太多的投资智慧与卓越的研究，按碟配菜即可。

一般而言，金融专业化程度高的集团实行"战略性资产配置＋战术性资产调整"的策略，战略上的正确高于一切，靠战术上的勤奋难以弥补战略上的失误。

早些年，一些集团发现中国房地产黄金期的到来，围绕房地产行业果断配置大量金融资产，只需在地区（一线城市、二线城市、三线城市）、产品类型（信贷、基金、权益类资产等）、头寸、期限等方面不断进行微调，兴业银行的异军突起就是最明显的例证。战略性资产配置根据集团风险偏好及收益率要求，在行业、区域、资产类别上长远布局，在评估风险状况、成长潜力、长期业绩记录后建立适配比例。战术性资产配置根据时事、政治环境、市场环境、经济发展趋势等要素，在区域、产品类型或投资工具之间进行动态调整，从而增加投资组合的灵活性，如加持、停止注资、减资或退出。

二、风险管理

未来几年，中国经济面临通货膨胀和人民币贬值的风险，持有大量人民币资产的集团需要制订有效的投资策略，但是如何发现资产的价格轮动规律、挖掘出保值/升值资产、将人民币资产置换为有升值潜力的硬通货币资产……是非常高深的课题。作为以实业为主的集团，投资金融资产还是以控风险为第一位。与产业投资相比，金融资产的风险管理要求更高。

（1）偏离投资目的的资产不能投。金融市场充满着神话，但人性是贪婪的，往往禁不住各种诱惑。本是买肉改善生活，结果却买了不知真假的人参。例如对于铜生产加工、电缆加工企业而言，套期保值原本是规避价格波动风险的有效工具，但是做着做着却变样了，操盘者将投资目的置之脑后，做起投机生意。

（2）超过风险承受能力的不投。再好的资产、再高的收益，只要一次大波动，恐怕就等不到吃果实的那一天。因此，要谨慎使用杠杆。

（3）对资产内核或底层资产，能看得透、看得深。金融市场里的有毒资产、虚构资产并不少见，代表中国金融中心的上海陆家嘴金融区里，掮客、骗子也是防不胜防。因此，为防止金玉其外，败絮其中，资产包一定要打开看。有的资产层层叠加，上面都是虚的产品形式，必须要看清楚最底层的资产质量。看不明白的，坚决不碰。

（4）商业逻辑或盈利模式要看得懂。以普惠金融为例，这当然是利国利民的好事，但是这类贷款模式存在先天缺陷，一端是高众筹成本，募资费用、产品发行费用、销售提成费用，再加上工资社保、办公室租金、差旅费等行政管理费用，如果没有巨额的资金量，是无法摊薄成本的，营运亏损很正常；另一端是无法获得银行授信的小微企业或偿债能力差的个人,这类客户规模小、信用差、管理能力弱、抗风险能力差、存活率极低,接受如此高的资金成本,必须有非常高的回报率,但这从逻辑上是讲不通的,除非贷款人做违法生意,所以催收成本高,坏账率高。互联网贷款公司两端的差价仅 2%—5%,根本无法覆盖运营成本和税费,运营犹如走钢丝,如果少数客户出险,公司就得关门。

第八节 整合决策盲区

卡内曼和特沃斯基于 1979 年提出著名的前景理论,将风险态度的四重性提炼为反射效应、确定性效应和隔离效应。

反射效应:处于收益区域,希望获利了结;处于损失区域,不愿意确认损失。

确定性效应:愿意选择收益性结果确定的方案,倾向于损失结果更不确定的方案。

隔离效应:对于复杂方案,体现分离化决策思维,选择偏好一致的那一部分,放弃一体化方案。

人性的弱点导致在资源整合中,存在一些盲区。

(1) 丢弃了大鱼,捞上了小鱼小虾,只看到眼前的价值,没有精心培育、抓牢有价值的业务,丧失了攫取业务未来价值的机会,例如李泽楷过早地出售腾讯的股份;

(2) 对经营时间长的业务具有浓烈的怀旧情绪,即使在价格高位时也不肯转让;

(3) 对前景黯淡或需要不断输血的业务不愿意及时止损,不能果断地关闭或出售,让窟窿变成了无底洞。

集团的资源整合,表面上看是业务的再平衡,追求动态的最优解,实质上是围绕着战略理性、成长潜力、财务安全性、运营效率和规模效应,进行价值再创造。新兴业务的介入、传统或非核心业务的收缩与退出,就是自我的吐故纳新;存量业务的维持、强化、剥离,就是内部的优胜劣汰。在整合过程中,反思战略失误与不足,检讨产业板块问题,自我加压、不断蜕变,也是锻炼队伍、培养组织能力的极佳机会。

第四章 CHAPTER 4

资本结构管理

2017年11月13日,接替伊梅尔特担任GE首席执行官的弗兰纳里揭开了GE此前的分红政策黑锅:"多年来,我们一直在透支自由现金流去分红。"

按照资本结构理论,回购和分红的钱应该出自剩余资金,通用电气一直在花钱回购股票和支付股息,但却未能通过常规业务获得足够的资金来覆盖这些支出,让资本市场大跌眼镜,投资者怒不可遏。

对集团财务而言,资本结构管理的重要性,无论怎么说都不过分。资本结构管理通常是股东层面的大事,由集团设计和安排。如果资本结构存在先天缺陷,那么,无论靠管理层如何努力也无法弥补。但运营却是资本结构优化的重要抓手,管理层在提高营运资本的效率、效益方面,责无旁贷。

第一节 资本结构之谜

为什么不同行业的财务杠杆率相差很大?譬如钢铁业和房地产业,容忍度就是天壤之别,为什么"披金戴银"机构(泛指金融及类金融机构)的杠杆可以比实业公司高出好多?

资本结构是否会影响公司的价值?

资本结构是否影响持续经营?

资本结构是否影响营运效率?

为什么资本市场对公司增加债务有时欢迎?有时厌恶?

什么样的股利分配政策有利于公司的长远发展且让股东满意?

第二节 资本结构的重要性

永远不要投资你不了解其财务状况的公司的股票。让投资者赔得很惨的往往是那些资产负债表很差的烂股票。在买入股票之前,一定要先检查一下公司的资产负债表,看看公司是否有足够的偿债能力,有没有破产风险。只要平安地活着,未来才会有机会。渡过难关的公司,才有可能迎来曙光。

以下通过对资本结构不同(有杠杆与无杠杆)的方案进行比较,揭示资本结构理论应用的价值及重要性(见表 4-1)。

表 4-1 有杠杆与无杠杆的方案比较(公司总市值)　　金额单位:万元

计算公式	项目	方案一	方案二
1	资本结构	股东:500 银行:500	股东:1 000
2	负债率	50%	0%

(续表)

计算公式	项目	方案一	方案二
3	税前经营利润	200	200
4	减:所得税(25%)	50	50
5=3－4	税后经营利润	150	150
6	利息支出(6%)	30	
7	减:所得税(25%)	7.50	
8=6－7	税后利息支出	22.50	
9=5－8	税后净利润	127.50	150
10	权益市值(假设 P/E=5)	637.50	750
11	债务市值	500	
12=10+11	公司总市值	1 137.50	750

结论一:增加公司价值,方案一较方案二增加的公司总市值为 1 137.50－750=387.50 万元。

结论二:增加股东收益。股东通过债权人贷款替代股东投资,以低的债权人必要收益率(即利率)替换高的股东报酬率,借此提高股东的回报率。杜邦分析法也揭示了资本结构对股东回报率的影响,股东回报率=资产净利率×权益乘数,足以可见资本结构对股东回报率影响之大。公司的总价值由权益价值和债务价值构成。一个没有杠杆的公司与另一个使用杠杆的公司,假如取得的净收益(即经营利润)是一样的,那么,有杠杆的公司因为增加了贷款的利息,它的净收益可能会低于无杠杆的公司,所以,权益价值会低于无杠杆的公司。但由于它的投资比较少,它的投资回报率显著高于无杠杆的公司。

公司价值是未来现金流的折现值,理论上,没有使用财务杠杆的公司,折现率为股东的必要回报率。从机会成本分析,运用债务杠杆后,股东要求的必要报酬率随之提高,否则,没有必要使用杠杆,如表 4-2 所示。

表 4-2 有杠杆与无杠杆的方案比较(公司总现值)　　金额单位:万元

计算公式	项目	方案一	方案二
1	资本结构	股东:500 银行:500	股东:1 000

(续表)

计算公式	项目	方案一	方案二
2	负债率	50%	0%
3	税前经营利润	300	300
4	减：所得税(25%)	75	75
5＝3－4	税后经营利润	225	225
6	利息支出(6%)	30	
7	减：所得税(25%)	7.50	
8＝6－7	税后利息支出	22.50	
9＝5－8	税后净利润	202.50	225
10	必要报酬率	28%	23%
11＝9÷10	权益现值	723.21	1 000
12	债务现值	500	
13＝11＋12	公司总现值	1 223.21	1 000

结论三：随着杠杆的运用，股东要求的必要报酬率提高，方案一较方案二增加的公司总现值为 1 223.21－1 000＝223.21 万元。

结论四：随着杠杆的不断加大，公司的偿债能力不断下降，流动性不断降低，与之而来的是公司的破产风险越来越高，债权人的必要报酬率（即贷款利率）会不断提高，直至要求债务人提前还贷。

贷款利率定价由货币时间价值、信用风险、基本借贷风险、成本和利润的对价组成，一旦借款人的信用风险升高，贷款人初期会通过提高价格来进行覆盖，这就是风险溢价。

美国的爱德华·阿尔曼（Altman）于 20 世纪 60 年代中期建立了 Z 模型：

$$Z = 1.2X_1 + 1.4X_2 + 3.3X_3 + 0.6X_4 + 1.0X_5$$

式中，X_1＝营运资金／资产总额，反映资产流动性；X_2＝留存收益／资产总额，反映企业用自有财力再扩展的能力；X_3＝息税前利润／资产总额，衡量在不考虑支付利息费用前提下的资产获利能力；X_4＝市值／负债总额，反映债权人提供的资金受股东提供资金的保障程度；X_5＝销售额／负债总额，反映总资产的周转速度。各种财务比率以绝对百分率表示，Z 值范围分为三个区间，如表 4-3 所示。

表 4-3　Z 值区间

评分	预测
• $Z>2.99$ • $1.81 \leqslant Z \leqslant 2.99$ • $Z<1.81$	• 一年内不会倒闭 • 灰色区域，难以有效判别 • 一年内倒闭

Altman 的样本来源为 1946—1965 年提出破产申请的 33 家企业和相对应的 33 家非破产企业，经检验，66 家企业中有 63 家企业的预测正确，正确率极高，且特别适合石油和天然气行业。

Z 模型本质上就是资本结构理论在破产中的量化应用，由此得出以下结论。

结论五：财务杠杆要适度，否则，债务现值将下降，债权人利益受损会引发债权人与股东之间的冲突，例如股东投资不足以及未按指定用途使用债权人资金，将引发破产危机，可能导致不可挽回的局面。

结论六：公司的价值是由股东、有息债权人、政府（通过税收）共同分享，在蛋糕不变的情况下，资本结构理论揭示的是如何在三者之间进行合理分配，以追求股东价值最大化。

结论七：公司除直接支付给债权人的利息外，还有需支付给其他参与者的审计评估费、评级费、登记费、承销费、发行费等，都理所当然地计入债权人必要报酬率 r_d 中，虽然债权人并没有得到发行费用。许多集团偏爱发行中票、公司债等期限长、金额大的融资产品，以求降低融资费率，减少频繁融资的麻烦，然后下期再发以续上。但是，此举会埋下隐患。由于此类融资产品金额很大，占资产的比重较高，如果不能借新还旧，或断档期间没有找到过桥资金，公司就会出现财务危机。

第三节　影响资本结构的关键因素

实证研究表明，资本结构与资产变现能力、运营效率与收益水平、风险程度、资产规模呈负相关，但与成长性、资产担保价值呈正相关。

一、国家经济发展的速度越快,对杠杆的容忍度越高

我国的国有企业经历了土地空转(现在看,土地增值效应太大了)、债转股,不良资产交由四大资产管理公司,社会化职能分离的历程后,依靠国家政策,国企资本金得以不断充实。但与此同时,民营企业也在野蛮生长,虽然地位与国有企业、外资企业还不可同日而语。借鸡生蛋、空麻袋背米是民营企业营生的常用手段。拜改革开放之后国家经济的高速增长所赐,中国的企业在高负债率下完成了资本积累。

华润集团前总会计师魏斌认为,高增长可以掩盖低回报,可是一旦经济进入中低速增长阶段,高杠杆经营就难以为继。

骑自行车需要保持一定的速度,如果车速突然降下来或始终较低,人很容易摔下来。很多民营老板对"新常态"认识不深刻,不顾自身资本结构不合理、自有积累少的现状,心比天高,继续采取激进型的财务策略,高度依赖金融机构,搞多元化投资或大规模扩展,高比例股权质押融资,层层加杠杆,形成复杂而长的债务链。供给侧改革、中美贸易摩擦、2017—2018年上半年的去杠杆,导致大量的民营集团爆发流动性危机,有的甚至没有度过这轮生死劫。

二、行业属性

一般认为,在我国,金融行业、房地产行业、平台类公司、零售业等行业的资产负债率高,但以下表4-4对2017年上市公司的统计分析结果看,实际情况与想象的还是略有所不同。

表4-4 2017年各行业资产负债率排行

序号	行业名称	资产负债率(%)
1	金融	91.59
2	房地产	78.85
3	建筑	76.22
4	公用事业	64.84
5	家电	62.99
6	钢铁	61.29

(续表)

序号	行业名称	资产负债率(%)
7	交运设备	58.48
8	商贸零售	56.47
9	电气设备	55.81
10	交通运输	55.80
11	有色金属	55.71
12	综合	55.62
13	国防与装备	55.02
14	建材	53.33
15	电子设备	52.34
16	基础化工	50.96
17	机械设备	50.92
18	轻工制造	49.59
19	互联网	49.03
20	化石能源	47.49
21	信息技术	46.57
22	农林牧渔	45.75
23	休闲、生活及专业服务	45.66
24	纺织服装	44.42
25	医药生物	42.01
26	文化传媒	36.23
27	食品饮料	34.44

负债率的行业差异,与行业的收益能力、成长能力、经营性现金流充裕度、融资难度、资产担保价值有关。结合表4-4,笔者有如下观点。

(1) 上市公司整体负债率都很高,经济增长的质量堪忧,抗风险能力不强。

(2) 传统行业如家电、钢铁等,负债率较高与被迫产品转型、排放达标、年平均收益率不高相关,钢铁行业的负债率高是前些年周期性亏损消耗了净资产。

(3) 金融机构的资产变现能力强,银行、保险有吸储、预收保费的资格,而且有严格的监管指标(银行执行巴塞尔协议,有资本充足率不低于12%的要求),

负债率高具有合理性。但是小贷、担保、融资租赁、资管公司等影子银行有这么高的负债率，就让人难以理解，是不是因为其担负超发货币分流管道之职，成了杠杆放大器？

（4）不同行业的杠杆率差异与监管引导、商界认知有关，家电与纺织服装同是日用品，为什么家电比纺织服装高出18.57个百分点？

三、规模大小

从理论上说，集团规模越大，抗风险能力就越强，可容忍的负债率应该越高，许多集团高管普遍有此误解。而事实并非如此，资产规模越大，流动性越差，资产质量堪忧。此外，集团各子公司的融资能力不一样，假如集团有A和B两家子公司，A公司的融资能力较强，可融资20亿元，实际融资15亿元，B公司没有对外融资能力，尚有资金缺口3亿元，集团会拿合并报表对外融资，将A公司的可融资空间转移到集团，由集团融资3亿元或通过集团为B公司3亿元融资提供担保。从本质上说，这是一种融资资源错配，将本应由A公司享用的融资资源配给集团或B公司，债权人的风险较高。

由于思维惯性及理论认知局限，资产规模与负债率是负相关的观点今后会逐渐被大众接受。

四、营运效率与收益水平

笔者在上海华源复合新材料公司工作时，作为建筑材料生产商，应收账款周转天数为28天，存货周转天数为45天，而同行的周转天数普遍是其4倍以上。因此，公司成为业内净利最高、股东回报率最高的公司，也是业内唯一没有融资、供应商账期仅为一个月的公司，并且资产负债率最低。

同样，收益水平高的公司，可以通过高盈利能力降低杠杆，因此，赚钱的公司不缺钱，使用的杠杆自然较低。

五、商誉问题

商誉代表获利能力，是个很奇怪的资产，据说A股上市公司的商誉有1.45万亿元之巨，已经引起了各界的担忧（见表4-5）。

表 4-5　商誉占总资产比例最高的前十家上市公司　　　　单位：万元

股票代码	简称	商誉	总资产	净资产	商誉/总资产	商誉/净资产
002464	众应互联	212 899.64	313 055.40	149 262.97	68.01%	142.63%
300315	掌趣科技	539 179.68	967 134.75	910 354.63	55.75%	59.23%
600721	百花村	108 136.74	212 660.46	180 305.43	50.85%	59.97%
300269	联建光电	384 289.65	771 242.35	509 281.26	49.83%	75.46%
002252	上海莱士	570 497.70	1 155 220.14	1 113 606.52	49.38%	51.23%
002354	天神娱乐	653 513.34	1 332 939.88	969 470.21	49.03%	67.41%
002247	聚力文化	324 153.64	674 103.93	534 149.41	48.09%	60.69%
300411	金盾股份	182 809.40	381 073.26	346 763.75	47.97%	52.72%
002502	骅威文化	182 760.87	383 344.18	344 856.66	47.68%	53.00%
000697	炼石有色	251 601.77	536 652.89	134 737.09	46.88%	186.74%

注：数据来源于上市公司在交易所公告的 2018 年三季报数据。

上述按商誉占总资产比重排序而得，如果将商誉从净资产中扣除，则众应互联和炼石有色早已资不抵债。

商誉过高的主要原因如下。

◆ 平衡资产分布结构，压低资产而高估商誉；

◆ 收购方支付了过高的议价；

◆ 标的公司的资产被高估（背后有密协议或傻瓜协议）；

◆ 协同效应被放大或不存在；

◆ 估值假设不存在或不成立，是 INPUT 错误、OUTPUT 错误的结果。

收购所创造的价值来源于被收购方的内在价值、收购价格、现金流、整合能力的综合作用，不应是企业在资产负债表中对这些项目的解释，会计方法的改变并不能提升收购的价值。由于商誉是未来利润/现金流的假设和现在的透支，实质上商誉是虚拟化的资产，无法单独出售或者变现，并不能用于实际的债务偿还。从某种程度上说，商誉不仅是利润黑洞，而且过高的商誉导致资本结构被扭曲，因净资产减少导致债务压力被低估。所以，很多投资者在分析 A 股上市公司的资本结构时，会将商誉剔除。

各上市公司在 2018 年的年报中，利用《企业会计准则（征求意见稿）》之际，对商誉进行大洗澡，出现一些因商誉而亏损几十亿元的公司。

第四节 核心指标

按照资本资产定价模型表示的加权平均资本成本较为完美地揭示了资本结构，这是本书第三章中的一种变形。

$$WACC = (1-L) \times r_e + L \times (1-T) \times r_d$$

其中：L 代表负债率；r_e 代表权益必要报酬率；T 代表实际所得税税率，之所以未采用名义所得税税率，是因为国内企业所得税有递延、纳税调整政策，导致实际执行的所得税税率高于名义所得税税率；r_d 代表债务必要报酬率；WACC 为调整后的权益报酬率。

L 是杠杆，$1-L$ 是相反的杠杆，L 与 $1-L$ 构成了跷跷板。T 并非理论上越高越好，T 越高，r_e 则越低。

WACC 当然越低越好，然而做起来并不容易，受诸多综合因素的影响，是对运营、财技和资本运作三大能力的综合考量，包括：退出低效、非核心业务，动态控制杠杆使用，营运资产占用额合理，长期资产配置率适宜，单位资产产出能力较强[销售收入/(营运资产+剔除专利、商誉之后的长期资产[①])]，盈利能力较好且产出现金能力较强，留存收益使用效用好……影响面非常广。

当然也不能过于追求短期的低 WACC，需要从业务单元战略出发，有时需忍受短期的高 WACC，以换来长期价值的增长。

第五节 如何进行资本结构管理

根据发展战略，考虑股东、资本及债券市场、债权人等利益相关者的要求，设

---

① 主要为不动产、机器设备等实物资产，专利多为防御性资产，除非在外部市场产生收入，如收取使用费收入，商誉的讨论见下文。

计合适的资本结构,并动态进行优化、调整,是集团进行资本结构管理的难点。

一、确立最优资本结构

资本结构理论的核心是公司的加权平均资本成本最小时,即为最佳资本结构。

二、选择参照物

参照物可取自两方面,一是资本市场的资本结构指标,作为镜子,包括标杆企业、可比性较高的同行;二是外部信用评级机构对公司的要求,信用等级目标反映了对公司财务风险和资本市场筹资能力的预期安全边际。外部评级机构对公司的评级相当于体检报告,提出公司在资本结构管理上的不足,公司努力加以改进以提高信用等级。

三、资本结构管理的运用

犹如选美比赛,很难找到完美无缺的人。实践中,并没有最佳资本结构,只有根据集团的自身特点,因时因地地设计出短期、中期的资本结构优化方案,并动态调整。

(一)杠杆收购,降低 WACC

合适的估值、负债率低、经营性现金流良好、业务发展较为正常的公司通常是资本运作高手的猎物,通过以下步骤实现价值最大化。

第一步,杠杆收购,取得控制权;

第二步,将标的公司账上的积余现金实施分红,一方面,可立即收回收购成本,减轻财务压力;另一方面,不同于股权转让等溢价收益,分红的好处是分发股利所得,居民企业享受所得税免税的优惠;

第三步,标的公司因资金不足,可使用或加大债务杠杆,从银行或公开渠道获得低成本资金。

(二)股权融资还是债权融资

募集资金一般用于项目投资,抛开负债率等其他因素不考虑,利用 WACC 计算,如果投资项目的净现值 $NPV>0$,则使用债权融资方式,有钱自己赚;如果投资项目的净现值 $NPV<0$,则使用股权融资方式,让新进投资者无利可图甚至分担损失。

（三）债权转股权

（1）在开创期，依靠集团股权资金。

（2）在业务发展期，因对外融资困难，依靠集团债权资金（国内有资本债务比为1∶2的限制，防止资本弱化）。

（3）在高速成长期，公司价值快速增长，集团通过左手换右手，将债权转股权：

第一步，子公司对外进行债权融资，获得增量资金；

第二步，将增量资金用于归还集团贷款；

第三步，集团收回贷款后，再次以股本形式投入子公司。

（4）在业务成熟期，登陆资本市场，获取最大价值。

对处于税收优惠期的子公司，集团可采取低利率策略，最大化地发挥税盾效应。

（四）股权融资方式

不论是有意还是无心，A股上市公司控股股东似乎深谙资本结构理论。维护已有投资者利益，无可厚非。但令人难忍的是，一些在资本市场长袖善舞的集团，利用控股股东的优势地位，将手伸向中小股东的口袋：当上市公司价值被高估时，公开发行新股，或对被收购资产的股东定向增发新股，引君入瓮；当上市公司的价值被低估时，集团向上市公司注入资产，损害其他中小股东的利益。

股权融资最集中的行业莫过于互联网公司，互联网公司大把烧钱，靠的就是股权融资。因此，互联网公司的股权融资经验更值得其他行业借鉴和学习。

互联网公司的股权融资

很多互联网企业的技术很牛，商业模式也很棒，但最终都是饿死在半路上，主要原因就是"断粮"。因此，在初创阶段，CFO应将融资作为压倒一切的任务。

（1）根据商业计划，各期需要完成多少任务？达成的目标是什么（需要里程碑式的成果）？需要配置多少资源，投资、经营所需资金为多少（总需求量及各时点的需求量）？

（2）需要完成多少轮次的融资？每轮融资的额度是多少？

(3) 在里程碑的各时点,公司的估值分别预计为多少?应达到什么样的业绩指标以满足投资者要求?

(4) 每轮融资后股份会被稀释(优酷和土豆引入投资者,因前者具有CFO背景,取得同样的资金时股权被稀释得少得多),每轮新股权的结构是怎样的?会不会影响控股权的转移?

(5) 在发展的不同阶段,公司需要怎样的投资者(天使投资、VC投资、PE投资、PRE—IPO投资)?挑选的标准是什么?A、B、C等各轮投资者的利益如何平衡(估值不一导致)?

(6) 关键人才的引入是给高薪?还是底薪＋股权?还是COFOUNDER?

(7) 是否准备"万一……就……"的几套方案以备不测?

(8) 若公司遇到发展瓶颈,需要借助整合外部资源,是采取收购还是战略合作?抑或挖成建制团队等方式?需要的融资额是多少?

(9) 在大众创业、万众创新的年代,创业时是否已考虑对员工实施股权激励?

(10) 在每次股份变更设计时,如何平衡员工股东、创始股东、控股股东、各轮次外部投资者的利益?

此外,经营过程中须不断检讨、修正商业计划,动态地调整融资计划。

(五)股利政策

我国 2018 年修正的《公司法》规定,公司连续五年不向股东分配利润,而公司该五年连续盈利,并且符合规定的分配利润条件的,对股东会该项决议投反对票的股东可以请求公司按照合理的价格收购其股权。可见,分配股息是股东的法定权利,以股东身份参与制定股利分配方案,是集团当仁不让的工作。

任何一家公众公司的年度资金预算中,除投资已有业务、投资新的业务和产品线之外,始终要牢记给股东留一块资金,用于发放现金股利和股票回购。

1. 股利分配的原则

(1) 符合监管政策及导向,中国证监会一直要求上市公司进行分红,并作

为再融资、重大资产重组的门槛,规定三年分红数不低于近三年可供分配利润的30%;

(2) 公司要兼顾长短期利益,立足自身资本结构及债务约束条款,没有让投资者永远高兴的股利政策;

(3) 可预期、稳定的股息政策,有利于维护股价,除非股价与股东期望落差较大;

(4) 当企业的收益前景和现金余额提供了增加股息所需的足够的安全幅度,并且以后出现逆转的可能性极低时,才会向上调整股息,同样,削减股利要谨慎,除非不得已;

(5) 分配股息与提高股价需结合考虑,股东取得回报有资本利得和股息所得两种方式,高增长的企业,需要不断地融资,亚马逊不分红的政策反而得到市场理解,投资者可以从资本利得中获取收益。

实际工作中,不仅要看自己的历史分配情况,还要看同行(行业属性就是随大流,不同行业的派息率高低不一,股东已经习惯),看市场对不同派息方案的反应进行沙盘演练,以便管理预期。

2. 股利分配方式

(1) 现金股利;

(2) 股票股利(俗称送股),将上市公司的留存收益转入股本账户,无偿派发给股东;

(3) 转增股份,上市公司从资本公积中转赠股份;

(4) 配股,向原股东配售股票,配股权是一种短期的看涨期权;

(5) 股份回购,2018年修正的《公司法》开启了股份回购之门,必将成为资本市场的一项基础性制度安排。在股价低迷或增长受限,而账面现金流富裕之时,为提振股价,公司收购本公司已发行的股份。根据现行的《公司法》,回购后可以注销,减少股份数量,提高每股收益,也可以做库藏股,进行市值维护,提振股价。

股票回购需要考虑以下因素:

第一,公司有足够可用的剩余资金,自由现金流充裕或资本结构潜力没有发挥,即负债较低且具备较强的低成本融资能力;

第二,股票的市场价值远远低于自己计算的内在价值;

第三，没有内幕消息，控股股东、董事会及职业经理人没有不可告人的想法；

第四，机会成本低，也就是说投资机会少，没有比回购更好的投资机会；

第五，犹如弈棋，走一步想到后三步，考虑资本市场的反应，价格短期走高之后演绎多种可能，股东构成发生变化，新的平衡状态会是怎样？

公司的发展史，必然经历起起伏伏。当公司面临增长动力不足、价值下降时，只有从股份回购这个内部手段维持或提高股东回报。

以上五种方式，在资本市场比较常见。对于非公众公司，分配方式还可以为实物、无形资产。

3. 股利分配的影响

（1）股利分配改变了资本结构，对公司未来的资本支出计划、盈利能力、经营及财务风险产生重大影响。

（2）无论资本利得还是股息，股利分配政策会引起投资者类型及结构的变化，股利政策应注意保持股票的流动性。

（3）股利分配需考虑多层次需求：监管部门的要求是硬约束；增加股东财富或股东价值最大化；满足基石投资者诉求；考虑技术型交易者及中小散户的诉求。

第六节 现实挑战

2018年是许多民营企业刻骨铭心的一年，大量看似很不错的知名企业因为资本结构扭曲而崩盘，那么，如何在保证财务安全的前提下推动业务发展呢？

一、如何降杠杆

可以从以下六个方面着手，降低负债率。

（一）从资本市场股权融资

一般而言，集团层面不宜也难以引入外部股东，但是对于控股子公司为上市公司的，可以从公开市场募集资金。2013年，正邦集团及旗下上市公司正邦科技均面临着亏损、负债率高、信用评级下调的巨大压力，解决资本结构最有效的办法就是推动正邦科技从股市融资。但是抛出定增方案后,资本市场会有不同的反应,主要出于以下考虑:每股收益摊薄;新的投资机会;股价承受压力,原股东价值受损;改善/偏离最优资本结构;信息差异导致投资者的消极/积极反应。

(二)债务重组

对未来具有良好发展前景,但短期财务困难的子公司,可与债权人商讨债转股方案,如约定未来由大股东回购,以保证债权人利益。破产重组也是企业轻装上阵的一种无奈之举。

债转股使中核浦原获新生

上海中核浦原总公司是中国核工业集团的全资子公司,集团出资1亿元,其中,债权及资本金各5 000万元。2000年,上海中核浦原总公司因营收规模小(合并报表收入1亿元左右)、核心业务竞争力弱、多元化发展消耗大量现金、历史包袱沉重而陷于亏损边缘,在转型发展与急需资金的双重压力下,通过将集团5 000万元债权转股权,极大地缓解了财务压力,改善了报表形象。通过资本结构的改善及成功转型,上海中核浦原总公司如今发展成为拥有15家企业、员工3 800余人、产业规模70多亿元的高科技集团化企业。

(三)自我救赎

减少资本性支出,提高资产变现能力,放缓投资及并购步伐,收缩现有业务,出售股权或其他流动性差的资产,套现偿还债务。

(四)改变合并报表范围

放弃负债率高、盈利水平一般的非核心企业股权的控制权,将持股比例稀释至规定以下。还可以利用合伙企业的特殊控股结构,将负债率高的公司移出合并报表,隐匿真实的债务水平,但这只是权宜之计。

(五)靓女先嫁

拿出成长性好、盈利能力强、负债率高的优质子公司作为股权融资。应忠实地反映过去经营良好的业绩和回报,阐述未来的投资战略,展示富有吸引力的发展前景,做好商业计划书,引入投资人。

(六) 固本造血

上述五点是财技,系短期所为。从中长期的发展看,必须从根本上改善经营业绩,增强业务的造血能力,让源生性财务资源不断聚拢,逐步提高公司的偿债能力。

二、保持财务弹性

遵守资金管理原则,恢复、增加和保持财务弹性,培育财务资源是资本机构管理的内功。

(一) 资金管理原则

公司的一切活动,均围绕资金开展,资金管理的原则如下。

(1) 必须以交易性需求为主。首先要满足生产经营所需资金,这是不能碰的红线。

(2) 以预防性需求为辅。公司总会遇到预料中和预料外的各种风险,化解风险的手段大多需要资金为后盾,需要预留出备用资金,以应不时之需。

(3) 兼顾投机性需求。在满足上述两点之后,若有闲置资金,可在无风险或风险极低的前提下适量开展投机性业务。很多集团在此点上犯了大错,抱着赌博和侥幸的心理,从主业抽取资金从事投机业务。不仅没捞到游到水面上的大鱼,反而连人带网栽入河里。

(二) 保持财务弹性

财务弹性是指企业适应经济环境变化和利用投资机会的能力,具体是指公司动用闲置资金和剩余负债应对危机以及把握未来投资机会的能力。财务弹性是资本结构管理的重要内容,反映公司的抗压能力、应变能力和回旋余地。

财务弹性主要受经营性现金产出能力、资产变现能力、股权融资能力(通过增发、配股、定增项目配套流动资金、股东贷款等)、债权融资能力、现金分红等多种因素影响,财务弹性不仅包括正向扩张能力,也包括反向收缩能力。正向扩张能力就是在市场出现复苏或反转时,能迅速发力,在极短的时间内就能超越或大幅度甩开竞争对手,是为"胜者"。扩张方法包括抓住业务发展机遇,内部寻找新的业务增长点;偿还债务,降低财务杠杆;加大股利分配力度,提高股东回报;对外并购等。

反向收缩能力就是应对可能发生的或无法预见的紧急情况时,能转危为安、化险为夷,能度过数次外部大危机和不可胜数的内部危机而屹立不倒,是为"强者"。收缩方法包括提高营运资产的管理效率,增强经营性现金流产出能力;提高留存收益率,减少股利支付率或不分配现金股利,积累利润;加大财务杠杆,增加债务;剥离低市场成长率、低相对市场份额的资产或非核心业务,变现或减少对主业资源的消耗等。

一些集团在行业蓬勃发展时期大肆扩张,将财务杠杆用到极致,耗尽了财务资源,进入2018年后终于爆发危机,在甩卖优质资产的同时,求助政府出面干预以减轻压力。

(三)培育财务资源

任何时候都需要保持财务弹性。集团要善于将培育财务资源作为长期策略:提高集团资信等级,强化与核心金融机构的长期稳定合作,打通融资通道,提高融资产品的设计能力,争取宽松的融资条件(许多融资带有限制性条款,会增加融资难度,从而降低了财务弹性)。

三、进行资本约束

不受约束、扩展过度是众多集团的通病。无论战略规划如何宏伟,经营计划如何进取,都不要忘了资本需要约束,否则,会受到市场的无情惩罚。

资本约束有硬约束和软约束两种。其中,硬约束是指确定资本限额,资本限额的确定方法有三种。

第一种是净现值,凡是 $NPV<0$ 的,一律砍掉;对 $NPV>0$ 的,还需分析获利能力指数,结合股东投入金额及期望现金流产出回报,权衡而定。

第二种是 $WACC$,若投入资本回报率 $ROIC>WACC$,在增长可期、风险可控的情况下,需积极管理,聚焦资源重点投入;反之,则谨慎从事。

第三种是预算,预算是一种计划管理工具,也是一种资源的配置与平衡。一般而言,预算需由集团进行审定后批复给子公司,子公司按照预算批复的资本性支出计划额投资。有些业务成熟的公司,以折旧额作为更改基金。

此外,资本约束还可以划分为内部约束和外部约束。内部约束是集团的主动行为,在增长、收益、风险之中寻找最佳路径,确定资本支出规模,设计重大项目交易结构。外部约束是评级机构或债权人对公司整体进行评价后,指出或要求的限制性条件。一般而言,内部约束标准普遍高于外部约束标准。

以下为华润集团对项目投资的财务约束框架,具有借鉴价值。

项目投资财务约束框架

华润集团根据财务风险、规模、交易结构三大要素界定财务边界值,财务边界值定期滚动更新。

一、财务风险

1. 指标名称

资本结构核心指标:考虑整体有息负债水平可控并同时具备一定的财务扩展能力等相关影响,主要有3个硬指标:

(1) 有息负债率低于财务边界值;

(2) 总有息负债/EBITDA 低于财务边界值;

(3) EBITDA/利息费用(替代指标)高于财务边界值。

2. 集团批准情形

如果超越财务边界,须集团批准;已通过国际信用评级并发行公司债券的,如果项目投资导致评级下调,也须报集团批准。

3. 取值

参考上市公司行业标杆数据,取中位数(不取平均数);最近5年;剔除特殊事件影响;对中值进行一定程度的放松或收紧,±%(ppt)。

二、规模影响(重要程度)

如果一项交易适用多项测试,则以测试比率结果的最高值计。

(1) 盈利比率:拟投资项目盈利/公司盈利;

(2) 收入比率:拟投资项目收入/公司收入;

(3) 资产比率:拟投资项目资产总额/公司资产总额;

(4) 对价比率:拟投资项目对价/公司市值(或资产总额);

如果交易规模小于5%,则业务板块批准;超过5%,但小于25%,则投资项目在提交板块董事会审议之前,须报集团总部相关职能部门审阅;大于25%,则需在签订有法律约束力的文件之前,报集团批准。

三、交易结构

包括项目资金来源、项目是否影响集团持股比例、权益影响及股权安排等判断标准。

（1）如拟投资项目资金来源为集团直接筹资，则该项目须报集团总部批准；

（2）如拟投资项目会影响集团在业务板块层面的股权比例，则该项目须报集团总部批准；

（3）如拟投资项目涉及有别于商业惯例的财务资源转移或承诺等事项，以及对业务板块股东权益有重大影响的交易条款，则该项目须报集团总部批准；

（4）如特殊情况下，拟投资项目需做股权代持或为后续股权梳理带来潜在风险的其他特殊安排，则该项目须报集团总部批准。

第五章
CHAPTER 5

产业投资与并购

产业投资是一项关乎上至国计民生、下至企业兴衰存亡的大事。在国家层面，每隔五年需制定发展规划纲要，以提升国家竞争力，推动经济发展和提高人民生活水平；国家发改委根据产业规划，制定产业指导目录，将产业划分为鼓励类、支持类、限制类，用以指导政府及企业的投资行为；各省、自治区、直辖市结合本地区的特点，制定本地

区的重点产业及招商引资政策。

企业是产业投资的主力军,在竞争日益激烈的市场环境下,产业投资是企业股东、董事、管理层每日必须苦思冥想的问题:我们现在在哪里? 我们明天会在哪里? 我们要往何处去?

在任何一个企业,最大的决策难题就是(产业)投资决策。产业投资是一把双刃剑,使企业进退两难。不投资,企业不能顺应形势的变化,只得坐以待毙;若投资,只有极少数企业能够成功,而大多数企业或赚得微利,或血本无归。产业投资的性质如此重要,以致产业投资决策已升级到公司治理层面:你可以一次消费一万元,但没有投资一分钱的权限。在治理结构相对完善的公司,产业投资的决策权归董事会,乃至股东会。

从某种程度上说,一个企业的实业发展史,就是一部产业投资史,情节跌宕起伏,场面波澜壮阔,生死悲欢,结局各不同。

资本的逐利性推动了产业投资商业实践的创新、发展,作为一种高风险、长期性、专业要求高、涉猎面广、预见性强的实业投资,总结并形成一套产业投资的实证规律,对集团发展非常必要。

在市场供过于求的情况下,若追求或保持增长,只能靠外延式扩张。通过并购的方式快速切入目标市场或行业,已成为A股上市公司转型的主要途径。

第一节 产业投资设计

投资界有句流行语:"一流天使投资拼眼光,二流风险投资拼团队,三流 PE 投资拼报表(真假程度),四流 PRE—IPO 投资拼关系和资本。"至于 PE,则用"八个基本靠"来调侃:基金募集基本靠 PR;判读风口基本靠媒体;风险控制基本靠对赌;投资勇气基本靠合投;项目获取基本靠抬价;尽职调查基本靠审计;投后管理基本靠放羊;GP 收益基本靠管理费。与财务投资相比,产业投资更难,"做"比"评"难。

一、产业投资价值原理

当今的国内产业投资界,可谓百花争艳,有从国外引进的投资理念和手法,有顶礼膜拜大师的"圣经",有经济学家及政府要员的谏言,有在商界打拼人士的投资秘诀。投资如戏,戏如人生,我们目睹了许多起起伏伏、生生死死的企业投资人生,经历了平凡与神奇、拙劣与高超、糊涂与精明的投资故事。

与自然界的规律一样,其实,投资价值创造有其自身固有的原理。如果能察悟这些原理,我们就能不为光怪陆离的万象所迷离,就容易抵制各种流行理论与权威言论的诱惑,作出虽然可能不受欢迎,但独立、有远见的大胆决策。

(一) 驱动力原理

加拿大的克雷格 S.弗莱舍与澳大利亚的芭贝特 E.本苏桑合著的《商业竞争分析》中对驱动力的定义为:驱动力是指那些重大、根本的潮流,它能够界定并驱动时间或趋势朝着某一个方向发展,这些力量范围广阔,影响时间较长。

在行业整体处于增长的市场,傻瓜都有蛋糕吃,只是份额多少的问题,不用担心企业存活问题;在饱和甚至产能过剩的市场,竞争非常激烈,企业首先考虑的是存活问题。企业需要不断地寻找需求上升的市场,并思考几个基本问题:成长动力何在? 市场份额多大? 增长率是多少? GE 的韦尔奇挑选行业的标准是:行业的增长是 GDP 的 2 倍。所以,行业市场前景看好、高成长性的公司,往往是股票市场的宠儿。

（二）控制原理

在计划经济年代，商品短缺，谁能生产产品，谁就处于控制端，上游原材料供应及下游供销社、百货公司受控于生产厂家。以下两个管理言论，目前非常流行。

流行言论一，现在的资本市场喜欢上游资源类相关企业和下游终端消费品类企业，这就是微笑曲线的两端。

◆ 深度分析：随着中国经济的崛起，中国成为世界最大的原油、铁矿石、铜、铝等大宗商品进口国，对大宗商品形成高度依赖。在西方发达国家的精心策划下，将市场上"买者为王"的规则修改为"资源控制"，牢牢控制住大宗商品的定价权、话语权，进而攫取高额利润，将污染扔在发展中国家。

流行言论二，一流企业卖标准，二流企业卖品牌，三流企业卖产品。

◆ 深度分析：在制造业失去竞争力的一些跨国企业，将知识产权作为竞争利器，通过制定标准来设定准入门槛，收取高额使用费。通过概念、架构（技术、产品等）、关键点突破等前沿性设计，申请专利保护，源源不断、长期性地瓜分制造企业的利润。

上述两个流行观点，实则都是西方发达国家政府、华尔街、跨国公司、商界精英等利益共同体合谋的言论，利用其在业界的广泛影响力，不断地修改游戏规则，向全世界各地灌输其言论，让这些观点"深入人心"，其背后的根本目的就是维护其在全球产业界的控制地位和控制能力，争夺全球的定价权、规则制定权、战略性资源控制权和战略性信息先占权。

在进行产业布局谋篇时，企业要掌控制高点，尽可能地形成对上、下游的控制力，立足于价值链的高端。受制于人的产业投资，必然会在竞争中苦苦挣扎。

（三）最佳所有者原理

任何一项业务都没有一种固有的价值，它对于不同的所有者或不同的潜在所有者，具有不同的价值，这种价值取决于他们如何管理它以及追求什么样的战略。

华源集团原总会计师顾旭有句精彩的见解："所谓不良资产，对有些人而言，只是放错了地方。"最佳所有者原理解释了为什么同一投资项目，在不同的投资者手中创造的价值迥异这个道理。在调研产业投资时，某个企业能够取得成功，不一定代表你能成功。同样，企业在决定投资某个产业时，一定要打造自己独特的能力，让竞争者难以模仿和超越，让潜在进入者望而却步。

（四）价值守恒原理

对于能量守恒定律，大家已耳熟能详。但提出价值守恒原理，就不一定会得到大家认可。大多数人认为，社会财富是不断增加的，产业投资价值怎么会守恒呢？但是笔者认为，在大多数行业里，在催生了新行业的同时，也让一些行业衰退、没落甚至消亡。的确，财富是在增长，但是从中短期看，增长的轨迹并不明显，产业投资价值也是如此。

苹果公司发明了 IPHONE，开启了体验经济时代。而在苹果公司价值蹿升的同时，是价值受到重创的诺基亚、摩托罗那、谷歌、柯达等巨头，因为价值是守恒的。

（五）价值构成原理

投资价值由落差价值及整合价值组成。行业、公司有高峰、平稳、低谷三个时期，在低谷期介入，在高峰期退出，可获得最大化的落差价值，复星集团就长于发现落差价值。整合价值为企业的价值创造能力，需要制定明确的整合方案，识别最关键的整合领域，决定整合工作的先后顺序、程度及方法。目前，国内大多数企业欠缺的是整合能力。

在上述五个原理中，高驱动力和强控制力最为核心，它们解决了可行性报告的关键要素——产品/服务的定价和销量/服务量两大问题。

二、产业投资理念

产业投资理念反映产业投资者的投资目的、价值观，用以指导产业投资者正常开展分析、评判、决策的行为准则。它由投资者的心理、哲学、动机以及技术层面所构成，它来自实践中的感悟、升华。

（一）倡导价值投资

纳斯达克股票的出现，颠覆了此前业绩导向的投资理念，投资者开始更看重未来成长性，考验投资者的想象力。彼得·林奇认为，但长期来看，股价遵循价值的原则，一个公司的估值要看本身的质地，它有多少重量，市场就趋向给予它多少的价格。与股票投资者不同，产业投资者需要平衡投资项目的现时价值与未来价值，抓住现时价值，追求更高的未来价值，短期看是"投票机"，长期看是"称重机"。

（二）具备较强的风险意识

产业投资项目的投资额较大，周期较长，股东长期持有，无论投资决策还是投入运营，都面临许多的不确定性，产业投资注定是一场荆棘密布的长途跋涉之旅。在实践中，惊险一跳而获得成功的产业投资项目毕竟凤毛麟角。大部分投资项目之所以失败，并非项目的前景不好，而是风险管理不足。当今投资风险管理必须由过去的被动承担风险、事后处理风险，向主动选择风险和积极安排风险转换。

（1）做生不如做熟，不熟悉的项目可以通过研究加以了解，但是不了解的项目绝对不投。

（2）要做自己擅长的，不要跟风随大流。不确定性是相对于不同的认知者而言，正所谓难者不会，会者不难。学习是无止境的，缺点是永远改正不完的，不足是永远都有的。老子曰："知不知，上；不知知，病；夫唯病病，是以不病。"成功人士回味产业投资经验时，大都感叹所经历的失败教训比成功经验多，这些成功精英了解自己的能力边界，只做能力圈的事，再进一步缩小为自己擅长的事。坚守投资原则与纪律，虽然可能让李泽钜痛失持有腾讯可以暴增400倍收益的机会，但是可以确保长和系帝国的持续健康发展。

（3）收益与风险并不一定是正相关，作为集团，需要考虑风险承受能力，尽可能地缩小不确定性的范围，选取相对低风险、高收益的项目。超过风险承受能力的，再好的项目都不投。

（4）外行看热闹，内行看门道，弄懂赚钱逻辑、生意模式，不清楚怎么赚钱的项目不投。

（5）并购原则上拒绝溢价，2018年上市公司纷纷引爆商誉地雷，血流成河，商誉警示我们：水涨船高，并不是船真的很高。无数的案例证明，并购不毁损原有价值就不错了，至于协同效应还是等6个月整合期满再说，而且协同效应产生的收益不应该让出让方分享。

（三）把握最佳时机

有一种神秘的力量，任何企业都无法与之抗衡，它就是周期。任何事物都有周期性规律，产业投资的最佳时机在于成长期和扩张期。一般而言，无论是产业还是产品，都会经历创业期、成长期、扩张期、成熟期、衰退期这五个阶段。总结这五个时期产业投资失败的教训，主要现象表现为：创业期，耗不起，扛不住；成长期，摸不牢，捂不住；扩张期，故步自封，错失良机；成熟期，热情高涨，登顶而八;衰退期,迷信整合,过度自信。

同样,在经济周期的不同阶段,个人用钱心理也大不同。衰退期:没有钱是万万不能的,看住自己的钱袋,不能乱花;萧条期:钱是用来保命的,要精打细算地过苦日子;复苏期:钱能生钱,谨慎地花自己的钱做投资;扩张期:一定要会用杠杆,拿别人的钱为自己挣钱才是高手;繁荣期:钱一定越来越不值钱,所以,会借钱、会花钱才是真本事,多投资,多消费。

(四)对投资对象的偏好

彼得·林奇在《彼得·林奇的成功投资》中,将投资对象划分为缓慢增长型、稳定增长型、快速增长型、周期型、隐蔽资产型以及困境反转型六种类型。这六种类型的投资对象,都有产业投资价值,但因投资者的偏好而异,对不同类型的投资对象,其投资策略、手段、方法各不相同。有的投资者偏好高科技行业,即使在种子期也无所畏惧。

(五)异质思维

天下熙熙,皆为利来;天下攘攘,皆为利往。但是,获利者终归属于少数人,大多数人一无所获甚至血本无归。"当别人恐惧的时候,你要贪婪"揭示了巴菲特与众不同的思维方式。大部分人的思维是同质的,作为高明的产业投资决策者,不能随波逐流。

用过去的观念和思维方式,迎接现在的经营环境和挑战,指导未来的产业投资和竞争是我国产业投资界现存的最大问题。产业投资必须面向未来,大胆假设,小心求证,从关注并超越竞争对手转为向顾客提供价值,从而开启巨大的潜在需求,重建市场和产业边界。

三、产业投资战略

一般而言,产业投资战略大体上分为一体化、强化、多元化战略,如表5-1所示。

表5-1 产业投资战略类型

分类		释义	适用情形
一体化战略	后向一体化	获得对分销商或者零售商的所有权或控制力	与价值链相关的战略
	前向一体化	获得对供应商的所有权或控制力	
	水平一体化	获得对竞争对手的所有权或控制力	

（续表）

分类		释义	适用情形
强化战略	市场渗透	通过更大的营销努力，谋求现有产品或服务在现有市场上份额的增加	与核心能力相关的战略
	市场开发	将现有产品或服务导入新的地区市场	
	产品开发	通过改进现有产品或服务，或者开发新的产品或服务，谋求销售额的增加	
多元化战略	同心多元化	增加新的相关产品或服务	一般在集团层面适用的战略
	非相关多元化	增加新的不相关产品或服务	
	水平多元化	为现有顾客增加新的、不相关的产品或服务	

鉴于大多数企业对本企业的投资战略均进行过深入的研究，在此不再赘述。

四、产业投资策略

如果说产业投资理念较为空泛，产业投资策略则非常务实。华润集团通过成功的产业投资，顺利度过危机，实现了华丽转身。

（1）转战内地，从2005年开始减持在香港地区的资产，大举进入内地；

（2）进行业务转型，以贸易起家的中国华润集团，在国家放开进出口经营权后，经历了一段惨淡的经营期后，决定全部转向实业；

（3）借助资本市场，实现华润创业、华润电力、华润置地、华润水泥、华润燃气五家公司在港上市，不仅解决了发展所需的资金，壮大了公司实力，极大地改善了财务状况，而且提高了中国华润集团的形象；

（4）通过并购，向多元化发展。

不同的企业，其投资策略各异。抛开投资策略的具体做法，笔者总结出投资策略的七个共性点。

1. 战略一致性

产业投资应与企业总体战略规划、发展战略保持一致。企业发展战略包括多元化/主业战略、行业战略、地域战略、财务战略、人才战略、组织战略，以合理配置资源，优化资产结构，发挥自身优势，提高核心竞争力。

2. 产业投资与金融资本相结合

以产业投资为支点，以金融资本为杠杆，发挥乘数效应，推动企业以几何速度增长。传统的靠日积月累、年复一年的盈余来进行产业投资的思维，已不能适应现代社会快速多变的环境。在金融资本市场的支撑下,拔地而起的发展模式给予了产业投资者很大的启迪(见图5-1)。

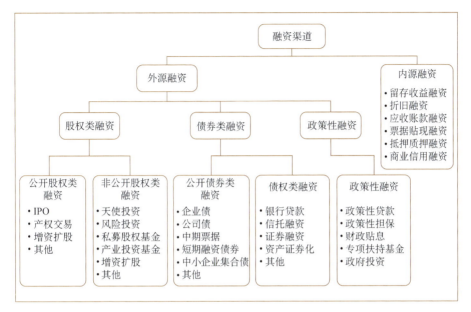

图 5-1　产业融资渠道

3. 产业投资与经营商业模式相结合

商业模式由四个密切相关的要素构成:客户价值主张、盈利模式、关键资源、关键流程,这四个要素相互作用时能够创造价值并传递价值,而盈利模式是检验商业模式是否成功的砝码。商业模式驱动的溢价能力主要包括品牌和差异化引申的范围经济以及对价值链的全程控制力和伸缩力。

传统行业的经营模式为:集权式管理;标准化(重视产品特性);协同作战;现货导向(先实现盈利,后以利润再投资扩产);相关多元化;遵守标准与规则。

互联网行业的经营模式则非常不同:差异化(极度重视客户体验);小团队自主管理;内部竞争;期货导向(烧钱建平台,先圈客户,再考虑盈利);跨界打劫;重塑标准与规则,带有明显的创新与试错思维。

 案例阅读

上海中核浦原总公司的商业模式创新

上海中核浦原总公司是中国核工业集团在上海的全资子公司,十年前以液体流量计的制造及销售为主业,涉足房地产开发、建筑工程、国际国内贸易、消防设备安装等多元化投资,20世纪90年代末经营非常困难。在时任总经理刘泽玲的带领下,聘请上海市经委及发改委、上海仪电控股集团、中国核工业集团等专家会诊,开辟了新的商业模式,让公司重获新生:

> 退城进郊,用土地置换收益解决职工身份置换、人员分流问题。
> 清算房地产、建筑、消防工程等业务,收缩战线,集中发展主业。
> 举全公司之力,大手笔投资主业。以土地置换收益、现金奶牛——合资公司光华·爱而美特的分红款投资新项目,从液体流量计迈入气体超声流量计、核安全级电容式变送器,既强化了在中国核工业集团内部的竞争力,又进入了崭新的市场领域,拓宽了产业边界。
> 结合地处上海商业繁华区——徐汇区的地理优势,在原263工厂建设都市型工业园——浦原科技园,通过商务楼的出租收入,获取长期、稳定的可观回报。

由此,上海中核浦原总公司成功转型为以仪器仪表制造、进出口贸易和不动产经营为核心业务的高科技投资控股公司。

商业模式创新能为产业投资找到新的发展方式,创造新的竞争优势,故而不能简单地复制国内已有的成熟商业模式。商业模式需要不断创新,更需要大胆借鉴国外领先的商业模式的理念、运作方法及经验得失,加以吸收、改造,提升产业投资的穿透力。

4. 产业投资与风险管理相结合

但凡基业百年的全球性公司有一个共同点:出色的风险管理意识与能力。这些公司之所以经历过三次大的世界性危机而屹立不倒,在于其对重大决策、重大风险、重大事件和重要业务流程制定风险控制措施,并采取避险工具及应对策略。在投资决策中,不是考虑如何赚大钱、赚快钱,而是考虑如何能持续、稳定地赚钱,能够及时地化解风险带来的重大冲击。

风险管理思想应贯穿于产业投资的始终。在可行性分析时,除定性分析外,在定量分析中要进行敏感性分析,量化风险承受能力。

幸福的家庭有着相似的幸福,不幸的家庭有着各自的不幸。产业投资失败的原因可谓千差万别,例如:投资战线长;投资资金来源不稳定;短贷长投;资本结构扭曲;缺乏灵活的应变能力(指敏捷地适应甚至预见和领导变革的能力,会影响公司的战略思维、运营、技术革新以及在产品、流程及业务模式上的创新能力);缺乏深层次的差异化能力(指能让企业在同质化竞争中脱颖而出的新型产品、新服务开发能力),没有一支拥有激情、敢于担当、能开疆拓土的创业型管理团队,缺乏与当地政府的沟通能力等不一而足。

产业投资应富有弹性,应时而变,不能一条道走到底,推迟投资,放弃或中止投资,扩大投资,柔性投资,设定止损目标等都是行之有效的风险控制策略。

5. 产业投资与产业整合相结合

未来的竞争,不是一个企业与另一个企业的竞争、一种产品与另一种产品的竞争,而是一个产业链与另一个产业链的竞争,是一个产业群与另一个产业群的竞争。产业链、产业群竞争的结果是:对于多数企业而言,不是整合别人,就是被别人整合,没有企业能独善其身。

在产业蓬勃发展时期,产业链的完善及配套可以极大地增强企业的竞争力,但是带来两个严重的后果:一是资产越来越重(不是轻资产),耗尽资源,今后转型、升级难;二是一旦遇到行业减速、无法解决过剩产能问题的形势,或行业出现颠覆式创新,产业巨人将面临灭顶之灾。

国内很多行业经历着产业链竞争之痛,产业链中所处位置包括标准制定、业务集成能力、上游的卖方优势或下游的买方平台、渠道优势等。笔者认为,与其大面积地投资于整个产业链这个面,不如抓住对产业链最有盈利能力环节的控制点——核心部件与关键材料。对产业链的追求是无止境的,如同餐桌的蔬菜,可以从厨师的厨艺追溯到菜的清洁、菜的运输与储存、菜的种植、菜种子的培育等无尽的产业边界。

产业链中存在上、中、下游结构,导致产生控制或牵制关系。此外,产业链中的价值呈现不均衡分布,形成价值的高地、平地、洼地。企业没有能力、更无必要做全产业链,淘金者可能一无所得,但卖铁锹的人可能赚得盆满钵满。纵观高科技行业,我们发现很多核心部件与关键材料仍被国外的跨国巨头所掌握,由其决定价值分配格局。

麻省理工学院斯隆商学院的管理学教授索马罗(Michael A. Cusumano)在新著《持久力:在不确定的世界中管理战略及创新的六条不朽原则》中提出:未来的产业发展呈现出产业平台的重要性不断提升、服务或服务型产品的重要性不断提升两大重要趋势。他对产业平台的定义为：某种基础产品或技术的出现使其他企业围绕这种产品或技术开发出一整套其他产品或服务，从而构建起一个庞大的产业生态系统，这个系统使原本的核心技术或产品变得更有价值了，所有的产品、技术、服务都紧紧地联结在一起。产业投资者要么寄生于颠覆性的基础产品或技术，要么创造"产品＋服务"，不断提升服务的价值贡献，如以工程机械名闻遐迩的徐工集团已建立担保、融资租赁、保养、维修多种服务的产业平台。

6. 学会借力，与强者联盟

任何企业都有短板、瓶颈，产业投资者需知己知彼，可以在股权、营销渠道、供应链、技术与特许权等方面与优势企业合作，弥补自身的不足，减少失败概率。

7. 产业周期规划

2008年金融危机发生时，医药行业呈现逆周期效应，以15％的速度增长，与经济的波动并无多大联系。周期性、波动性与财务弹性如影随形，是集团性公司的主要风险因子，一旦因子叠加，风险就会被成倍放大。对于集团性公司而言，为平衡业务风险，保持业绩及现金流的持续稳定增长，须充分评估经济/行业的波动是否给公司带来致命性的打击，产业投资者需未雨绸缪。

经济周期有几种：反映库存变化的基钦周期，为2—4年；反映资本投资的朱格拉周期，为8—10年；反映基建的库兹涅茨周期，为20年；反映技术革命和产业变迁的康波周期，为50—60年。判断对者为先知者，判断对并敢于行动者为先行者，判断对并做对的方为大师。

五、产业投资标准

产业投资并不是漫无目的地在林中先开枪后瞄准，大多数集团通过长期的积累，不断地总结与反思，会形成自己的产业投资标准，然后根据标准搜寻猎物或寻找投资目标，以下列举了国际与国内两个具有领导力的巨头的投资标准。

（一）雀巢的并购标准

在中国闷声不响发展的雀巢，这些年在全球展开大规模并购行动，已成为食品业的全球领导者，其并购标准有如下四条。

（1）收购的目标品牌必须具有良好的品牌声誉和影响力；

（2）通过并购该品牌，能够掌控食品工业领域的核心技术；

（3）偏爱那些管理方法被认可的公司，这样可以为后期的管理节省大量的成本；

（4）并购的该品牌能有效提高在该国甚至全球这一品类上的市场占有率。

（二）华润的入行标准与扩张原则

由于投资理念、投资战略、投资策略不同，拥有的资源及所在行业千差万别，需要量体裁衣，很少有两个企业使用完全一样的投资标准。

1. 入行标准

奉行"多元化发展、专业化经营"的华润集团选择行业的六项原则如下。

（1）选择熟悉的行业。其含义包括两方面：第一，投资主要集中于主营行业；第二，投资的行业要具备输出管理的能力。

（2）行业增长性强。以低风险稳定回报的资产构成华润的核心资产。这些行业应具备人口驱动型的特点，市场空间大，产业集中度不高，容易通过整合形成规模效应。

（3）进入成本高。有竞争优势，技术含量高，需要资金规模，别人想做，但做不成，或做不大的行业。

（4）有条件成为行业领导者。投资要以做行业为目标，通过行业领导者地位的形成，获取高于行业平均利润率的回报。

（5）符合国家产业政策，减少投资风险，获得政府支持。

（6）行业协同。通过协同，达到资源共享，降低交易费用，发展新的生意模型。

2. 扩展原则

在国内并购领域十分活跃的华润集团，貌似激进，实际非常稳健，华润扩张方式的五项原则如下。

（1）关注回报率，华润关注的是略高于行业平均水平的利润率，是合理的回报率。

（2）具备管理能力。

（3）与市场发展趋势相一致。扩张要顺势而为，不能在行业周期高点摸顶。

（4）适度控制规模、速度，以配合资源和管理能力，否则，将欲速不达。

（5）在收购兼并中要重视合作伙伴的选择，对核心业务要占大股，要有对企业的控制权，以此实现经营意图，提高经营效率，减少纠纷和矛盾。

六、产业投资方法

目前,国内企业的产业投资多为关联性投资,产业投资的方向基本上可分为资源供应(如矿产及能源)、进口替代、出口、降低成本(或产业转移)、技术研究与开发等五大类,投资的方法具体分为以下七种。

(一)内生式扩张

即自我扩张,使企业能够以自有资源进行扩张,同时又保证对整个扩张过程的完全控制。然而,这种做法对财务资源规划的要求相当高,而且实现企业目标所需的时间也比较长。靠企业自身的积累速度较慢,但可以控制节奏和风险。让企业有时间学习和建立组织能力。

(二)合资

合资企业是几个股东为了共同的利益而共同拥有、经营与控制的企业。合资企业的设立,通常是为了合作各方优势互补,己方以资产入股,价值重估增值;共同分担风险,减轻财务压力;绑定对方,促使对方一心一意地投入资源;共享专业能力,发挥协同效应。通常合资各方共同参与经营管理,重大决定都应得到每个股东的同意,从而防止某一股东对企业的单方控制。对核心业务,要提高股份比例,保持绝对控制权。对非核心业务或参股公司,保持一定的相对影响力,免得损害议价能力。

(三)并购

后文有专述,在此略去。

(四)战略联盟

战略联盟一般是为了研发、营销或分销的目的而成立的。这种合作形式不涉及权益或债务交易,战略联盟是进入新市场的一种低成本方式。

战略联盟成就行业巨头

长飞光纤光缆有限公司(以下简称长飞)创建于 1988 年 5 月,由中国电信集团公司、荷兰德拉克通信科技公司、武汉长江通信集团股份有限公司共同投资,多年雄踞国内光纤光缆行业头名。很多年前,长飞与国外光

> 棒供应商签订大批量长期供货协议（光棒拉丝成为光纤，光纤是光缆的主要原材料），对国内同行进行限制或禁止供货。长飞在享受极大的价格优惠的同时，形成对国内同行业对手的巨大威胁。国内光纤、光缆制造商迫于原材料供应不足，只得与长飞公司结成战略联盟。长飞利用光纤光棒的供应短缺时机，在销售产品给战略同盟的同时，打击少数竞争对手，不失为高明之举。

成功的战略联盟需要具备四点要素。

（1）利益：可靠的商业机会，彼此具有共同的利益，这是根本点。

（2）纽带：高层之间默契，并定期走访，执行层面之间保持顺畅的沟通。

（3）约束：目标明确，对达成期望绩效有具体的衡量标准和落实步骤，且以法律条款予以固定。

（4）外部力量：尤其是客户的支持。

然而，这种合作形式也有缺陷，缺乏对合作过程的控制，并容易造成知识产权的损失，所以，这些年国内建立战略联盟成了表面文章，并没有商业价值与实质内容。

（五）授权经营

授权经营是一种资本投资最小的战略联盟形式。被授权方向授权方预先支付款项，以取得生产并销售授权方某些产品的许可。与战略联盟相同，授权经营也是进入新市场的一种低成本方式。授权方仍保持有限的控制。

（六）特许经营

特许方将从经营方获得预先支付的款项以及之后定期的经营权费。在某些情况下，双方还会签订协议，规定特许方是否向经营方销售原材料及其他供应品。这种模式在连锁行业非常流行，由于是由经营方投入资本投资，特许经营也是一种迅速扩张业务的方法。然而，特许方一般对经营方的业务没有控制权，而且回报的增长十分有限。

（七）合同外包加工

企业可以通过提供原材料、技术给当地生产商，让当地生产商以较低的成本生产产品;在生产的同时,企业需要实施足够的监督,以保证产品质量。这种战略避免了大量资本投资。然而,这种合作方式会引起质量控制与知识产权保护的问题,而且对希望渗透当地市场的企业来说,这种合作方式通常不会是长期的战略。

后四种产业投资方法具有脆弱性和不可控性。

投资方法并无优劣之分,只要能围绕投资战略,达到投资标准,实现投资目的即可,从某种程度而言,投资方法是为投资策略服务的,也可视为投资策略的一部分。

第二节 可行性论证

第一节所讨论的内容较为原则和理论化,可行性论证是产业投资的关键部分,可行性研究报告往往是千夫所指。如何编制一份高质量、标准化的可研报告,是萦绕在产业投资者大脑中的问题。

一、情报搜集

在投资方面长袖善舞的复星集团,拥有较为完整的情报信息网络,多年前与国家发改委、国务院研究机构、行业主管部门、行业协会、政府智库等部门或研究机构建立合作关系,在各省、直辖市、计划单列市都设有情报搜集机构(内部称为办事处),强大、高覆盖率的情报网络为复星集团的产业投资及 PE 投资提供了准确、丰富的情报信息。

只顾埋头拉车,不会抬头看路。很多产业投资者只顾自身计划,未考虑竞争对手准备采取的策略、行动。在国内,一哄而上、蜂拥而入的现象屡见不鲜,这种乱象会引起竞争格局的突变。情报搜集的主要内容如下。

(1)国家的产业指导政策、中长期产业布局、现有产能分布等。在国内,由于很多产业投资项目需要报批、报备给政府,政府掌握了企业的最新投资计划及动态。

(2)国家产业竞争策略。目前,企业与企业之间的产业竞争已上升为国家层面之间产业竞争力的比拼。对外,国家会将市场通路、进入壁垒、境外投资、最惠国待遇、税收协定等企业产业投资行为纳入国家外交政策之中;对内,政府会在政府采购、准入机制、税收优惠、出口退税、财政补贴、行业标准、特别贷款及贴息、消费终端补贴等方面出台扶持政策。

CFIUS 审查

美国外资投资委员会(简称 CFIUS)现在规定 20 个战略发展领域禁止接受外国投资,包括芯片、动力电池和基因工程,不仅到国外做科研,就算是学术交流活动,都需要严格审查。中资企业如果投资这些战略领域的美国企业,必须经过 CFIUS 的审查批准,不出意外的情况下,基本都被否决。

很多年前,中国投资者在硅谷设立基金,对硅谷乃至美国的早期高科技创业公司进行投资,但由于对 CFIUS 管控领域不甚了解或心存侥幸,也没有咨询专业人士,中资入股时,创业公司没有向 CFIUS 申请,造成违规在先的既成事实。

现在遇到的问题是,中资前几年已经投资的创业公司,在 CFIUS 严厉实施后,后续资金怎么到位?由于中资背景的股东存在,美国机构投资者或基金也不愿蹚这滩浑水。这样,创业公司就只有死路一条,中方投资也打了水漂,教训惨痛。

---

(3)项目拟选地的区域政策及招商引资优惠政策。

(4)提供竞争对手的基本情况。

(5)确认竞争对手易受攻击的领域,并评估我们的战略行动对竞争对手可能产生的影响。

(6)确认竞争对手可能采取的可能威胁到我们市场地位的举措。

情报信息收集可从实地收集,实地收集来源于销售人员、工程人员、分销渠道、供应商、广告机构、竞争对手雇员、专业会议、商会、市场调查公司、咨询公司、证券分析师等;也可收集公开资料,如文章、竞争对手所在地的报纸、招聘广告、政府文件、公众公司公开披露的信息、管理层的演讲、分析家的报告、送交政府和监管部门的档案、专利记录、法庭记录等。

现在,国内公司的造假、包装水平达到了炉火纯青的境界。GE Capital 的调查显示,尽职调查失败的概率为 30% 左右,因此,聘请行业专家必不可少。有时候,专业团队耗时数月的尽职调查,也不及知道内情者的片言只语。我的朋友告诉我:某汽车公司有望在境内上市,他费了九牛二虎之力才挤进入股。但是我咨询了与该汽车公司有数年业务关系的 A 供应商,A 供应商告诉我,尽管他不知道该公司的财务状况,但是仅凭他的测算,该公司一辆车只会有 800 元左右的毛利,能否消化财务费用还是问题。朋友听后大吃一惊,虽最终保本退出,但数年的资金成本损失掉了。时至今日,该汽车公司上市依旧遥遥无期。

二、可行性分析要素

在国内,政府部门需要企业投资项目的可行性研究报告,政府需要在可研报告中看到招商引资的成果,如鼓励性产业、投资总额、产值、就业数量、税收贡献等,企业更需要这张"通行证"办理项目立项、获批土地(竞拍只是履行程序而已)、进行环境评估、公开资本市场募集资金、享受政府补贴等。由于一份可研报告需要满足政府很多监管部门的要求,所以就偏离了企业可研的性质,变成了政府可批性报告。经过长时间的探索,中国特色的可研报告形成了八股文式的结构和内容,投资回报率、回收期、社会贡献、容积率、增长率都是在设定的区间内取值。如此可研报告,对于产业投资者而言,丧失了应有的价值。

根据笔者参与的项目经验及体会,国内产业投资可行性分析报告的核心内容包含以下方面。

(一)宏观环境

(1)国际环境:国际经济状况,国际与外交关系,国际客户分布,与贸易对象进出口的便利性(是否有配额、高关税等关卡,是否有"双反"行为),国际税收协定。

(2)地方政府招商环境:政府作风(办事效率,三公情况,廉洁程度);政府权力(是监控型还是市场型,抑或中间型);政府与企业的关系(弱联系、中联系、强联系);政府财政状况(有没有能力兑现承诺,会不会对企业纳税进行强征强查);地方政府诚信度及政策一贯性;宗教民风民俗;地理位置及气候(如东北冻土期长,作业时间短);基础设施与产业配套能力;资源政策与环境保护;竞争优势(如原材料产地、市场、低成本,还是其他方面);政府补贴水平;公用事业收费标准;土地成本及供给政策。

(3)社会文化方面:人口统计,人均GDP与增长性,信息和教育,劳动力供给,失业率,主要社会矛盾,社会治安,工会力量及员工维权意识,生活方式的变化,对工作和休闲的态度,教育水平,消费习惯与消费热点,环境污染,对产品质量和服务的态度。

(4)经济环境:经济周期,GDP,家庭及居民可支配收入的状况及趋势,关税政策与行业税收政策,货币供给及利率(紧缩还是宽松),汇率及结售汇政策,通货膨胀还是通货紧缩,股票市场,反垄断及集中经营审查。

(二)行业分析

(1)市场特征:行业的发展历史,国家政策对行业发展的影响,行业周期及所处阶段,市场规模与容量,增长率(行业成长潜力),进入壁垒,产品周期,竞争角逐的地理范围,消费者的忠诚度与品牌的作用,产品定位与市场细分,购买方式,价格弹性,采购模式,原材料来源,运输成本,销售渠道的类型。

(2)吸引力:市场规模和增长、竞争对手的数量及规模,市场地位与市场垄断性,主要竞争对手占有率及增长率,行业竞争模式,行业领导者的经营模式,竞争态势是否带来足够的利润,竞争态势是强化还是弱化,行业盈利水平在驱动因素下是有利还是不利,行业未来的风险和不确定性,整个行业面临的问题的严重程度,业务匹配度度。

(3)驱动力:行业长期增长率的变化,买主及买主使用产品方式的变化,产品革新,技术革新,营销革命,大厂商的进入或退出,技术诀窍的扩散,行业的日益全球化,成本和效率变化,差异化产品,政策变化,社会关注,生活方式的变化,不确定性和商业风险降低。

运营商JIT催生供应商的供应链变革

近几年,国内光通信行业高歌猛进,中国移动、中国电信、中国联通三大运营商为降低库存,保证光通信产品能及时供应,陆续采取在全国各大区域设置仓库的办法,各大材料、设备供应商将自家产品先存入仓库,运

> 营商只是负责代管。这种代管料模式导致供应商风险激增，成本大幅上升，却不能为运营商创造新的价值。笔者认为，代管料是20世纪80年代JIT方式下的产物，将库存风险前移至供应商，在信息系统高度发达的今天，有必要学习宝洁公司的做法，利用运营商的强势地位，要求各大供应商开放库存及销售系统，与自身的供应链系统对接，实时掌握供应商的产销计划、库存状况，谋取双赢。供应商必须未雨绸缪，建立一套成熟、可兼容的供应链系统。

（4）竞争策略：投产或收购后的未来竞争策略，必须提前规划。竞争策略包括前向及后向整合的程度、产品差异化程度、规模经济可能性、学习和经验效应、生产能力利用率、必要的资源以及进入和退出的难度、行业的价值链分析、行业平均盈利水平高低。

（三）业绩分析

包括对集团整体财务的影响，行业最佳经济规模与投资规模，估值或行业平均投资成本（如每吨产出多少元），未来五年的财务预测，资本结构与融资（包括渠道、成本、金额及期限），定价分析，成本结构分析，会计政策及估计，成本与费用控制，纳税筹划，投资回报率，重大风险敏感性分析等，都需要尽职调查。

（四）技术分析

包括政府对研究的投入，政府和行业对技术的重视，技术变革速度，技术传播速度，折旧和报废速度，技术进步动力与可替代性行业的科技影响，技术来源，技术路线比较与技术选择，技术的先进性，技术生命周期与技术壁垒，研发能力，技术影响程度（影响对象包括但不限于设备、工艺、配方、原料、生产效率、产品品质、操作工、成本、客户、环保等方面），互联网技术影响等。

（五）投资及管理框架

包括布局及工程设计，工厂投资，产品设计，管理体制，筹建与运营团队的来源与组建，管理团队特点，能力与水平，薪酬福利政策，激励与约束机制，内部及社会责任（包括股东、员工、供应商、金融机构、客户、地方政府、竞争对手、社区）等。

三、定量分析方法

传统的产业投资决策定量方法主要分为静态分析法和动态分析法。静态分析法不考虑货币的时间价值,其主要指标包括投资回收期法和投资回报率法;动态分析法弥补了静态分析法的缺陷,主要有现值法和内部收益率法,因而得以广泛应用。

(一)价值衡量指标的变迁

世易时移,在倡导价值创造、绩效评价、市值管理、现金为王的年代,结合近些年的并购、重组等资本运作浪潮,产业投资项目决策的定量分析方法应与时俱进,积极吸收、借鉴金融投资界及风险投资界的优秀成果,表 5-2、表 5-3 和表 5-4 从三个阶段展示了产业投资项目价值的衡量指标。

表 5-2 传统的损益表和资产负债表方法

PP	投资回收期
EBITDA	息税折旧摊销前利润
EPS	每股收益
优缺点	对管理者而言,重要性下降,但在公司与投资者的沟通中仍被广泛使用;
	投入资本的经济成本被忽略;
	增长前景、长期业绩及可持续发展未被考虑。

表 5-3 价值创造:历史之指标

回报率	ROE	净资产回报率
	ROCE,ROIC	已动用资本回报率,投入资本回报率
价值增加额	EVA	经济增加值,即公司资本收益与资本成本之间的差额
	MVA	市场增加值,即公司股票总市值(MV)与累计资本投入(CAPITAL)之间的差额,反映了资本市场对公司未来盈利能力的预期
优缺点		广泛使用的概念,以考虑业务中资本的经济成本为导向;
		适合业绩评价;
		增长前景、长期业绩及可持续性未被考虑。

表 5-4 价值:前瞻指标

DCF^*	折现现金流
$DEVA$	折现经济增加值
IRR	内部收益率
$CFROI$	投资现金流回报率
优缺点	积极管理公司价值所需要的指标;
	明确考虑增长前景和决策带来的长期影响;
	与公司的市场价值高度相关;
	更难进行精确衡量,可以进行博弈。

注:* DCF 有三种算法,现金流可以有经营性现金流、经常性自由现金流、自由现金流三种,三者为递进关系,经营性现金流－经常性资本支出＝经常性自由现金流,经常性自由现金流－战略性资本支出＝自由现金流(有的自由现金流还需扣除股息,也就是可支配自由现金流),例如化工行业,定期要对管道、储罐等设备进行更新,是经常性资本支出。

上述衡量项目价值的指标均为内生价值的评估,经历了三个阶段,从回顾过去、反映现在,到面向未来,也更为激进。

除内生价值评估方法外,在并购中常用可比交易法,衡量公司价值的指标有市盈率(P/E)、市净率(P/B)、市销率(P/S)、市值/储量等,可比交易法简便易算,但存在固有缺陷,如估值泡沫、非经常性损益、不同的会计政策与会计估计、资本结构不同等,导致差异很大,一般将其作为辅助证明方法,以检测内生价值评估的合理性。

不同估值方法会带来不同的结果,所以,某种程度上讲,估值方法可以作为谈判的工具。江苏亨通光电股份有限公司在与日本古河电气工业株式会社就收购西安西古光通信有限公司的谈判中,考虑西安西古光通信有限公司过往经营业绩不佳,但净资产(NA)较高,因此,江苏亨通光电股份有限公司坚持以 IRR 而不是以 NA 作为估值方法,借此将收购价格控制在合理的水平。

定量分析方法应用于确定型决策、不确定型决策以及介于两者之间的风险型决策,如冒险法、保守法、折中法、后悔值法、莱普勒斯法。

(二) 预测模型的局限

定量分析方法建立在较为复杂的投资理念、策略、方法的基础上,定量分析方法的应用以大量、复杂、不确定的假设作为前提,形成一套 5—8 年期的项目预测。在 OFFICE 功能日益强大的现在,很多公司有必要建立一套产业投资项目财务预测模型,便于数据的自动生成、检验数据的一致性与逻辑的合理性。实践中,建模需注意以下问题。

(1) 预测数据建立在大量的假设基础上,不同的假设条件会导出不同的结果。相信参与过很多产业投资决策的 CFO 都有这样的体会:决策者对未来商业环境缺乏明晰而坚定的判断,或对预测所依赖的假设条件没有研习透彻,或对不利假设视而不见(持赞同意见的人一般都有此心理),导致对财务预测数据的不理解甚至不信任,需要 CFO 的耐心解释,反复修改预测假设条件,才能接受。

(2) 贴现率 R 的计算方法各不相同,大致有集团资本成本、集团资本成本+风险溢酬、集团 WACC、集团期望报酬率(分板块)四种口径,立足点不一样,使用的口径也不同,每一种方法都有优缺点,但计算出来的结果相差较大,所以,很多项目被否决都是栽在 R 上。

(3) 由于投资风险的广泛性、客观性、相对性、可变性和可预见性,影响投资的回报与成功率,所以,在量化投资并购风险时,不仅要测试风险容忍度(压力测试),而且在投资项目的决策模型中,需要做定量的弹性分析,可假设在不同的风险条件下,对投资主体及被投资项目公司财务指标带来的影响,对敏感性进行应用场景分析。此外,对参数的来源、更新要及时。

(4) 没有完美的方法,但是可选用一种适合的方法,并引入另一种方法进行验证,做到合理并大致准确。

第三节 投资决策

一、投资管理机构

产业投资的日常管理机构有三种类别。

(一) 投资决策委员会

董事会下设投资决策委员会(以下简称投委会),主要负责对公司长期发展战略和重大投资决策进行研究并提出建议,投委会对产业项目进行可行性论证,并对可行性报告以及项目有关人员进行质询。在此基础上,投委会对项目进行表决,一般需超过参加表决人数的半数同意方可获得通过。投委会成员由技术、财务、法律、管理等专家组成,部分成员从外部聘请,便于作出独立决策。产业投资方案经投委会通过后方可提交董事会审议。从实践中看,投资决策委员会的目的是适当缩小管理者投资决策的范围,以避免风险失控。由于投委会的内部成员以企业高层居多,无暇潜心研究投资项目,从某种程度上讲,投委会对产业投资只是形式上的表决权。

(二)投资管理部

设立投资管理部,作为常设职能部门。对通过筛选的项目,组织公司的财务、资金、人力资源、战略发展、法律等相关职能部门进行讨论。一旦立项,由各部门抽调人员组成项目小组,必要时可聘请外部机构及专家加入项目小组。由于项目小组成员参与产业投资的全过程调研、论证,掌握资料翔实、可靠,能自如地应对董事会的质询,大多数公司采用此模式。

(三)投资公司

20世纪80年代以来,为了谋求企业的长远发展和战略选择,许多大型企业都以独立实体或分支机构的形式建立投资机构,亨通集团就采用此种模式。投资公司的项目信息来源广,不受投资主体核心成员的干涉,思维不易被同质化,操作手法较为市场化,非常适合并购类产业投资。

上述三种模式各有利弊,视企业治理结构、管控模式、发展路径等综合因素而定。

无论投资管理机构采用何种模式,其实只是一个牌子,最为核心的是,要组建一支具有开阔的管理视野、突出的管理业绩、良好的业内资源积淀和声誉、成功的项目运作经验、丰富的投资阅历和金融专长的专业团队。尽管聘请外部咨询机构进行尽职调查必不可少,中介机构的钱不能省,但是外部咨询机构有其固有的缺陷,如希望能促成交易以收取佣金,缺乏对行业的深度了解。因此,在重大、关键问题上还需企业自己拿主意,确定方向与原则。中介机构是眼睛,脑子却是自己的,企业不能完全依赖外部咨询机构,将尽职调查完全外包给中介机构的做法是非常危险和不可取的。"门口的野蛮人"KKR素以强悍作风闻名,在研究某一产业时,KKR从业内聘请大量的高端人才,由于这些精英对所在行业非常熟悉,一旦收购完成,会立即派驻人员,对企业进行改造,提升企业价值。

二、投资决策的流程

产业投资决策一般需经过项目建议、项目初评、项目论证、项目审核、项目审批等审批基本程序。

第一步,投资管理机构负责产业投资的项目初评工作,必要时,可组织集团其他职能部门及公司所属相关单位共同参与项目建议的初评,集团所属各单位的项目初评工作可由各单位组织完成。

第二步,进入项目论证程序的投资项目,一般应建立项目工作小组。论证工作主要包括投资项目尽职调查、编制可行性研究报告、草拟项目实施方案等。

第三步,产业投资项目均由集团审核。产业投资项目通过项目论证后,由集团 CEO 或分管投资项目的副总裁主持审核会议,项目工作小组负责向审核会议成员介绍项目具体情况,并接受相关质询。

第四步,项目通过集团审核后,由集团有关部门或者所属各单位,根据项目投资审批权限,上报总经理办公会、董事会、股东(大)会等有关机构审批。

决策群中需有三类重要角色:决策者、参谋、执行者。参谋需要为决策者提供评论和观点,具备决策需要的知识,能够提供看法和建议;执行者是执行和实施决策的人,后两种人通常遭到忽视。

项目实施过程中,会遇到投资目标、关键因素、假设条件、合同履行、生效条件、风险控制等一系列难题,需要作出取舍。如果执行者没有参与最初的决策过程,就很难领会决策者的意图,就没有高度的精神、责任与领悟力去积极实施这项决策。在国内大多数企业里,项目投入前才临时搭建经营班子,决策与执行分裂的现象尤为严重,执行者往往将成功归于自己,把失败推给决策者。

三、决策方法

产业投资是一个演绎着智慧与情感、感性与理性、知识与直觉、经验与创新的舞台,产业投资决策方法并非只是学究式的讨论,也需要创意与激情,寻求思想的火花与创作的灵感。

(一)"六顶帽"思考法

IBM 公司创造的"六顶帽"思考法,非常适用于产业投资决策,值得推崇。

(1)"白帽子"代表事实和资讯,中性的事实与数据帽,处理信息的功能;

(2)"黄帽子"代表与逻辑相符合的正面观点,乐观帽,识别事物的积极因素的功能;

(3)"黑帽子"意味着警示与批判,谨慎帽,发现事物的消极因素的功能;

(4)"红帽子"代表感觉、直觉和预感,情感帽,形成观点和感觉的功能;

(5)"绿帽子"是创意的颜色,创造力之帽,创造解决问题的方法和思路的功能;

(6)"蓝帽子"是天空的颜色,指挥帽,笼罩四野,控制着事物的整个过程。

"指挥帽"指挥其他帽子,管理整个思维进程。在每个小组之内,按照如下5个步骤,快速地提出、筛选、评估创意。在每一个步骤中,大家同时"戴上"一个颜色的帽子,这意味着,此时大家用同一种思维方法,从同一个角度思考,避免"要么我对,要么你对"的争执:

陈述问题事实(白帽)→提出如何解决问题的建议(绿帽)→评估建议的优缺点;列举优点(黄帽)、列举缺点(黑帽)→对各项选择方案进行直觉判断(红帽)→总结陈述,得出方案(蓝帽)。

(二)消除偏见

实际工作中,我们往往对反驳自己假设的证据研究不够,而对肯定自己假设的证据研究过度,这是人性的弱点。我们可以通过创新决策方法来消除偏见。

(1)心理学家 Gary Klein 发明的"事前验尸"法。运用该方法时,要求人们设想自己处在未来,并假定一项交易已经失败——不是猜测它可能会失败,而是假设它已经失败。然后要求他们独自并静默地写出3—5条该交易之所以会失败的原因,这种方法对于消除过度自信的偏见也非常有用。

(2)在决策流程的关键点,撰写一份备忘录,解释 YES 与 NO 的理由。笔者毕业后的第一个工作单位是铁道部第四工程局,时任财务处处长钱文展是一位德高望重的老专家,他告诫我,重大决策一定要有书面资料,很多很有说服力的语言一旦转化为文字,就经不起推敲。

(3)制定交易分类法,并为每一种类型的交易列出一个清单。在产业投资方面积累很多案例的公司,往往通过联想类比和模式识别来评价交易。大多数人想到的多是成功交易,为避免此缺陷,可以采用多结构类比法或标准分类预测法进行纠偏。

（4）运用决策树法。在一系列相关决策中，首先从树根开始，然后到树干，再到树枝，最后到更细致的树叶，由此确保在每一个层次抓住最主要的方面，同时对上下层次的关联关系有清晰的认识，体现出"宏观决策—微观决策—行动方案"的决策思维层次。

四、投资方案评估

一语点醒梦中人，参与投资方案评估的人都有过类似的体会。投资方案评估荟萃了各类评估专家的经验、视角、专业、阅历、思维、洞察力、前瞻性，决定了投资项目的成与否。

◇ 投资活动是否符合集团发展战略？有无明晰的定位？

◇ 投资活动是否符合有关法律、经济政策法规？

◇ 项目的资源与拥有的能力是否相匹配？公司已经拥有哪些能力或者能够获得哪些能力，从而保证进军与现有价值链或产业生态系统的不同领域能获得成功？

◇ 项目未来对投资方的影响有多大？假如投资失败，是否对投资方构成灾难性的打击？投资方愿意承受的风险水平是多大？是否设置防火墙和止损限额？

◇ 如果超出了预计的合理范围（一般为中性），会做哪些调整？譬如出现了最坏的结果，会是什么态势？

◇ 作为该项目的支持者，假如让我个人投资，我愿意投吗？愿意投多少？

◇ 投资方的期望值是多少？是否踏上了"期望值跑步机"？针对创业板市盈率过高的现象，中国华润集团前总会计师魏斌认为，高市盈率代表了投资者的高期望，一旦业绩增长和资本回报达不到投资者的要求，像跑步机上的人跟不上不断加速的跑步机，这些上市公司最终会被资本市场无情地抛弃。为了维持不断上升的期望，投资项目的风险就很大。

◇ 合作伙伴的背景、诚信度、能力、合作态度、协作精神、资源及信誉如何？

◇ 是否已经发掘价值驱动及关键成功因子？

◇ 能否追随、引领行业的技术发展？

◇ 是否具备对商业环境的灵活应变能力？现实生活中的我们，常常忙于日常性具体而繁重的工作，而对本行业的发展缺乏长期、细致、深入的思考研究，不能洞察现实模式或预计未来变化对公司的巨大影响，导致应变能力不足。

◇ 项目是否具备独特的竞争优势？
◇ 有无高水平、经验丰富的创业型管理团队？
◇ 该项目的主要优势及劣势是什么？
◇ 可行性研究报告的内容是否完整？可行性研究报告中的原始资料是否全面、真实？可行性研究报告对市场预测是否客观、全面？可行性研究报告对行业增长性的分析判断是否有充分根据？可行性研究报告对投资风险及应对方法的分析是否审慎、足够？可行性研究报告的资金安排与经济评价是否周详？对项目人力资源的分析和配置是否恰当？项目预计的资产回报率是否可实现且达到内部规定标准？可行性研究报告的结论是否合理？
◇ 在投入前，是否已制定清晰的退出时机、策略方案？是否在合资合作协议中明确？是否要设定绑定关键股东及关键员工的"tag along"条件？
◇ 如果对项目成功性没有绝对的把握，是否引入其他有经验的投资者合作以分担风险或避免决策的片面和失误？

五、提高决策质量的方法

产业投资市场是一个名利场，经常充斥着谎言与欺骗、无知与偏见，考验着决策者的耐心与智慧。美国心理学家 Irving Janis 发现，群体在进行封闭式讨论时，成员倾向于让自己的观点与团体保持一致，有争议的观点、新颖的想法往往会被压制，使群体产生简单化和模式化思想，这会让决策参与者不能进行客观分析，最终作出不合理甚至荒谬的决策。这个现象被称为群体盲思（groupthink）。罗伯特·冈瑟在《决策的真理》中，从政治、心理、宗教/信仰、人性弱点等方面，提出了改进决策质量的许多方法。

结合笔者的产业投资实战经验与研究心得，有以下观念供大家分享。

◇ 不要假设竞争对手永远不会出错。无论对手多么强大，总有它的致命弱点，市场上没有打不败的对手。
◇ 产业投资失败的代价是昂贵的，但在国内一些民营企业，投资几千万元乃至过亿元的项目，也不肯出几十万元、几百万元聘请高水平的专业智囊机构。

◇ 环境与决策是相互影响的。有时公司的产业投资决策能引入一些竞争者，有时会让潜在竞争者望而却步，这会改变竞争格局。

◇ 不要迷信分析报告。

◇ 学会拿来主义，从别人的投资决策错误中学习，是不需要付学费的。

◇ 面对复杂的产业投资决策，改变决策的结构和设计，降低实验的风险和代价，如分解法。

◇ 回忆那些没有造成灾难性后果的糟糕决策，从侥幸脱险中汲取教训，摆脱失忆状态。几年前泰国发生的洪水灾害，迫使丰田公司考虑汽车同一关键零部件至少在两地生产。

◇ 拥有高智商、高学历、接受系统产业投资决策理论训练的人士，在风险与机会之间往往更偏好风险，缺乏发现产业投资机会的眼光，过分地进行理智分析，缺乏应对未来挑战的信心和定力。化险为夷、背水一战、处变不惊、绝处逢生、逆向思维、出手不凡、洞察先机的往往是最高决策者，专业人士的挫败感，原因即在此。

◇ 产业投资的策略、方法、工具、体系是重要的，但这无论如何也替代不了你的商业嗅觉和灵敏，替代不了你的创意和灵感，而创意和灵感来源于你对事业的激情。

◇ 不要陷入思维定式，必须仔细检验自己编的故事以及对应的观念。

➤ 用凹凸镜来缩小全局，用显微镜来放大细节。

◇ 懂得取舍，有的信息要忽略，没有的信息要找到，有的问题要抓住，有的问题要放掉。

◇ 长考、冥想是必要的，如同下棋找高手，做决策前必须走出去找同行、客户、供应商等朋友圈，让思想碰撞出火花。

◇ 立体式思维，顺着走可以，逆着走是不是也可以？横着走可以，竖着走是不是也可以？向上走可以，向下走是不是也可以？

◇ 建立自己的决策原则，决策原则不同于投资技巧或技术，起到驾驭、统领作用。

◇ 形成自己的决策风格，并努力弥补重大缺陷或不足。

第四节 日常内控及风险管理

在上海电气内部控制工作交流材料的基础上,融合作者的工作心得而成。

一、产业投资的内控

建立标准化、流程化的职责分离表,确保不相容职务、不相容岗位、不相容作业相互分离,如表 5-5 所示。

表 5-5 产业投资职责分离表

目录	岗位职能	投资规划审批	投资年度预算审批	投资可行性研究	投资可行性研究的评估	投资决策	合同审批	合同执行	投资项目监控	投资价值的评估	投资减值的审批	会计处理	投资后评估
产业投资规划与预算	投资规划审批	■							x	x		x	x
	投资年度预算审批		■						x	x		x	x
产业投资决策	投资可行性研究			■	x				x			x	x
	投资可行性研究的评估			x	■				x			x	x
	投资决策					■	x					x	x
产业投资执行与监控	合同审批						■	x				x	x
	合同执行	x	x		x	x	x	■	x		x	x	
	投资项目监控	x	x	x					■		x	x	
	投资价值的评估								x	■		x	
	投资减值的审批										■	x	
	账务处理	x	x	x	x	x	x	x	x	x	x	■	x
	投资后评估	x	x	x	x	x	x	x				x	■

二、产业投资的风险管理

（一）风险描述

对各类风险点的描述如表 5-6 所示。

表 5-6 风险点描述表

风险点	风险描述
合法性	违反法律法规，可能遭受经济损失和信誉损失
尽职调查	审慎性调查不全面、不科学，重大风险未发现或遗漏，可能导致投资失败或投资价值受损
论证	未经全面、严密、细致的评估和论证，可能因决策失误导致重大损失
编制	可研报告项目不齐全，依据不充分，编制不合理，预算缺乏指导性
估值	估值过高，溢价较多，损害了收购方利益
审批	未经审批或越权审批，可能因重大差错、舞弊、欺诈而导致损失
协议签订	投资协议未签订，内容不完整、关键条款未约定、保护性条款不足，协议未经审批或越权审批，可能引发纠纷、法律诉讼
注资	投资活动获得批准后，没有严格按照可行性研究报告中确定的注资计划出资
协议执行	协议履行不当，监控不力等，可能使企业遭受经济损失和信誉损失
腐败	投资过程中以权谋私，项目收购、重要原材料、机器设备的采购，其价格明显高于市场合理价格
授权	被投资单位超越业务范围或审批权限从事相关交易或事项，可能给企业造成投资失败、法律诉讼和资产损失
投后管理	执行缺乏有效的管理，可能因不能保障投资安全和投资收益而导致损失
存档	投资或收购后，投资主体没有及时催收有关出资法律文件或未存档，如股票、出资证明书、验资报告等
再评估	在出资过程中，遇到可行性研究的环境与条件出现重大差异时，没有立即停止出资并重新评估
核算	投资核算和相关会计信息不合法、不真实、不完整，可能导致企业财务报告失真
减值	投资及商誉的减值准备计提依据不充分，存在多提、少提情形
处置	投资项目处置的决策与执行不当，可能导致价值受损

（二）风险控制措施

以下介绍企业日常较容易忽视的风控部分。

1. 充分沟通和集体评审

（1）按集团授权权限，产业板块的年度资本性支出预算经相关部门集体评审后，报集团备案或由集团审批，以确保投资方向符合集团战略，投资额度没有超出集团投资计划，资金来源有切实保障。对于尚不确定的投资项目，也纳入年度预算范畴，独立于确定的投资项目。

（2）归口管理部门对预算计划的执行结果、差异进行分析，以便及时发现并跟进异常情况。实际与原批准的投资预算差异率在10%以内的，由产业板块调整并报集团备案；差异率在10%以上的，重新履行审批程序。不得先斩后奏，不得倒逼超预算投资。

2. 可行性分析和评估

（1）集团制定统一的投资管理机制，明确规范投资对象、规模、目标、方式、审批程序、投资处置和执行监控等，以确保投资业务全过程得到有效控制。

（2）投资项目立项时，按投资权限规定执行。对于需要集团审批的项目，产业板块对项目进行初审，集团相关部门对投资方案的可行性和风险进行集体评审。

① 投资管理机构分析和评估投资对象、目标、规模和方式等，满足集团战略发展方向；对于合资或收购项目，调查和分析被投资方的资信情况、财政实力、投资意图、合作条件、被投资方企业管理层或实际控制人的人品及能力，标的公司经营状况和被投资项目的未来效益。

② 法务部门检查立项提议者、决策团队中投赞成票的个人所入股的数额、所占股比及资金来源的合法性。

③ 财务部门检查投资方案是否具有合理的资源投放结构安排，资金来源是否充分，以确保不影响集团正常生产经营的资金需求。

④ 法务部门检查合规性。

⑤ 证券办从上市合规程序的角度给出评审意见。

⑥ 产业板块检查是否具有相应的项目监管能力，确保投资主要风险可控，具备相应的防范措施。

⑦ 对重大投资项目，必须委托具有相应资质的专业机构或独立专家库对可行性研究报告进行第三方独立评估，以确保获得外部专业力量的独立评价。

⑧ 在必要情况下，投资主体应与内幕知情人签订保密协议，避免机密商业

信息泄漏可能带来的损失。

3. 合同评审

（1）所有合同签订前需按照集团制度履行合同评审流程，以确保合同条款完整、双方权利和义务界定清晰、文字表述准确、风险被有效规避等。完整的合同条款主要由背景性条款；实体性条款[即固定共识（包括价格条款、交易条款、交易结构、审批与授权交易条件），特别权利（如投领售权、反稀释条款、优先清算权等），不竞争条款、董监高席位、承诺与保证]；程序性条款；保障性条款（主要目的是防范风险，包括保密条款、违约责任条件、免责条款、法律适用和争议解决条款、生效条款、管辖地条款）四部分构成。

（2）所有投资业务均需签订合同，合同以双方被授权人签字和投资主体合同章盖章成立，经有权部门批准后生效。

① 法务部门对合同条款进行评审，确保双方责任明确，己方利益受到保护，风险得到规避；

② 合同签订人员必须获得投资主体法人代表出具的书面授权书，授权书中应当明确授权范围和金额上限；

③ 合同内容必须根据集团的授权审批体系进行评审，投资管理机构审核市场风险、商务条款等合同内容是否符合投资项目的要求；

④ 合同章必须由指定部门保管，盖章前必须确认被授权人签字的有效性和合同条款评审结果的合规性后方可盖章；

⑤ 执行过程中对合同条款的任何修改要以补充合同的形式由双方确认，以确保变更有效。

4. 持续跟踪和监控

（1）归口管理部门应当监控投资项目的实施/整合状况，包括进度、资金状况、风险等，形成项目监控报告，以确保及时掌握异常情况并采取积极应对措施，保障投资安全。

（2）投资项目由投资管理机构按职责分工进行监控。

① 监控人员定期评估投资项目面临的风险，确保所有风险都被持续监控和跟进。风险分析主要包括对项目可行性研究时的前提条件的风险分析和对项目面临新风险的分析。

② 监控人员每月分析投资项目的进展情况，包括项目进度、项目节点（如意

向书、合资合作框架、价格确定、合同签署、工商注册或变更、委派股权代表等)完成情况、投入资金使用状况,以推进投资项目的执行。

③ 召开协调会议,及时、积极地协调项目执行过程中出现的各类矛盾。

5. 投后管理

(1) 投资主体须对被投资单位的经营业务进行监控,确保其运营合法、合规,且其运营符合公司整体利益。

① 根据投资协议及备忘录,对被投资单位派出董监高和财务负责人、派驻人员定期汇报并述职,投资主体对派驻人员进行业绩考评与轮岗制;

② 对资本结构非独立的公司,建立业务授权审批制度,明确各项业务的审批权限,符合规定的业务在投资主体获得恰当的授权后才能进行。

(2) 资本机构非独立的公司及具备条件的资本结构独立公司,资金须纳入产业板块的资金池管理,接受产业板块的统一管理。

(3) 建立所有被投资单位的风险预警体系。投资主体定期/不定期地对被投资单位进行风险评估。

6. 价值评估

(1) 集团制定投资价值评估的机制,规定价值评估的方法和流程、评估标准及信息来源,以确保价值评估有统一的基础。

(2) 集团财务部门和投资管理机构每季度按照集团规定评估投资项目的可收回金额,必要时借鉴外部中介,以确保对符合减值标准的长期股权投资、商誉,合理计提减值准备。

7. 后评估

(1) 集团制定后评估管理办法,明确后评估的组织架构、职责分工,并将后评估作为投资奖励和责任追究的依据。

(2) 集团或产业板块的内审部门组织相关部门形成评估小组,对投资项目的实施效果进行后评估,复盘当时的财务尽职调查质量、估值高低、利润保证来源、交易条款设置(风险是否充分预计,有无重大遗漏,是否设定保障措施等)、业务整合计划、接管班子能力、财务预测可靠性。一方面,确保项目实施符合预期;另一方面,总结经验教训,进一步提高项目的决策水平和管理水平。

① 评估人员对可行性研究报告进行评估。检查是否存在故意隐瞒、提供虚假事实、编造虚假数字、未经核实的重大假设,有无故意隐瞒实际投资额,前低后

高,造成实施中投资额大幅突破预算的情况。

② 评估人员对项目决策水平进行评估。检查项目立项的合理性,包括评估经济环境、市场需求等因素的变动对项目实施以及未来的运营带来的后续影响。

③ 评估人员对项目实施和管理水平进行评估。检查项目管理的完善性,评估投资总成本、实施进度、投资内容是否与可行性报告存在较大或重大差异。

④ 评估人员对项目的经济运营能力进行评估。检查项目的运营能力,评估项目的生产能力和盈利能力是否符合预期情况等。

⑤ 评估人员对管理团队的素质、能力、经验及经营业绩进行评估,评估胜任能力是否符合要求。

第五节　并购视点

并购可加速企业的发展,但并购风险高,整合难度较大,成功几率低。只有当收购方改进运营产生的价值大于其支付的溢价时,并购才能创造价值。目前,国内企业已开始尝试更多地使用并购方法。并购是一项高风险业务,以并购起家的新疆德隆集团、中国华源集团当初名噪一时,如今已花落人亡两不知。

业界通过国内外丰富的并购案例,已逐步形成了一套较为完善的体系,但是规定动作不可少,自选动作也必须有,这正是并购令人望而生畏之处。

并购涉及的业务面非常广,是考验智力与体力的游戏。笔者从财务视角,总结了并购应关注的要点。

1. 规范性

常见的有经营不规范,类债务清查不干净,骗取政府补贴或出口退税,社保不交足,隐匿享受招商优惠政策作出的承诺等情形。

2. 关联方交易影响

关联方为标的公司提供了特有的资源,包括销售、采购、专利商标许可使用、资金或融资安排、担保和抵押、共享设施和服务、租赁、关键管理人员的薪酬。如果没看清楚、没想明白,进来之后想解决,就不会那么容易了。

3. 会计政策和会计估计

标的公司与收购方的会计政策与估计不统一,会计处理背离准则,有业绩包装嫌疑,可能都会存在因会计政策与估计不同而导致经营结果相差很大。

4. 资本及资金

资本结构不合理(一般要求优于或等同于收购方,否则会被调低估值),营运现金流缺口大,忽视经常性自由现金流测算的可靠性,增加很多额外投入,忽视未来资本性投入。市盈率也是如此,标的资产的市盈率不得高于我方,并有较好的增值空间。

5. 营运资本需求

收购方一般以自由现金流模式估值,营运资金水平代表了企业正常运转下的流动性,决定了估值模型的合理性。

标的公司在出售前,大都经过精心包装,报表就是面纱。所以,首先要调整会计口径的营运资金,看真实水平。

并购经常会犯的错是,对后续投入评估不准,导致一头栽进去后,发现需要额外投入很多钱才能运作起来。所以,并购要创新,营运资金可进行对赌:买卖双方预先约定,需达成业绩营运资金目标值,如果实际与目标值有差异的,对交易价格作调整。

通过对营运资金的测算与分析,就可以发现存在的问题和交易风险,同时考虑是否有改善的潜力。

6. 类债务

债务有付息债务和类债务,通常,类债务没有像付息债务那样受到重视。类债务指并购交易前的事项形成的债务,需要在交易后偿还,但该债务的偿还并不能在交易后给企业带来经济利益;这些项目可能在账内,也可能在账外;名义上不是借款,但实际上是对标的公司的资本占用。

类债务有很多,如股东往来款、拖欠或少缴的员工社保欠缴税款、非正常长期拖欠供应商的货款、累计未使用的带薪休假、对员工承诺的期权或奖励、应付融资租赁款、纠纷及未决诉讼或索赔等。

7. 盈利质量

非经常性损益多,关联交易输送利益,税率优惠政策到期,并购人为压低成本费用都会影响盈利质量。正常化调整主要是考虑现有的成本费用结构,但是通常在并购交易后,成本费用项目及结构会发生改变,需要将历史数据调整,使之与未来可比,譬如新东家安抚原管理层进行加薪,重组支出,关联交易重新定价,贸易从代理转向自营模式导致营收大规模减少,非经常性与经常性损益之间的转换。

当然,有的还需要根据个例具体分析,譬如收购巴西当地公司的最大风险在于高税负和苛刻的劳动法,否则,其税收和劳工问题可以轻易地让一个有利可图的项目亏钱。

8. 估值

估值方法不合理,负债未纳入整体估值,估值过高,预测模型脱离实际,缺乏预测营运现金流的依据,缺乏估值调整机制或附有带条件的或有支付的。

9. 商务条款

交易架构设计未充分考虑融资、税收、外汇流动等因素,回购及认沽条款不合理,缺乏救济、责任、风险分配的条款或过于笼统。

10. 外部变化

缺乏对外部环境不利变化的预见,譬如没有预计国内经济下行或中美贸易战的不利影响,价值驱动关键因素减弱。

11. 运行机制

股东及董事权力设计,高管委派及决策、监督机制,方案认同及执行,核心人员利益捆绑。

12. 文化

不同行业的文化是不同的,导致并购后发生激烈冲突。譬如,智商高、勇于突破和挑战、自我驱动能力强的员工较适合高科技行业,需要创造力的公司,这类公司企业文化外松内紧,谷歌公司允许员工带宠物上班只是表象,但在执行力方面公司无法容忍散漫的作风。需要执行力的公司,譬如材料加工公司、连锁公司,则对服从上级、严守纪律、外在压力驱动(如物质鼓励、惩罚)的员工较为适合,公司清规戒律多,企业文化重形式,由外而内,但创造力公司不屑于宣誓、做操等例行活动。

不同的文化,很难兼容与并存,就像一个人不太可能既有农夫般机械的劳作,又要有诗人般自由的思想。

13. 整合能力

没有系统完整的整合计划、没有抓住收购后"100天"的黄金整合时机,缺乏整合能力是国内企业整合普遍面临的三大问题。

整合的作用在于两个：实现目标公司增值，发挥收购方与目标公司之前的协同效应。在收购签约时，就应制定企业文化的整合方案（统一并购双方企业文化、平和处理企业文化整合中的冲突），企业人力资源的整合方案（留住重要的人力资源、明晰并购后企业的人力职能分工、妥善考虑因整合离开的职工福利），以及公司业务的整合方案。

以下案例可以让读者从新的视角分析利弊得失。

天虹纺织收购美国及墨西哥纺织品业务评析

天虹纺织集团（HK2678）创立于1997年，是全球最大的包芯棉纺织品供应商之一，专门致力于高附加值时尚棉纺织品的制造与销售，目前已成为中国棉纺织行业竞争力前10强企业，位列中国500强，为减少对国内业务的依赖，2018年3月，虹纺织收购了美国及墨西哥的一部分纺织品业务。

➤ **交易方式**

（1）偿还欠原股东或其联系人之所有债务；

（2）原股东转让47.5%股份，新天虹纺织增发17.5%股份，合计65%股份；

（3）原股东可出售8.75%股份，套现148.75万美元，估值为1 700万美元；

（4）第3—5年内，估值按后三年平均PE6.5倍持股比例（天虹PE8.26）。

亮点：

✓ 35%股份捆绑，3—5年内，认沽估值按后三年平均PE6.5倍持股比例；

✓ 方案简单，易于操作。

➤ **交易价格**

实际估值：11 919+1 764÷0.65＝14 632.8万元人民币，折合2 184万美元，按2017年净利润220万美元计算，PE为9.93倍。

交易价格：11 919×65%＋1 764（合并商誉）＝9 511万元。

本次收购通过"原股东新设主体→原股东将资产装入新设主体→天虹纺织入股"三步走的方式，收购后的股权关系如图5-2所示。

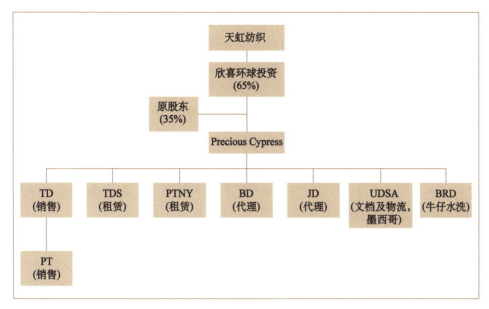

图 5-2 收购后的天虹纺织集团股权关系图

> **不足之处**

(1) 营业额只有 1.3 亿美元的公司,为了单一目地设置这么多公司,过于精明;

(2) 财务尽调不充分,具体表现如下。

① 2016—2017 年报表未经审计,说明不规范;

② 收购前后的表现相差较大,业绩变脸(见表 5-7)。

表 5-7 收购前后业绩对比

所属年度	2016 年 (未经审计)	2017 年 (未经审计)	2018 下半年 (收购后)
营收		1.3 亿美元	44 327.4 万元人民币
税前溢利	381.4 万美元	318.9 万美元	
净利润	263.2 万美元	220 万美元	-33.4 万元人民币

(3) 估值过高。卖家是轻资产公司,物业厂房及设备只有 900 万人民币不到,客户关系已经估值 5 500 万(分 15 年摊销),客户关系估值应围绕"**经营模式**(如果做代理,客户就没什么价值);**客户质量**(客户的行业地位、财务实力及声誉);**议价能力、转换成本**(客户是否容易替换公司);**风险转嫁能力**(如汇率波动、材料涨价、关税调整等);**客情关系**"五个方面,还有商誉 1 764 万元人民币,收购

时 PE 为 9.93 倍,认沽时 PE 按 6.5 倍,远高于天虹 8.26 倍 PE;

（4）除收购前估值过高外,原股东"三光"政策(吃光:出售前将 EBIT 做到最高;用光:股息分配完;拿光:股东及关联方抽走贷款)也严重损害了目标集团的资产价值。

> **可完善之处**

（1）天虹纺织须基于 DCF 模型测算内在价值,若内在价值＞估值,且具有协同效应,则交易成本可控。

（2）原股东需对美国牛仔水洗公司的资本性支出承诺,如设备更改、环保投入,这些不能为目标集团带来增值的投入,只是维持性支出。

（3）对净营运资本,需要原股东提供预测及承诺,避免天虹填窟窿。

（4）对目标集团资本结构进行约束,不允许"三光"政策。

（5）规定收购完成后的风险与责任确由双方按出资比例承担,如目标集团后续需投入,由股东按股权比例贷款或提供担保。

（6）结合美国法律要求,预留原股东责任的担保金放在托管账户,代价是 10%—15% 的担保金。

（7）如果原股东夸大目标集团价值,虚构未来的盈利预期,要求原股东陈述与保证(比如有很大的知情权或者重大限制),加入索赔条款。

（8）规定诈欺例外原则,如果原股东有故意欺诈行为,交易中对于原股东索赔的上限就不适用。

（9）商务谈判对于交易的救济、责任、风险分配条款要重视,避免发生问题之后扯皮,譬如亏损期公司贷款的违约按股东出资比例承担。

（10）设置生效前置条件,将我方核心利益诉求捆绑,对付款设置限制条件,保持主动权。

（11）约定清算或散伙的财产分配方法。对于轻资产公司,因为客户已经迁移,按照"怎么来就怎么去"的原则处理。

【附录1】

高科技行业的投资策略

内生增长动力不足,需要依靠全球市场外延式发展,经济后劲乏力,传统行业产能过剩,低端产业顺应国际产业转移潮流,向东南亚、墨西哥等发展中国家转移。由于房地产价格过高、人口老龄化、社保基金入不敷出推动的生产/服务成本较高,价格优势逐步丧失,出现前有拦路虎,后有追兵的尴尬境地。

中国工业化起步太晚,电气化落后,数字化在紧跟,智能化有望领先。

虽然美国极力扼杀、封锁中国的知识产权及科技人才的流动,但是中国不会屈于压力而失去未来,仍将坚定地走自己的技术创新、产品升级之路,资本市场开设科创板就是为科技型企业发展铺路。

科技犹如万花筒,新行业层出不穷,新技术日新月异,新产品目不暇接,很多低端、传统行业因竞争压力巨大需要依靠转型升级。当前,国内的科技界犹如娱乐界,芯片、氢能源、基因治疗等凡是国际上流行的技术,在中国似乎都有人称也做出来了,做1分吹5分、做2分吹8分的人很多,还有一些披着科技外衣者到处讲概念、编神话,这种现象在高科技行业不比P2P少。

在国际产业转移、中国迫切需要转型升级的大背景下,投资高科技行业必须面对投资评判与决策难题,有没有可以借鉴的经验与标准呢?

技术风险有哪些?

(1)错误的技术路线。不同的技术路线带来的产出效率、生产成本、产品特性均不相同,走错了,就是方向性错误;走对了,就是低成本、高产出。以光棒为例,雄居国内光纤光缆第一的武汉长飞最早使用PCVD+套管,法尔胜采用MCVD+OVD,富通采用VAD+OVD,亨通光电采用VAD+RIC(俗称"套管法"),后又进化到CCVD(摈弃套管),被证明是最适合商业化的技术路线。

(2)产品性能不稳定。

(3)规模化待验。很多产品在实验室可以做出正品,一旦产能放大,转化率低,毛病就出来了。

(4)缺乏经济性。设备及基建投入、自动化程度、智能化水平、环保投入这些都是硬投入,是固定成本,低投入、高产、高效才是企业竞争力的保障。

(5)工艺不成熟,配方未达到最优。

(6)材料成本过高,边际利润较少。在绝大多数制造行业,可变成本——材料是决定产品毛利率的关键因素。在光纤主要依靠进口的年代,每公里价格高达1 500元左右,后来中国企业通过引进、消化、吸收,大量技术改造,售价仅为50元—60元。

(7) 知识产权存争议或纠纷。

十个关键成功要素

只要假设既定,财务结果会自然而至,集团要关注支撑、影响财务业绩的背后深层次因素。

1. 技术壁垒

一些技术就是昙花一现,根本形成不了壁垒;有的技术有突破,但是没有达到颠覆性,替代性也不强,万里长征只走了第一步。技术能成为公司的护城河,必须纵向深度厚,横向跨度宽,最终靠市场来检验。

2. 投资强度

在生物制药、新材料、芯片、微电子等很多领域,投资强度非常大,砸钱非常多,意味着风险非常高。

3. 产能

产能是关键指标,很多公司并购之后在这方面吃了大亏,这也是笔者将这一因素列为第三位的原因,产能有以下混合指标。

(1) 产能达标率。产能有设计产能、实际产能之分,设计产能就是可研报告的数字,达标率90%就很不错了,这个指标可以看出公司的工业化与开发之间的鸿沟究竟有多大。

(2) 投资额/产能,评级投资是否经济、节约。中国华源集团墨西哥公司将一些费用通过很多途径进行资本化,导致账面固定资产金额畸高,华润集团重组委下的纺织组问:"万锭设备投资额约2 000万元人民币,为什么花了这么多钱?"让中国华源当事人哑口无言,心生佩服。

(3) 整体产能取决于每道工序设备,生产线各工序能力不可能全部均衡相等。根据木桶理论,生产线能力只能由最小工序能力(瓶颈工序)确定,所以,尽职调查时一定要算到每道工序,并进行验证,不要听对方瞎吹。有的产能瓶颈背后有重大的技术难题,甚至无法逾越。三年、五年都不一定能够解决,有的可能就是无解。

(4) 产能转化为产量,需要技术改造、设备升级、维护保养、备品备件保障、生产流程优化、材料品质……何其难也。如果产量不能达到行业标准水平,纵使产品如何高精尖,也不要碰,因为高投入下的盈亏平衡点太高,必输无疑。

4. 盈亏平衡点

盈亏平衡点越高,意味着风险越大,回报率越低,如无人驾驶、碳纤维、智能机器人等领域。

5. 周期

从研发—试验品—样品—产品—商品,经历投入期—保本期—收获期—回收期,完成科学价值—技术价值—市场价值的三级跳。越在早期,回收期越长,价值转化越慢,会因不可控而导致风险不可测。

6. 时机

投资要顺势而为,客户可以培育、引导,但市场需聚集起人气,才会有生意。按照"市场—生意—客户"由面到点地思考:市场起来了吗?生意能做吗?客户有了吗?市场是需要时间养的,入早了,先驱容易成为先烈。

7. 市场规模及许可准入障碍

市场规模大,才能有大作为,潜在价值也就大。有的产品乍听市场很大,但是一旦细分再细分,其实空间非常有限。一些创业者信口雌黄,故意夸大市场规模,骗集团入瓮。最简单的鉴别方法就是拿同行的指标比:产能和市场占有率。

8. 产业结构

韦尔奇对投资对象的要求是行业增长是GDP增长的2倍,靠行业红利,躺着也赚钱,傻瓜也赚钱。那么,谁在控制产业链?公司在产业链中是不是处于高价值端?产业链协作性如何?

9. 竞争格局

列出自己所处的竞争梯队及竞争对手。现在很多行业集中度非常高,一旦进入这个领域,发现在这里玩的就几家。巨头可以有很多手段扼杀新技术,有100种手法让创业企业举步维艰。虎口夺食难,绕道避开正面交锋、偷袭是不得已的策略,此外,"卖身"给巨头也是不错的选择。

10. 软实力

整个市场发展生命周期分为技术应用生命周期和产品生命周期,在技术应用生命周期,难以通过变现得到回报。进入产品生命周期之后,则需要依靠管理创新、应用场景创新、营销创新和商业模式创新。

"一流的技术、二流的产品、三流的营销、四流的管理"是国内许多技术型公司的标签,光有好技术、不错的产品是远远不够的,这类公司基本不会成功,主要输在营销和管理,软实力不济。

如何评估软实力呢?可以从以下6个方面进行。

- 商誉:创新能力、品牌、管理队伍、公司治理、股东资源;
- 财务:资信等级、偿债能力、内控水平以及股东的财务支持;
- 顾客:客户质量、品牌认知度、顾客满意度与忠诚度;
- 人力资源:行业领头人物、人才储备、人才制度;
- 科技实力:核心专利、技术储备、产业化潜在价值、实验室装备、领头人影响力、队伍水平(行业内比);
- 管理水平:管理制度、流程、执行能力。

在上述10个关键因素中,根据集团的投资标准确定哪些是必要因素,无它不可;哪些是充分因素,有它就行。眼界极高的复星集团,将市场规模、盈亏平衡点、技术壁垒、市场地位视为估值的核心指标。

选跑道

如同股票投资一样,投资高科技企业的核心因子是概率、赔率和预期差。科技型公司要评估涉足的行业和自身基因、资源禀赋等特定因素,比赛之前,要看清跑道,跑道选对了,输的概率就比较低。投资之前,要看竞争强度,选择适合自己的跑道。

短期低强度型:技术门槛不高,但容易被同行模仿、超越;

长期低强度型:持久战,需要耐心,靠积累;

短期高强度型:爆破式,立即改变行业或人类生活方式;

长期高强度型:这是一场严重的、旷日持久的、胜负难料的战争。全球基础油市场只有四大添加剂公司,且都在美国,类似这样的市场,非巨头莫入。

高科技企业的类型及出路

对股东而言,市场价值是第一位的,他们大多并不关心科学价值、技术价值。因此,如何让高科技的技术、产品体现出市场价值,并能发挥出最大的市场价值,是一大挑战。

1. 技术研发型企业

当前,设备智能化、AI、大数据、芯片、云计算、DNA检测、生物科技、无人机、新能源、自动驾驶、VR、区块链、移动互联等技术日新月异,令人目不暇接。这类研发型企业,不鸣则已,一鸣惊人,但风险最大。这类企业按收益获得方式分为三类:低级为转让技术,一次性收益;中级为收技术使用费,所有权归自己,年年割韭菜;高级的是卖标准,比如高通。

2. 技术应用型企业

将技术应用到场景,催生新兴产业。当前,国内新兴产业如雨后春笋,如智能化交通的滴滴出行、AI场景应用的商汤科技、云计算的七牛云、步态识别的水滴科技、无创DNA产前检测的贝瑞和康等。这类年轻企业承上启下,对接技术与市场,完成"试验品—产品—商品"的产业化、市场化,将技术嫁接于他人平台。客户资源是别人的,产品是别人的,在别人的菜地施肥,菜价高低与自己无关。对于不善开发市场、客户的公司,是不错的选择。

3. 自创产品型

这是难度最大的,将技术转化为独立开发的产品,从十月怀胎、婴儿出生、喂养、看护、治病、教育等,这是对全方位能力的考验,大多数科技型公司往往止步于这一关卡。

条条大路通罗马,知长短,懂进退,方能选择一条最合适自己的出路。

十一个风控点

投资高科技企业,收益与风险并不一定是高度正相关的。高科技产品的商业化之路道阻且长,研发成果市场化,要经历"研发—原型样品—应用开发(针对不同的应用场景)—与客户进行技术交流与测试—说服客户试用—小样—小批量—大批量"的漫长过程,考验研究能力—开发能力—商业化能力(推向市场、推向客户)—规模化能力(供应链保障,批量生产,标准化的产品、工艺与流程,成本控制),其背后是对技术装备、工艺配方、市场推广、营销、制造、采购、财务资源等一系列强资源的支撑。集团还需冷静,控制风险是第一要务。

1. 性能

技术的先进性—商业的实用性—应用场景的针对性—购买及使用的经济性,每一关都非常难打通。

2. 产品的局限性

单点突破，产品的某一功能、性能确有独到之处，但是客户还是不会买单的。笔者朋友公司是做网络安全的，产品非常好，但是做着做着，会不由自主地被客户引到更大的战场：现在是互联网时代，做局域网还不够；单有网监不行，还要有防火墙、杀毒软件，产品必须从点晋升到面，再到发展体系才有获客；公司须具备方案解决的复合能力。公司被客户引向大海深处，股东评估风险后，不得已转行进入相关领域。

3. 收费模式

以软件产业为例，软件分三类：第一类是嵌入式软件，通过将软件和硬件捆绑，靠卖硬件来实现价值，这是国内通行模式；第二类是通过"License＋软件年费"或"订阅"方式，靠卖服务实现价值，这点国外通行模式；第三类是时下流行的SaaS后向收费模式，这是国内国外共行模式。由于此前一直靠捆绑销售模式，软件收入较少，导致中国软件在难度极高的操作系统开发上无力投入，更无法形成生态。

OS开发有多难

目前，手机仅有苹果、安卓两大主流操作系统，要想开发出成功而被广泛使用的操作系统，难于上青天。

难处一，自己不能出错，但要允许用户出错，允许第三方程序出错，能回滚。运行中，即使是专业的用户都要出错，小白用户更是一塌糊涂。

难处二，用户体验。人机交互界面是否人性化，任何一点小问题就像是饭里掺了沙子，可以吃但是不如倒掉。

难处三，OS的难处在于系统整合，要支持所有的硬件，包括很老的硬件、很老的软件。

难处四，化解程序间的冲突。机器越用越慢，这是因为有很多后台程序该退出的没退，或是调用了某个库没退，或是窗口互让冻住了，也不知道该不该重启，这种情况下需要OS出来协调，OS没处理好不是OS的问题，多线程和线程中断机制都是成熟算法，基于操作系统上别人搭载的程序如果没有回收内存会造成这种局面，但OS再好也要有硬件内存支持。

4. 在手订单

实验品—试验品—小样—小批量—大批量是一个漫长的过程。客户的技术部门是门卫,负责发通行证;客户的使用部门是体验师,提出功能需求;采购部门才是最终客户,决定是否购买你的产品。从准入到应用场景开发到订单,有很长的路要走。

5. 低成本

研究出"价格—成本—投资之间"的线性关系,高科技就是低成本,溢价水平高,相对于售价的低成本就是竞争优势,就是防守的护城河。

6. 商业秘密的保护

技术就是一层窗户纸,一捅就破。所有的高科技企业都面临着技术扩散、技术泄密的风险,商业间谍如影随形,也追随高科技"与时俱进"。高科技公司必须建立防火墙,阻断技术的外泄。

(1) 职责或职务的分离,可以学铁路警察,各管一段;

(2) 重要技术资料加密,使用、携带、传输、复制均受到最大的限制;

(3) 为员工设立"身份生命周期",一旦到一定年限,就必须调离;

(4) 建立严格的商业机密管理制度。

7. 业内可信度

销量、订单可以找朋友配合作假,因此,集团可以索要权威机构的检测报告作为信用背书,并关注市场应用效果反馈以及积累的成功案例。

8. 潜在风险

将实际表现与描绘的愿景、关键成功因素综合对比分析:哪些是先天缺陷无法改变的?哪些困难是能克服的?哪些障碍是不可逾越的?

9. 优势劣势

根据销售与市场地位、技术地位、经济结构、历史成本及业绩记录,评估其优势和劣势。

10. 团队素质

领头人的价值观、能力及性格,团队核心能力,团队互补能力,团队稳定性及潜质,并拉长至5—8年看(能力能否跟上企业发展要求)。

11. 释放业绩周期长

半导体、基础材料等行业需要巨额投资且并不能在短期内体现业绩,要扛得起。

对集团而言,若技术难以辨识,那么,时间是最好的朋友,只有等验证之后才能考虑投资,让不确定性转化为"可行"或"不行"。外行看过程,目前居于哪一个阶段、处于哪一类水平,风险自然会大大降低。

研发心得

做高科技产品,犹如烹小鲜,欲速则不达,许多企业失败就是差在临门一脚。对投入大量资源在研发的高科技公司而言,最大的难题是如何控制研发风险,以下为笔者的工作体会。

(1) 开展逆向工程研究是一条捷径。所谓逆向工程,指对目标产品进行逆向分析及研究,从而演绎并得出该产品的处理流程及功能性规格等设计要素,以制作功能相似但又不完全一样的产品。但是站在行业顶端的公司通常有反制措施,逆向工程研究也需要雄厚的技术、人才、产业积累。王传福说过一句很经典的话:"一种新产品的开发,实际上60%来自公开文献、30%来自现成样品,另外5%来自原材料等因素,自身的研究实际上只有5%左右。"

(2) 中试之后,先小规模量产,必须进行大量的技术改造与升级,积累经验,克服装备、工艺、技术、原材料等诸多缺陷与瓶颈。

(3) 研发项目究竟是终止、加速、还是保持,如何进行资源保障,如何选定优先,需要定期迅速地作出决策,并及时调整,不能过分纠结,不能设想太完美。

(4) 必须在原材料、过程、半成品、产成品进行全过程严密检测,仅依靠终检,不仅发现不了质量问题的源头,可追溯难,而且质量成本高,损失大。

(5) 正确处理合格率、稳定性、产量、生产成本四个核心指标的关系,优先顺序为稳定性、合格率、产量。合格率高了,产量自然提高。至于财务上的生产成本,一旦前面三个指标好了,单耗自然会大幅度下降,学习曲线的效果会立竿见影,规模化生产不能操之过急。

(6) 减少品种规格的复杂性,先从单一规格开始,逐步向多规格、高难度过渡。

(7) 按照"开发—成熟—启用—再开发"的稳健思路,减少设备调试的时间与频率,追求设备运行的稳定性。高科技行业设备大都是自行开发的,往往产品问题掩盖了设备带病运行问题。

（8）创新研发管理的新模式。诺曼底登陆战为管理界带来了全新的项目管理模式，完全值得高科技企业学习。很多企业的研发中心在管理上松松垮垮，激励上不痛不痒，考核上无关紧要，方向上不明不白，不论贡献论资历、论职级，落后的体系、机制与高科技地位极不相称。

政府有所为有所不为

政府是很难培育出高新产业的，从《日本政府投资高科技行业失败的原因》中不难看出高科技行业具有一些共性。

日本政府投资高科技行业失败的原因

第一，高技术领域的一个特点是产品技术含量高而产量小，如精密仪器仪表等。政府投资却倾向于能够批量和大量生产的产品上，天然地与市场背道而驰。

第二，高科技领域的又一个特点是产品的多样性。如化工行业，每年推向市场的产品高达四、五百种。政府支持的项目，常常还在研究中就被市场淘汰。

第三，高科技领域的另一个特点是发展具有突变性。靠政府计划或投入永远做不到，甚至想不到。如软件产业的异军突起和"车库企业"的突然勃兴。

第四，有些产业（如化工产业）从原料到产品，靠一根"管道"实现，可以引进成套设备，但想在技术上消化、吸收、改进则行不通，因为牵一发而动全身，根本无从下手或不敢下手，局部改良在化工产业失灵。日本人曾感叹：化学工业是适合欧洲的产业。

第五，政府支持产业的一个必然后果是业界过度竞争或产能过剩。美国、欧洲的企业因为不靠政府支持，努力方向始终朝向产品的独特性或专业性，避免了同行互相倾轧等不良竞争。

第六，越前沿的技术越具有个人主义特色。在日本，从事研究工作的人被业内戏称为"不务正业的浪荡公子"，这类人与政府那一套注定相克。政府组织再多的人投入再多的钱，都是白搭。

第七，高科技产业依赖于人才的高流动性，即全社会的优秀人才自由流向新兴产业或有希望的产业。政府考虑问题的出发点是"稳定"，甚至以振兴为名一再投资停滞产业，影响人才的合理流动。

第八，一项新产品开发或一个新产业的培育，除了人才和资金，还需要专业的工程管理人才去推进，这类工程管理人才必须具有宽广的综合性知识和高度的敏锐性，政府显然无力担任这样的角色。

第九，创新研究靠大学，产品开发靠企业，两者之间的鸿沟还出现了越来越大的趋势，政府无从弥合，也无从发力，处于"二律背反"的窘境：投给大学的钱，不产生经济效益；投给企业的钱，不产生技术效益。

第十，前沿和新兴产业天生属于风险产业。政府偏重于投资已有和成熟产业。美国前沿和新产业前期主要依靠风险投资。政府往往既不知道风向，又抓不住风头，不该收手的时候收手了，不应该出手的时候非要砸出一个毫无价值的无底洞（美国政府也没有少干这样的蠢事，如量子通讯）。

政府并非无所作为，笔者认为，政府有责任与义务创造良好的科技生态环境。

（1）政府出台政策，引导人才向科技界流动。科技教育要培养有道德的人、有思想的人、有灵魂的人，百年树人很不容易的，功利主义、拜金主义难以产生科学大师。优秀的孩子都不去搞科研，玩金融，这样下去，中国就没有了未来。搞科研，往往需要坐十年冷板凳。科技讲究沉淀，要出成果，要靠经年累月、持之以恒地钻研。

只有具备天马行空的思想、批判性的思维和敢于在实践中试错，才能培养出科学大师、科技精英，这需要教育界反思，想象力是制约科技人才发展的障碍。

（2）鼓励科技界合纵连横。横向发展"异构能力"，纵向向学科的深度发展。单点突破不算啥，由点—线—面—立体，形成立体，科研才能出成果。与此同时，需要跨学科的联合开发、相互融合。

（3）保护知识产权。知识产权问题是劣币驱逐良币，因为坏人太多，如果没有强有力的法律保护，好人就难在坏人圈里活下去。

> （4）提倡开放、共享与包容，鼓励跨国界、跨行业、产业链的合作，需要取信于人，任何组织或个人，最大的损失不是经济破产，而是信用破产。众人拾柴火焰高，如果没有芯片上下游的齐心聚力、联合研发，就不可能有摩尔定律。丹麦国家血清研究中心（SSI）开发出一种新的结核病疫苗，结核病研究正是该中心擅长的。然而，要使用这种疫苗，还需要配套的从开发到临床试验的运作体系，而这并不是其擅长的。为解决这一难题，SSI并没有从零开始建立新的研发团队，而是与一家企业合作，那家公司具备一批在这方面经验丰富的人员。结果，将该疫苗投入临床试验的时间缩短了整整一年。

【附录2】

业绩补偿若干问题

业绩补偿是并购中经常使用的方法，也是资本市场的热点，业绩补偿的背后有一系列的问题需要探讨。

业绩补偿的法律认定

对赌协议为射幸合同，主观上具有预判性，客观上具有不确定性。国内《合同法》虽未明确"未名合同"，但是司法实践中经常出现以不确定性事项作为合同标的的情形。

（1）估值调整协议作为一项新型的投资机制，其创设的风险和回报虽是较高，但对于双方而言也是相对均等的，是双方真实意思的表示。

（2）融资方负责标的公司经营管理，对投资风险更具有预见能力，投资方赖以注资的前提是标的公司能实现预期高额利润。协议实质满足了交易双方对于实现投资利益最大化的营利性诉求，对赌协议并未显失公平。

（3）商业投资活动中当事人的意思自治和契约精神，对稳定股权投资信心、维护市场交易秩序起到了积极作用。

业绩补偿的方式

（1）持股比例不变，要求交易对方返还多支付的投资款；

（2）持股比例不变，要求交易对方补偿股权；

（3）投资额度不变，要求调减持股比例；

（4）持股比例不变，要求交易对方补偿股权及现金。

业绩补偿的会计处理

根据交易对手持有的股权在上市公司还是在上市公司的附属公司，会计处理有5类。

（1）收到现金，作为"营业外收入"，大多数公司采用此种会计处理；

（2）股份回购，视同减少库存股，减少"资本公积—股本溢价"；

（3）现金＋股份回购，会计处理结合上述（1）、（2）进行；

（4）股份补偿，交易对方给予收购方补偿股权，收购方作为"资本公积—股本溢价"；

（5）前4种皆作为公司收益增加或交易对方在本公司权益的减少，但也有敢于突破常规的鼎立股份，作为冲减投资成本处理。

第5种是一种反向追溯思维，笔者认为，并购与估值调整是两件事，估值调整并不能改变并购行为已发生的事实，不能重新进行投资成本的确认、计量，业绩补偿重在补偿，而不能推翻、修改既有生效的合同条款，故追溯调整冲减投资成本的会计处理的理论基础并不存在。

商誉黑洞怎么办？

高于公允价值的方为商誉，如何避免商誉黑洞？黑洞如何修补？

（1）业绩补偿年限一般为三年，期限太短，应与商誉受益年限匹配；

（2）商誉应允许摊销，先摊销后减值测试，体现收益与成本的匹配，体现会计稳健原则；

（3）减值测试方法要完善，不可仅以盈利承诺是否能完成作为依据。

业绩补偿的税收问题

现金补偿作为营业外收入并入税前利润,业绩补偿需要缴税。

股份回购作为权益性交易的资本公积,也要缴税。

业绩补偿的烦恼

吃一堑,长一智,别人已经付出代价,自己就不必付学费。

(1) 业绩补偿赢了官司,拿不到钱,甚至赎不回股份怎么办(质押、注销或转让)?收购方如何上保险?

(2) 不要测试人的道德底线,往往有人宁做鸡头不做凤尾,承诺期满之后,交易对方套现,或极端地另起山头,如此标的公司基本已无价值,害苦了股民。

(3) 业绩补偿的股份是否有表决权?其当初入股时根据股份数量/比例进入董事会的席位是否设置调整机制?

(4) 标的公司被上市公司收购之后,会发生股权结构调整(如增资)、收购、剥离、涉入新业务等当初经营假设尚未预计到的情形,这本账怎么算?

业绩补偿的启示

(1) 充分、合理地预计各种风险,如市场风险、客户风险、金融风险、研发风险等,合理地运用法律上的"情势变更"防范风险。情势变更是指合同依法成立后,发生了不可预见且不可归责于双方当事人的事情,动摇了合同订立的基础,在此情况下,允许合同双方变更或者解除合同。主要指非不可抗力、非商业风险。

(2) 控制欲望,不可一顿吃饱,应想想未来。

(3) 为什么会飞蛾扑火?高估值背后有猫腻,或上市公司实际控制人与交易对方达成不可告人的秘密交易(利益输送),或待标的资产注入上市公司时,大股东逢高套现。

(4) 业绩对赌对象为股东,不要与公司对赌。

【附录3】

独享一棵树,何必要一片森林?
——谈吉利汽车入股戴姆勒

2018年2月,吉利汽车入股戴姆勒股份公司(以下简称戴姆勒),通过二级市场持有9.69%具有表决权的股份,笔者并不看好。

为什么收购沃尔沃会成功?

分析背后的原因如下。

➢ 中国急需掌握轿车关键零部件的技术、材料。但国企出面收购,外国政府戒心很重,不会答应。因此,民企吉利出面能谈成,是一大幸事。

➢ 李书福手里有好牌打,能共赢。中国动力嫁接沃尔沃品牌技术,让沃尔沃在中国投资设厂,市场大门对沃尔沃大开,顶端技术、核心材料、关键零部件统统被中国掌握,用不了多少年,就可以国产化了。吉利汽车与沃尔沃联姻,过去的低档汽车摇身一变成为人见人爱、价廉物美的中档汽车,简直是脱胎换骨!

➢ 钱背后的影子——国家暗里支持。吉利汽车收购沃尔沃,是蛇吞象,凭借吉利的财力无法完成收购,收购资金来源基本是政府过桥资金及银行贷款。

➢ 退一步讲,即使李书福在沃尔沃无所作为,在2008年金融危机的大背景下,沃尔沃股东缺钱,李书福池底捞鱼,怎么算都是一笔划算的买卖。即便转转手,赚几亿美元也没有一点问题。收购沃尔沃,体现了李书福的智慧、眼光、赌性、手段。

为什么这次入股戴姆勒可能是糟糕的决策?

吉利过去成功的经验可以复制吗?非也!

➢ 与让沃尔沃成为全资子公司不同,这次入股戴姆勒只有9.69%具有表决权的股份,不是控股权,打个比方,李书福此次买了共有产权房,房产证上有很多人,李书福对房屋没有支配权。

➢ 戴姆勒、吉利汽车手里都没有好牌。燃油车逐渐被电动车取代,假设戴姆勒如李书福所言在电动化、智能化、无人驾驶方面有优势,但是此消彼长,电动车的兴起必然带来燃油车的衰落,对传统企业戴姆勒而言,一身重资产,转型谈何容易？戴姆勒此前就与比亚迪和北汽合作,一女多嫁,市场通道早就有了,在李书福带领下就能在中国市场跑起来吗？老大哥戴姆勒在中国电动车市场都不温不火,还能让小弟弟吉利电动汽车火起来？

➢ 今非昔比,中国市场不会张开双臂欢迎戴姆勒。中国政府发力电动汽车领域,烽烟四起。国内新能源电动车技术与国际上的差距并不大,有希望实现弯道超车。戴姆勒不是电动车霸主,中国政府不会向对沃尔沃一样优待戴姆勒,从特斯拉在上海完全靠负债投资,足见其在中国市场发展的难度。

➢ 遇到危机,谁来救？为回避德国法律的持股比例达到3％、5％都需要公告的规定,更多地出于减少交易成本的考虑,吉利使用了很复杂的衍生金融工具——领子期权结构,90亿美元创造了利用衍生金融工具并购的记录。

企业经营中会遇到各种风险,有全球性的,也有地区性的;有行业性的,也有个体的;有天灾,也有人祸;有意料之中的,但大都是意料之外的。吉利汽车一旦遇到危机,谁来救？谁有这么大的能耐救？

独享一棵树,何必要一片森林？如果吉利汽车能够收购并控股戴姆勒旗下的梅赛德斯-奔驰、迈巴赫等,那倒是很不错的买卖。

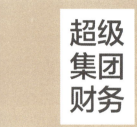

第六章
CHAPTER 6

基建项目及营运

公司有两个上帝,一个是顾客,另一个是股东,顾客是给钱的,股东是分钱的。对公司而言,"赚钱"比"分钱"难上一百倍,如何从顾客手里拿到更多的钱,则是营运管理的核心。

"建不如买,买不如租",道出了许多集团对基建项目的失望、无奈与苦涩。的确,基本建设项目程序复杂,投资额大，周期长，如果基建项目管理不善，财务监控不力，不仅会在建设期出现天价工程、胡子工程、马拉松工程，而且给移交后的运营带来巨大的烦恼。如果基建项目规划适当超前、布局合理、功能要素齐全、建安及装修精细、投资节省、生产效率高、占地面积少，无疑地，从一开始就能形成相对持久的竞争优势，日本企业就具有这样的特点。

本章就基建项目以及预算、应收账款、存货、成本、产品竞争策略六个方面展开讨论，后五者属于营运管理的范畴。

第一节 基建项目管理

十年前,上海华源复合新材料公司去拜访铝塑板鼻祖 Alucobond(阿鲁克邦)总部,总部设在工厂内,非常简陋,CEO 的办公室很小,阿鲁克邦 CEO 看出我方的心思,笑曰:"办公室豪华宽大,对业绩毫无益处;相反,多一平方米面积会增加空调费、折旧费、保洁费,这些都是固定开支,如果使用 50 年,就是一笔不小的开支。"

集团每年有一批工程开工,就有一批在建,也有一批收尾,加强对基建项目的财务管理,是集团财务管理的重头戏。

一、基建项目管理的重要性

几乎所有集团在基建项目管理上都有过惨痛的教训,基建项目的重要性无与伦比。

(1)与降低产品成本不同,基建项目往往耗资巨大、工期长、技术要求高、风险高,要求首次开机即成功;

(2)"三多"现象频现,无效成本多、损失浪多、猫腻多,是集团腐败的重灾区;

(3)吞噬大量现金流,基建项目投资过大,必然挤占流动资金,导致后续开工后流动资金捉襟见肘;

(4)项目投资大多形成不动产,是沉没成本,不似流动资产可以通过后天努力提高、改善;

(5)如果投资成本高,则运营后的盈亏平衡点高,极大地削弱未来产品的竞争力,降低投资回报;

(6)产品技术路线、工厂布局一旦定型,产品成本的 60%—70% 已经确定了,不可逆。

在设计产能确定的情况下,如何确保基建项目投资的极小化,是所有公司面临的重大问题。

二、编制概预算"五步走"

项目财务的最终目标是：投资成本最小化、产出现金流最大化。

在国内，基建项目失败的例子数不胜数，常见的是仓促论证，快速上马，竣工后，发现后遗症多，整改、补缺任务艰巨，投产之日即是大修的开始。

清朝湖广总督张之洞总结了开矿、修铁路的经验，提出"十六字"方针，非常适合基建项目管理：*储铁宜急，勘路宜缓，开工宜迟，竣工宜速。*

在编制概预算阶段，宜慢不宜快，遵循"五步走"策略。

第一步，满足基本功能，侧重于产能、效率、技术、环保；

第二步，满足基本需求，综合考虑整体流畅性（生产、物流、仓储）、实用性、通用性；

第三步，满足个性化需求，公司会根据自己的特点，增加一些特殊性要求，如保密区域、展示区域、安全控制；

第四步，满足经济性，包括建设成本、运行成本、维护成本；

第五步，追求成本极限，在现有的投资规模下，哪里有降低成本的空间？用什么方法达到？

三、管控成本，防范风险

基建项目非常复杂，要求财务人员坚持原则，按章办事，敢于顶住压力，洁身自好，重大问题请示汇报，在业务上可以不精通，但什么都要懂，做百事通。既要全面，更要善于抓住重点，不能被项目组其他人员牵着走。

（一）关键合同条款

合同是行为指南，是执行的法律依据，前期参与合同谈判、签约，对合同的各项条款熟记在心，如生效条件，保函（包括质量保函、投标保函等），开口条款（计价模式、价格弹性条款、变更定价），经济签证的确认、付款条件、结算方式、质保金、违约处罚（产品的延期、产品性能损耗等）、发生未及时通知的不可抗力、暂停条款、终止条款、合同保险条款等。

（二）严管对外经济签证

对外，在合同中约定办理经济签证确认的方法、程序、必备资料；对内，制定经济签证的办理原则（如一单一签、完工确认、增量控制），明确授权审批权限。

> ## 签证引发的诉讼
>
> 2014年,黑龙江省大东建筑工程有限公司诉江西正邦科技股份有限公司子公司肇东正邦养殖有限公司建设施工合同纠纷案,合同价款为暂定合同工程总价人民币9 000万元(按实际工程量进行决算),原告要求支付金额为13 546万元。与此同时,庆东油田建筑安装集团股份有限公司诉正邦科技子公司肇东正邦养殖有限公司建设施工合同纠纷案,合同价款为暂定合同工程总价人民币9 000万元(按实际工程量进行决算),原告要求支付金额为14 593万元。

上述两起诉讼案的问题就出在经济签证上,后原被告双方在地方政府的调解下达成和解。

(三)编制滚动预算

由于建设周期长,工程可变因素多,立项前的预算不可能预计到所有可能出现的情形,为弥补预算可比性不强的通常缺陷,按工程的不同阶段编制滚动预算,实行动态监控:对遗漏项目、变更设计、现场签订以及政策和市场调整引起的变化,进行动态管理,及时修正前期预算,确保预计完工成本不得突破总成本,已发生成本+待执行成本(如采购合同已签约或已承诺)+将要发生的成本=预计完工成本,财务需不断更新待执行成本和将要发生的成本。

(四)当好下手

财务对技术参数和性能、材料的技术规范、设备性能、验收标准等并不在行,降低项目成本不是财务唱独角戏,相反,财务要主动配合,当好下手,在保证质量的前提下,量化风险,控制成本。

(五)贡献自身价值

如保函的开立、外汇风险的规避、进口设备减免税、项目贷款等,此外,大中型项目一般要争取获得地方或国家的政府补贴,如土地金返还、产业化或技改的各类补贴。

(六)抓好索赔

与设计单位、施工单位、设备供货单位之间的质量索赔、延期索赔等,既包括作为主动向对方索赔,也包括被对方索赔。

管理学上有个"破窗理论",在基建项目管理中,更是如此。一旦发现问题,立即指出整改,让对方付出代价以记住教训。如果任由其发展,将会导致无可挽回的后果。

(七）会计核算规范及时

以预算为抓手,杜绝发生以下常见现象:成本确定不及时,编制不准确,依据不合理;数据不准确,更新不及时,合同不拆分,待执行成本未及时调整,将要发生的成本不预估,遗漏非合同成本,变更设计、工程指令反馈不及时,经济签证随意;招标及合同中定价依据不充分,缺少对标和竞争;债权债务核对不及时或不相符等。

四、完善项目管理制度

开弓没有回头的箭,项目停工、终止就是失败,提前交付、保持进度是常见要求。但项目管理是难度极高的矛盾综合体,既要严谨地制订全面、完善、详细的计划,又要灵活地应对不可预见的突发状况;既要注重细节,具有纵向到底、横向到边、多向到角的执行力,更要有着眼全局、高屋建瓴的统御力;既要在规定的时间、质量、成本下干成事,还要管好从四方凑成草台班子的人。

项目管理的三大要素包括项目成本(合同范围)、项目质量、项目周期,如同营运周期一样,优秀的项目管理能产生效益。

(一）应用网络计划技术

大力降低工程成本,网络图是表示一项工程各个工作环节和各道工序的先后关系和所需要的时间的网状图,它不仅能反映出工程所有作业(工序)之间的相互关系,而且能表明工程的时间进度,突出工程中的关键作业和关键路线,从而使项目管理人员集中精力,抓住关键,合理调配资源,寻求以最小的工程费用获得最佳工期。通常,项目指挥部办公室挂着甘特图,标注项目进度表和具有里程碑意义的事件。

(二）项目组织管理

一个项目的成功需要多方面因素的配合,如项目目标、人力资源、项目成本、进度控制、质量监督、风险监控、内部保障、供应商能力、项目管理水平、外部资源等。项目实施的周期很长,一般包括计划、组织、执行和完成四个阶段,这里还不考虑前期的调研、考察。项目工作枯燥无味,工作地条件艰苦,十分考验成员的忍耐能力。

项目组织管理能力与水平是项目成功的保障,如果没有优秀的项目组织管理能力,项目失败是大概率的事。

1. 区分项目类型,既要会聚焦,又要会化整为零

项目大致分为三类。

(1) 指挥部项目:重要并优先,相当于海陆空联合军队;

(2) 小组项目:项目指挥部下面有若干项目小组,各项目小组拥有一定的资源,相当于独立军种;

(3) 个人项目:依靠成员的兴趣或天赋或经验,对组织而言,成功更好,失败了也没有重大影响,相当于游击队或民兵。

集中攻克大项目,是优先任务,但是一个大项目中,往往需要分解为若干个小项目,化整为零。

2. 搭建团队,建立良好文化

基建项目为高层所重视,抽调的都是精兵强将组建项目团队,项目指挥部人员有接触高层的机会,成功的基建项目会成就一批人,有些人会脱颖而出。

项目指挥部成员由集团内抽调、外部招募、外聘客户/供应商/同行专家等组成,是临时搭建的草台班子。对于项目组成员而言,自我管理、目标导向是工作特点,团队的能力决定了项目成果。

成员间要建立信任与友谊,分享经验与创意,激发热情与创造力,磨炼能力与毅力,贡献成果与才华。项目团队文化需具有以下几点。

(1) 建立信任感,团队协作精神,相互尊重,内部产生良好的化学反应;

(2) 知识共享,向别人学习,也要教会别人;

(3) 坦诚,困难和挫折并不可怕,但不能掩盖问题,共同承担。

3. 关注关键任务/事项

坚持任务/问题导向管理,定到责任人:任务分解再分解,细分到不能细分的子项目,最终压到具体人头上;问题要列出来,分析原因,估计影响,解决措施,最终落实到具体人身上。

重点关注关键任务/事项:关键任务/事项往往是项目的瓶颈,包含项目的重大风险,关键矛盾解决了,其他问题就不难解决。

4. 灵活运用决策方法

与投资并购的众谋寡断不同,项目管理是执行层面的事,因为项目指挥部

成员不多，多采用民主集中制原则，当然也有其他多种方法。一般决策方法包括全体一致通过原则、少数服从多数原则、项目班子通过原则、项目负责人拍板原则。

5. 持续跟踪进展

表 6-1 为哈佛商学院开发的《项目进展报告》，非常具有实用价值。

表 6-1　项目进展报告

Harvard Manage Mentor — PROJECT MANAGEMENT TOOLS			
Project Progress Report			
Use this form to help assess progress, present this information to others, and think through next steps.			
Project:		**Prepared by:**	
For the period from:		**to:**	
Current Status			
Key milestones for this period:			
Achieved (list)		Coming up next (list)	
Key issues or problems:			
Resolved (list)		Need to be resolved (list)	
Key decisions:			
Made (list)	Need to be made: (list)	By whom	When
Budget status:			

（续表）

Implications
Changes in objectives, timeline/delivery dates, project scope, resource allocation (including people and financial)

Next steps		
List the specific action steps that will be done to help move this project forward successfully. Put a name and date next to each step if possible.		
Step	Person Responsible	Date

Comments:

（三）做好风险管理，减少无效支出

项目建设过程中，会不可避免地发生无效成本。既有天灾，也有人祸，如返工、浪费、拖延，不同作业队伍衔接不紧密，缺料（或零部件），计划不周（如天气、工程地施工时间限制）等，会大量产生无效成本和浪费，并且在后续项目大量重复发生，变更和指令也随意发生。

风险管理方法在"第二章集团总部的财务职能"中第一节的"十、风险管理"已有论述，基建项目的风险主要有自然风险（气候/地形/地质/地貌）、技术、资金来源、人力资源风险、供应商风险、质量风险、规划风险、经验不足风险、项目大小风险等。

有的风险是项目自身所特有的，如化工行业的员工健康和环保问题、信息自动化程度高行业的技术崩溃/外部侵入问题、制造业的员工作业安全问题，这类问题一般都不会被忽略，但是解决起来不仅需要增加投入，而且行业痼疾一般不容易被克服。如果能突破，就可能引起行业竞争格局的突变，功莫大焉。

有的风险并非项目所特有的，需要有洞察力、预见性，如脆弱的供应商关

系,很多高新技术设备被西方限制出口,采购变成大难题,有的设备交付后零部件供应保障会有问题,有的设备公司安装调试后无法独立操作……要评估其重要性、发生的概率、备选方案。

有的风险不容易浮出水面,容易被公司所忽略,规划不周是一定会有的,出现错误、疏忽、遗漏也是难免的,因此需要建立应急反应制度,快速补救。

对天灾等非预期损失,要通过保险、快速应对等方式降低损失;对人祸等预期损失,要避免损失的发生或做好避险措施,主动管理,降低或将损失转嫁到责任主体身上。

(四)加强项目质量管理

进行项目绩效评估时,进度和成本是显形的,是表面文章,但是质量是隐形的、滞后反映的,如果存在缺陷,往往给后续运行带来极大的麻烦,这方面的例子数不胜数。例如,一旦确定了设计方案,产品成本的70%就定型了,投产后几乎所有公司却需要不断地技术改造,但是大部分都是小改小革,基础性、根本性的东西不敢动,也动不了,所以,质量评估是建立在项目质量控制的基础上。

项目交验后进入运营,在数字化、智能化、自动化的现代化生产管理方式下,高质量的项目管理将极大地降低运营成本:

规划阶段就制定质量标准,标准要 SMART 化,不可太笼统或难以在交付时验证;

用最合适的工具和方法来检查交付成果,如全部检查、抽样检查、过程巡查、分段检查;

项目期返工,远比交付后事后补救要好得多,失控、出大事可能于事无补,可能为挽回发生的补救费用远高于返工费用;

尽量做到分批、多次交付,严禁一次性地整体交付。

(五)项目绩效监控法

美国国家标准学会发明的净值分析法,是行之有效的项目绩效该方法,如同标准成本分析法,净值分析法是两因素分析法,将实际成本与预算成本的差异拆分为进度差异和成本差异,SV 代表时间偏差,CV 代表成本偏差,SPI 为进度效率,CPI 为成本效率。

自始至终,财务都要将实际支出与预算对比,得出差异,并滚动分析项目差异,项目差异与竣工的时间和成本的节约密切相关。

项目差异＝进度差异＋成本差异

其中,$SV=BCWP-BCWS=$按实际进度截至当日的预算成本—按计划进度截至当日的预算成本。

注:BCWP 为 budgeted cost of work performed 的英文缩写,BCWS 为 budgeted cost of work scheduled 的英文缩写。

$CV=ACWP-BCWP=$按实际进度截止至当日的实际成本—按实际进度截止至当日的预算成本。

注:ACWP 为 actual cost of work performed 的英文缩写。

由此可衍生两个指标,成本绩效指数 CPI＝BCWP/ACWP,进度绩效指数 SPI＝BCWP/BCWS。

表 6-2 组合分析

组合分析	CPI＞1	CPI＜1
SPI＞1	工期提前,成本超支	工期提前,成本节约
SPI＜1	工期延误,成本超支	工期延误,成本节约

当 $SPI<1$、$CPI>1$ 时,项目会被认为处于危险状态;当 $SPI>1$、$CPI<1$ 时,项目状态最为理想。

通过项目差异的分析,可以使企业缩短项目的开发周期,降低项目的成本或修正预算,使之更加切实可行。

(六)实施项目后评价

(1) 分别与指挥部/项目小组制定的内部标准、外部标准(通常是报批给集团的规划)进行比较,项目完成了哪些目标? 未完成哪些? 哪些是超预期的? 哪些是未达到要求的? 哪些本可以做得更好?

(2) 风险估计,现在或以前哪些风险未预计到? 导致的损失有多少?

(3) 利用事后的经验,假设重新开始,应该如何规划和执行这个项目? 是否能够避免或减少走弯路或损失?

(4) 将本项目所总结的经验教训记录下来,能否用于集团的其他项目?

(5) 自身的局限性在哪里? 是什么因素导致的? 为什么没有发现或不能避免? 与实际相比,哪些假设当初未被证明? 当初的假设合理、科学吗?

（6）回顾项目的阶段/任务,哪些工作卓有成效？哪些工作无效？团队的管理、胜任能力、态度与作风是否达到当初要求？如何改进？

（7）项目交付后,运行预计可能的状况会有哪些问题？需要进行哪些培训？移交资料详细完整吗？

（七）建立项目的激励与惩罚机制

项目做得很成功,项目指挥部得到的奖励很少,因为集团尚处在投资阶段,还没产出,所以奖金数额很少,只是意思一下。且因项目指挥部是临时组建的,竣工移交后,项目指挥部解散,留下进行经营的比较少,大部分人各奔东西,所以,项目指挥部从组建开始,如果没有好的激励方案,大家就不会尽心尽力。同样地,约束也不足,项目就算不成功,项目指挥部成员大不了各回各处,或一走了之。这么巨额的投资,对项目的激励与约束都不足,与运营相比,报酬相差很大,如何能让项目指挥部人员安心、倾力？

对基建项目,应给予物质奖励,奖项主要有进度奖,开车奖(竣工奖),攻关奖(重大技术难题、重大管理创新),节约奖(决算成本低于预算),加薪。同时,精神鼓励也不可少,如旅游、表彰、提拔、冠名(较少,因为国人不认可个人成就)。

由于项目一般地处偏僻,自然条件及办公环境较差,项目成员离家或短暂离开原公司,建议给予临时性项目补贴。

与激励机制相反,对由于主观原因导致的项目停滞、失败,应给予惩罚,包括撤换项目指挥部负责人、降级、罚款、通报批评、开除、作为反面教材组织参观等。

第二节 预算

十多年前,笔者曾问上海双钱集团股份有限公司CFO薛建民:"预算执行误差为什么这么小？"他道出了心声:"主要是轮胎销售价格、国际市场橡胶价格没有出现大波动。"

预算年年做,但是在不同的集团,预算效用大不一样。

一、传统预算存在的问题

（1）预算缺乏战略指引，没有商业计划书作支撑，预算成为空中楼阁；

（2）销售预算不靠谱，做预算就成了无用功；

（3）计划赶不上变化，始料未及的重大变化导致预算与实际相差太大，如售价、主材价格、利率汇率、资本性开支计划的重大变化；

（4）预算是一年一编，功利性强，短期行为严重；

（5）经营单元不重视，预算的组织不力，财务部门唱独角戏，闭门造车；

（6）缺乏对预算效果的评估，吃一堑不长一智，错误年年犯，问题年年有；

（7）预算编制费时费力，尚不能与企业管理软件贯通，以做到数据的自动采集与稽核；

（8）预算分析泛泛而谈，财务部门缺乏整合其他部门相关数据的能力。

二、编制要点

风险预算的编制是一个战略描述与业务重述、经验总结与教训反思、资源配置与风险评估的过程。

（1）业务战略目标描述；

（2）外部经营环境及行业竞争分析；

（3）与行业标杆、目标对象的经济指标对比的差异原因分析；

（4）检讨上一年度预算，成功的经验或失败的教训是什么；

（5）预算的关键绩效指标模拟分析，检验资源的匹配性以及配置的合理性，如营销能力、生产/服务能力、研发能力、资金保障、财务安全性等；

（6）让预算落地的行动方案。

三、将风险管理嵌入预算

风险如影随形，无处不在。如果让预算更有效，必须克服内外部环境的不确定性，这单靠预算本身难以解决，需要引入风险管理，将风险管理嵌入年度预算。

（一）风险预算维度

实施高质量的预算管理，必须从战略发展、业务策略、风险管理与控制标杆四个维度进行,如图 6-1 所示。

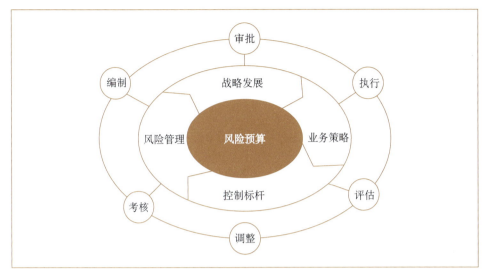

图 6-1　风险预算管理四维度

(二) 预算的风险类别及对策

对风险管理感受最深的莫过于 IPO 公司,证券监管部门将风险管理的思维贯穿于核查工作始终。他山之石,可以攻玉,表 6-3 为预算编制中公司常见的风险。

表 6-3　常见预算编制风险

风险类别	风险描述	对策
价值链风险	中美贸易战导致供应链重塑	选择在与美国、欧洲达成贸易协定的中立国设立制造基地或贸易机构
	顾客较为集中	通过系统地审视风险在包括竞争对手、供应商、分销渠道和顾客在内的整个价值链中的传播方式,可以更为成功地预测风险的二级效应,并做好相应准备
	顾客偿债能力不足	
	原材料垄断、供应商单一	
原材料价格波动	因价格上涨而导致成本上升,因价格下跌而导致库存贬值	(1) 引入弹性预算,主材价格作为变动参数 (2) 将本年累计的预算数更新为实际,并编制后三个月的滚动预算 (3) 采用套现保值等措施,锁定价格波动风险,杜绝投机行为

(续表)

风险类别	风险描述	对策
技术进步风险*	竞争对手的重大技术突破	研究行业技术发展趋势,增加研发投入,建立新旧产品交替的通道
	研发资源不足	
	新产品被迅速更新、淘汰	
安全生产风险	出现安全事故	检查安全生产环境、设施
员工流动风险	高流动率及核心人才流失	对比行业薪酬水平,检讨公司薪酬福利制度及核心人才激励政策
意外灾害风险	自然灾害、人身安全及货物受损	投保
汇率波动风险	人民币升值过快	通过锁定汇率、人民币跨境结算、外币收入与支出对冲等策略
节能减排风险	环评未通过	增加环保设备及技术投入,申请排放额度,制定递减目标
社会责任风险	受到舆论谴责	建立公司声誉管理策略
财务风险	出现财务危机	改善资本结构,扩大融资能力,提高公司资信等级,保持流动性

*:新的会计报表将研发费用从管理费用中拉出,意味着作为一级科目,并作为利润表列示的项目,非常有必要,凸显了国家对研发费用的重视,由此提出了新的挑战,研发项目预算需要上升到企业核心战略的管理高度。集团需要创新研发费用管理的新模式,设计研发流程,建立健全创新管理体系。研发预算大致可分为研究(面向未来)、开发(面向当前应用)两类,开发预算又可细分为制备、工程、技术和产品4小类,尤其是制备能力和工程能力,是许多实验室所不具备的,需要联合相关各方共同开发,涉及大量跨学科知识与经验,其预算安排往往比技术更大。

四、销售收入预算的编制方法

销售预算是预算的起点,销售收入预算是预算的重中之重,为此需要分地区、分主要产品、分营销部门,使用增减法(根据市场增长率和顾客流失率)编制多维收入预算。

市场蛋糕越来越大,经营单元销售保持增长,究竟算不算经营单元的业绩呢?这里面往往是讨价还价的关键所在,这也是预算难以达成一致的焦点。

如果经营单元的销售增长与市场增长保持同步,这显然不能算功劳,只有市场份额增长才是富有进取心的预算,这也是集团及产业板块对经营单元施压增长压力的工具。问题是，在编制销售收入预算时，如何将因市场份额增加的收入在预算中单独体现呢？

（一）收入来源类型

根据销售来源，大致分为五类。

(1) 对已有顾客的销售；

(2) 在竞争中赢得的销售（市场份额的增长）；

(3) 来自成长中市场的新增销售；

(4) 应用核心能力进入相邻市场获得的销售；

(5) 与核心产品完全无关的全新产品的销售。

（二）因市场份额增加而增长的收入

步骤一，获得来自核心业务的销售收入，包括确定因进入或退出相邻市场而导致的销售收入的增减，以及因销售新产品而增加的收入，再把这些从总销售收入中剔除，从而得到来自核心业务的销售收入；

步骤二，获得因身处市场而获得的销售收入的自然增长：预测当期的市场增长率，乘以上一期的核心业务收入。

步骤三，获得不是由于市场增长而实现的销售收入的增长，由步骤一减去步骤二中的数字而得；

步骤四，计算因留住现有顾客而实现的销售收入：预测顾客流失率，乘以上一期的核心业务收入，再从上一期的核心业务收入中减去这一数值；

步骤五，步骤三减去步骤四的数字即为从总销售收入中减去由现有顾客带来的销售收入、因身处市场而获得的销售收入、来自新业务和来自销售相邻市场的销售收入增长，最终得到因市场份额的增加而增长的收入，这个结果才是衡量营销部门靠自己本事取得的收入业绩。

（三）计算收入减少

收入减少主要有顾客流失、市场份额的减少、产品结构调整（产品更新及淘汰）三类。

五、营运资本预算

预算主要有经营预算、资本支出预算和财务预算，财务预算就是三张表：资产负债表、利润及利润分配表和现金流量表，利润及利润分配表是期间数据，相对简单,现金流量表的大部分数据可以自动生成,最麻烦的就是资产负债表里的营运资本预算。为简化编制,运用目标管理法推测。

找出每个营运资产/营运负债科目的依据,比如应付账款有结算方式各自占比以及目标周转天数,周转天数按"采购材料→销售成本→销售收入"逐步推算出来,也就是说,每个科目需最终找出与销售额的折算关系,由于篇幅所限,计算过程从略(见表6-4)。

表6-4 营运资本测算表

科目	计算方法		计算结果	与月销售额的比率
	依据	计算方法		
流动资产		(销售额)		月份
应收票据	票据占比(30%)	$100 \times 30\% \times \dfrac{90\text{天}}{30\text{天}}$	90	0.90
	票据的期限:90天			
应收账款	周转期限:180天	(销售额) $100 \times 70\% \times \dfrac{180\text{天}}{30\text{天}}$	420	4.2
	假设除票据外,就是赊销			
产成品	占销售成本的百分比:70%(销售成本占销售收入的60%)	(销售额) $100 \times 60\% \times 70\% \times \dfrac{30\text{天}}{30\text{天}}$	42	0.42
	周转期:30天			
在产品	占产成品的百分比:30%	(产量) $(100 \times 60\% \times 70\%) \times 30\% \times \dfrac{3\text{天}}{30\text{天}}$	4.23	0.04
	周转期:3天			
原材料	占产成品的百分比:70%	(产量) $(100 \times 60\% \times 70\%) \times 70\% \times \dfrac{15\text{天}}{30\text{天}}$	14.7	0.15
	周转期:15天			
其他流动资产	占销售额的百分比:3%	(销售额) $100 \times 3\%$	3	0.03
A小计			573.93	5.74

(续表)

科目	计算方法		计算结果	与月销售额的比率
	依据	计算方法		
流动负债				
应付票据（材料）	占原材料的百分比：50%	（产量）	4.41	0.04
	票据占比：10%，票据期限：90天	$(100 \times 60\% \times 70\% \times 70\%) \times 50\% \times 10\% \times \dfrac{90\text{天}}{30\text{天}}$		
应付账款（材料）	占原材料的百分比：50%	（产量）	15.44	0.15
	周转期：35天，除票据就是赊账采购	$(100 \times 60\% \times 70\% \times 70\%) \times 50\% \times (1-10\%) \times \dfrac{35\text{天}}{30\text{天}}$		
其他流动负债	占销售额的百分比：25%	（产量）	25	0.25
	周转期：30天	$100 \times 25\% \times \dfrac{30\text{天}}{30\text{天}}$		
B小计			44.85	0.45
净营运资本＝A－B			529.08	5.29

此表代表了相当一部分企业的状况，不算不知道，一算吓一跳。预算的结果是每个月需要投入5.29倍的营运资金，如果要改善，必须拿利润换周转率，比如应收票据可以转给供应商，可以提前贴现，以加速资金回流。此外，与优质顾客及银行洽谈供应链融资、订单融资，以减少营运资金占用。

六、费用预算

费用预算是资源配置的最有效工具，要围绕公司战略，完成经营目标，优先安排战略性支出，持续保障业务性支出所需，控制日常性支出。

笔者刚工作时就负责费用预算，涉及局机关；教育机构（从幼儿园到高校）、医院；各办事处；疗养院；专项经费（如大修基金、教育基金、战备费、老干部活动经费）几十家单位/部门，读了网络流传的《华为费用管控大揭秘》，熟悉而又陌生，不禁感慨万千。

（一）总体控制

机关费用预算编制要首先学会"打盘子"，盘算年度发生总额。

（1）倒逼与平衡：在目标费用与预计费用之间寻找平衡。

（2）总额控制：维修费按原值一定比率，适当地考虑使用年限。购置固定资产按年折旧额。

（3）比较与挂钩：与同行标杆对比，与历史水平对比，与目标收入/利润挂钩。

（4）增长与削减：费用猛如虎，一旦出笼子，很难管得住，费用增长原则上需满足"收入/目标完全实现，费用增长不能高于收入/毛利增长"，费用削减原则上应达到"没有价值的活动，无情地砍掉费用；投入产出比低的活动，压低到极限"。

（二）控费方法

费用的控制，重点在十二个字：价值性、真实性、合规性、合理性。

1. 结构控制，有保有压

董事会或最高决策层在资源投入上确立"向营销条线倾斜，业务费用流向客户/市场，管理层级去中间化"的指导思想。以"经营单位—事业部（区域总部）—控股集团"三级为例，控制事业部（区域总部）的费用预算，对于控股集团，职能部门不宜多，通常是财务、投资及战略、法务人员占比多。为遏制人员膨胀，集团整体按照生产人员：营销人员：管理人员的合理比重配置各条线的人员编制。

2. 控重点费用

控费用也是需要投入的，如时间、流程、信息系统、沟通等成本，不可能面面俱到，重点"照顾"个别项目。销售费用前五项费用为职工薪酬，差旅费，业务费（包括招待、宣传及广告费、会议费、引流费、渠道费），房屋费（折旧、房租、物业费、装修费），办公费。管理费用前五项费用为职工薪酬，公关费，房屋费（折旧、房租、物业费、装修费），办公费，差旅费。研发费用前五项费用为职工薪酬、直接投入费用、固定资产使用费、专业服务费、行政费用。

3. 控水准线

有的部门/公司一直享受超额待遇，历年基数很高，总额较大，可通过横向比较（人均费用）、定额（按固定金额）、定率（按销售收入/毛利的一定比率）降低水准线，特殊情况下，可实行零基预算。

4. 区分固定费用与变动费用

通常将职工薪酬、房屋费、保险费、摊销及折旧、公用事业费等归入固定费用,但是并非永远固定,遇到重大情况时,人员可以裁减,办公地也可以迁移。通常将业务费、差旅费、办公费、中介机构服务费、维修费等归入变动费用,与收入或任务挂钩,有些费用属于半变动费用(介于固定费用和变动费用之间)。

(三)费控难点

(1)道不同,不与之谋。员工思想要统一,如果不同心同德,如果不是为公司大局出发,单靠财务部门,基本不可能做到防火防盗。

(2)正面宣讲有时不如负面惩戒有用,治企须从严,日常中有两种情况应当严惩:一种是乱花钱,大手大脚,应当定标准,严执行;另一种是虚假报销,凡是不真实性的,也须严惩,因为这涉及诚信问题。华为发明了连坐措施,领导若审批有误,须承担连带赔偿责任,且还有可能停止其3年的审批权。

(3)对超预算的单位/部门要进行惩罚,在进人、涨薪、发奖金、考核得分上要进行约束。

(4)总部费用难砍,因为都是平级部门,抬头不见低头见,工作中需要相互配合,需要最高层强有力的支持。

(四)几点建议

(1)费用预算结合创新,集团始终坚持营销模式创新,拥抱新技术的使用(如视频会议、机器人)。

(2)与个人信用挂钩。费用审核不可能全部做到客观、公正,公司总有少数人无理纠缠或钻政策漏洞,公司必须维护财务部门的权威,将其纳入个人财金信用黑名单。

(3)建费用预算模型。在一定的框架下,费用变动有一定的规律,公司可尝试对费用进行分类,建立模式并据此预测。

(4)定费用标准。同差旅费、内部服务计价一样,有的可按人头费定标,如办公费等。

(5)控费用进度。一年四季,把握尺度不一样,做到前紧、中平、后严。

(6)对已列入预算的专项活动、特别费用、大型活动的费用,发生前要单独审批。

时过境迁,机关费用预算变的是形式,不变的是思想。

七、预算质量

年复一年的预算编制工作看起来是枯燥、重复、机械的,集团公司都有现成的预算编报系统,数据之间可以相互引用和校对,预算的编制效率大幅提高,但是预算质量难言满意,主要体现在预算的审核和评估环节。

(一)预算的审核

预算审批之前需经过审核环节,审核的要点如下。

- 行业发生了哪些重大变化?趋势会怎样?是否会影响战略规划?尤其是市场供需关系、顾客需求、新技术、新商业模式、监管政策等方面,以新能源汽车为例,对锂电池的生产、报废的环保,新执行的退坡政策导致一批企业亏损,氢能源技术对电动汽车构成巨大的威胁,增值税税率从16%降低为13%将增利9%左右。

- 预算年度内,面临的主要问题、风险和机遇是什么?

- 预算不仅仅是年度的计划,是否与中期规划联系紧密?能否竖立里程碑?

- 回忆一下近三年对市场、销售、盈利、现金流的预算,对比实际结果,这些预测偏差多大?有哪些经验或教训?

- 赢在市场,销售增长是来自市场份额扩大还是扩展?体现在产品、区域、顾客有哪些?竞争对手将作出何种反应?自己的竞争优势和劣势有哪些?如何扬长避短?

- 在哪些方面可以提高回报?有什么措施?

- 按优先顺序列出预算所需求的资源是否切合实际?

(二)预算的评估

什么样的预算是一份好预算呢?

- 预算的灵魂是战略发展、经验总结与教训反思、业务策略、资源配置、控制标杆、风险管理六位一体。

- 业务是预算起点,预算完成率依赖于营收,年度业务计划书是预算必不可少的部分,需高度关注业务单元的长期战略是否通过年度预算得到落实,现有预算是否支持行动计划。

- 预算形成闭环,要有准备、编制、分析、汇报、审议、监督、调整、考核一系列程序,缺失或敷衍任何一环,预算就会变成意义不大的工作。

- 年年岁岁编预算,岁岁年年大不同,集团每年的工作重点都会有变化,预算须与时俱进。
- 预算不是财务部门的数字游戏,是灯塔,是行动指南,预算一定要有实实在在的落地方案。
- 应对环境变化及内部调整,通过预算调整或滚动预算来解决。
- 完成预算目标,必须有相应的资源配置,空麻袋背米会挫伤业务板块、经营单元的积极性。

最后,需要告诫管理层的是,预算只是企业管理的工具之一,运动式的全员预算并不可取。

预算是知与行的高度统一,是战略与执行的完美结合,是到达成功彼岸的桥梁。只有与时俱进,预算才具有持久的生命力。

第三节 应收账款

减少应收账款占用、控制应收账款风险是财务界孜孜以求的营运管理目标,作为从业近 30 年的财务工作者,内心的感受就一个字来形容:难!

一、应收账款分析

作为最重要的营运资产之一,从小科目"应收账款"能看到公司的大世界。

(一)商业模式

不论是房地产业,还是制造业、互联网行业,大抵有三种模式:高利润＋高周转、低利润＋高周转、高利润＋低周转。

- 获客/订单模式:2B 市场,很多是招投标模式,顾客让同行相互杀价,流行多年的最低价中标制度终于被财政部明令取消。
- 收入确认方式:修订后的会计准则 14 号——收入规定,在顾客取得相关商品控制权时确认收入。如何认定控制权发生转移,就是学问,各行都有约定俗成的做法,但不一定符合会计准则。

- 质保金及比例:有的行业收,有的行业没有,有的供应商很强,就不付质保金。质保金比例越高,企业竞争力就越弱。有的企业为了宣传品质放心或转嫁产品质量损失风险,向保险公司投保。

- 付款比例及方式:如光缆行业的 3-6-1(30%是顾客预付,60%是待产品交付后付,10%是尾款)。有的顾客对供应商非常强势,态度最差的就是"6个月账期+承兑",硬生生地从资金上拿走部分利润。

- 公关费比例:在通信、化工、医药等技术含量高的行业,供应商得过五关斩六将,采购、技术、验收、检测、使用反馈关关都要通过,请客送礼必不可少,但这还是小事,给回扣就构成商业贿赂,稍不留神就踩雷。

- 在"高利润+低周转"模式下,资金成为壁垒。改革开放 40 多年了,很多企业完成了资本积累,资产规模大,负债率低,现金流充沛,竞争手段主要拼垫付资金能力,允诺放长账期,但这是建立在优质顾客的基础上。

(二)产业链中地位

从定价能力(上游的原材料、下游的成品)、风险转嫁能力(如汇率波动)、回款速度、占款水平这几个指标就能看出公司的话语权。下游顾客是上帝,一般而言,公司没有话语权。但如果公司对上游也没有话语权,两头受挤压,则公司活得辛苦,盈利能力就弱。

(三)勾稽识破绽

应收账款并不是孤立的,循着商业脉络,以业务数据拷问财务数据。

- 从量着手:期初库存量+本期产量-本期销量=期末库存量
- 从价着手:期初余额+本期新增成本-本期销售成本[A]=期末余额

假如库存没有积压,且成本没有大幅度波动,连接价量的关系就是:

- 本期主营业务成本÷销量=单位生产成本
- 本期新增成本[B]=单位生产成本×本期产量

B 是推算得出的,A 是账面存在的,如果两者相差很大,不是吹牛,就是有猫腻。

此外,结合"实际生产能力÷设计能力"分析,产销率揭示了投入产出比、平衡性、稳定性、经济性。

有的上市公司吹牛销售会几何级增长,但是产能是一定的,制约销售增长;有的以新项目编故事,但是投入产出低,说明存在重大技术或设备瓶颈,不是短期能克服的；有的鼓吹产量大会摊薄固定成本，但实际情况是生产严重不均衡，旺季来不及生产，淡季生产能力闲置。

（四）跳出业务循环

（1）"预收—发货—开票—回款"是一个循环，所以三个科目要一起看，才能看到一个整体。

（2）循环要快，转化时间越长，越有问题。

（3）要与营业收入比较，找出合理性。如预收账款/营业收入指标反映了订单的多寡和未来报表盈利状况，应收账款与营业收入增长幅度大体保持一致。

（五）透视"发出商品"与"质保金"

1. 发出商品是个怪物

发出商品就是货已发给顾客，但所有权及风险还没有转移，它兼有应收账款、存货的双重属性。

分析发出商品占产成品的比重、发出商品占存货的比重，畸形、异常商品要结合订单、顾客分析。

谨防发出商品长期挂账：工程类业务需要安装、调试后才能验收合格，发出商品存在安全风险（毁损、被盗、遗失）、减值风险、财务造假风险。

一些上市公司内部确认收入与开票收入差较大，问题就出在发出商品上。

2. 账上有质保金，说明还未了

应收账款只剩下一笔质保金，似乎账上平了，但实际上该笔业务并未结束，很多公司内部系统就关闭了。拿质保金费时费力，有的时候还弄出意想不到的大事。

节点验收只是前置的小考，FAC（终验）才是期末的大考，会遇到合同更改、漏触发、预开票≠顾客领用、文档未签回、文档错误等问题。

验收条款苛刻，但程序烦琐，顾客对验收投入力量不足、现场人员撤离导致验收人员不熟悉前面情况，验收资料零散或遗失或移交不充分，都是验收面临的问题。

没有验收，意味着风险一直存在，小则质保金难收到、收不到，大则遇到顾客扣款甚至索赔情况。

验收结束，拿回质保金，还需整理文档后归档。

公司应该增加验收考核指标，并设定分值及权重。

（六）账龄真实性

由于中国增值税是价外税，增值税并未计算在营业收入内，所以，中国的DSO(days sales outstanding)与国外相比，会因价外税而周转率显低。

DSO有三种算法，应用场合各不同。

1. 期间平均法

这是最普遍的方法，但也是误差最大的计算方法。计算的期间可以是三个月、半年或者一年，主要用于对外信息披露用。

$$DSO = 期末应收账款余额 / 这一时期的含税销售额 \times 这一时期的天数$$

很多公司的账龄不是按照合同确认控制权转移的时点计算，而是按照记账日期（财务人员图方便），也有的按开票日期，有的按发货日期，有的甚至按合同签约日期。

应收账款具有期间数和期末数的双重特征，3月31日、6月30日、9月30日、12月31日都是关键时点。由于应收账款周转率和应收账款周转天数是按照"(期初＋期末)÷2"简单平均计算的，所以，降低关键时点的应收账款余额非常重要，而且还可以少计提减值准备，增加利润。

为了美化财务报表，减少分析师质询，一些上市公司通过自有资金、借贷资金先收回应收账款，期后再冲回。不考虑季节性因素，1、2、4、5、7、8、10、11这8个月的时点数，才是真实原貌。

2. 倒推法

倒推法是以最近的一个月为开始，用总的应收账款减去各月的应收账款，进而得到总天数，总天数即为DSO。这种DSO的计算方法注重最近的账款回收业绩，而非全年或半年的业绩，最后倒减后的余额按日销售额推算出占用天数，这种方法得出的应收账款简便，准确性比截取两头的期间平均法要可靠，在内部管理中使用。

3. 账龄分类法

国内经常以账龄作为风险组合特征，作为计提坏账准备的标准。如前所述，账载的账龄并不符合实际。下述方法按未收款占销售额的比例计算，比倒推法更为精准，如表6-5所示。

表 6-5　账龄分类法　　　　　　　　　　　　单位:元

项目	1月	2月	3月	4月	5月	6月	小计
平均日销售额	20 000	17 000	18 000	20 000	14 000	21 000	
总销售额	620 000	476 000	558 000	600 000	434 000	630 000	
其中:未收账款	26 000	32 000	80 000	140 000	430 000	600 000	1 308 000
货款在外天数(天)	1.30	1.88	4.44	7.00	30.71	28.57	73.91

备注:上述销售额均含税,由此与回款一致。

据此计算出 $DSO=73.91$ 天。

二、信用管理

中国的信用大环境也在改变,将个人老赖纳入征信,不让其进行高消费、不让坐高铁和飞机,已经算是一大进步。但对企业老赖,似乎还没什么办法。

（一）研究宏观环境

置身于全球化、一体化的经济浪潮,任何企业都不可能独善其身,企业信用政策制定要看大势。大型集团公司每年年会都需要讲解世界、国内的经济走势及判断、产业政策、货币政策和银行信贷政策、人民币汇率,利率市场化、税法改革等。

（二）场景、数据和算法

1. 场景

就是熟悉顾客的交易习惯,为顾客画像,从而采取有针对性的催收策略。顾客还款特征不完全与顾客的交易能力有关,它是一种习惯。

2. 数据

企业年报公示内容极其有限,大多数公司不愿公开财务、经营情况,造成销售部门黑灯瞎火地单干,容易出风险。数据积累到一定阶段,才会有模型与算法。在国内,收集和定期更新顾客的经营信息、财务信息是非常难的事。考察评估顾客、选择信用政策、制定保障条款都是事前工作,顾客往往很牛或装得很牛,事前工作就流于形式,事后出险就不奇怪了。前瞻性方法评估顾客风险,应尽可能地搜集顾客的财务状况、偿债能力、发展战略、对外担保等关键信息,还需要了解顾客的顾客、顾客的竞争对手以及顾客的供应商。走访则是接触、观察、了解顾客信用状况的最有效方法,可以发现很多积极、消极的信号。非公众公司一般不对外提供财务报表,除非供应商与顾客的角色换位。

3. 算法

包括一些模型,都是通过长时间积累并不断完善。以财务人眼光看,顾客的资本结构、流动性与未来的现金流是模型的核心元素。标准差可以应用于信用管理模型上,标准差数值越大,代表越远离平均数值。顾客分为1类、2类、3类及其他,在正态分布中,1类顾客所占的比例为68%,1类、2类比例合起来为95%,1、2、3类顾客的比例合计为99%。

(三)从顾客圈子看顾客质量

人要混圈子,结识高端人脉,你的人脉圈在一定程度上决定了你的身价。做生意也一样。顾客质量决定业务质量,形成"利润(高低)+风险(大小)+回款(快慢)"的组合。顾客资质平平或较差,销售额越大,风险就越高。如果一个上市公司老总夸下海口:"明年销售增长超出同行水平很多。"你就问个简单的问题:"你的顾客群体是谁?也就是你与谁做生意?"

随着公司的发展,顾客要不断升级,不仅安全,而且顾客的光环会照耀你的脸。

评估顾客,需要多个部门联合进行,如果营销部门、市场部门与财务部门互动很少,甚至水火不容,这个公司一定不是好公司。根据销售额大小、顾客利润贡献多少、风险高低,笔者总结了八种信用策略,如表6-6所示。

表6-6 多维度信用策略

核心指标	属性							
销售额	大	大	大	大	小	小	小	小
顾客利润贡献	多	多	少	少	多	多	少	少
风险	高	低	高	低	高	低	高	低
信用策略	分析	扩大销售	放弃	观望	紧缩信用	放宽信用	放弃	更换产品

实践中,需要研究顾客的特质。

(1)对于低风险顾客,如格力、华为,如果供应的是大路货,因竞争对手较多,价格竞争血淋淋,公司会没有利润甚至亏损。但是这样的顾客不能轻言放弃,公司的研发、技术需深入了解顾客需求,开发出"新""特""精"产品,石头里也要榨出油；

（2）对于销售额大、顾客利润贡献多、风险高的顾客，要考虑两个问题：运用预期信用损失模型得出的坏账为多少？顾客利润贡献能不能覆盖坏账？

（3）评估顾客拓展潜力，如果顾客的一半或以上的采购份额给公司，这是很危险的信号，存在顾客依赖风险；

（4）对于优质顾客，信用策略就是扩大销售，放宽信用不一定能带来收入的增长；

（5）动态风险监控，有的顾客会突然遭遇业务剧变，譬如2018年中石化燃油期货暴雷。

（四）业内对标

分别与业内标杆企业、行业平均水平比，将平均赊销期、平均赊销额、各账龄段的应收账款占比、应收账款周转天数、坏账率照照镜子，就知道自己在同行中的座次。

杜邦分析法揭示了"相同的产品毛利，如果周转越快，赚钱越多"的原理，同行每年周转2—3次，而上海华源复合新材料有限公司每年周转达12—13次，利润水平高出同行5—6倍的道理即在此。

（五）读懂逾期背后的东西

逾期就是游走在冰面上，要剥茧抽丝，才能读懂背后的原因。

首先，逾期是赊销产生的，有必要了解赊销的原因：市场竞争加剧；顾客太强势；顾客现金流紧张，要求提高赊销额；公司对顾客更加信任；风险转移给第三方机构（信用保险、担保、备用信用证、保理）。

其次，判断逾期原因，是系统性问题还是单个顾客？

最后，深入分析顾客，是顾客财务困难、管理混乱、恶意拖欠、商业纠纷，还是顾客业务架构调整、人员变动？如果顾客财务困难，是市场造成的还是自身内部造成的？是持久的还是短期的？是毁灭性打击还是阵痛？顾客有能力渡过难关吗？采取的对策是什么？

沉下去再浮出来，要站在整体角度，分析逾期的顾客类型、逾期趋势（是暂时的还是持续性的）、逾期账款（拖欠）平均天数、逾期账款占比。

如果是行业普遍问题，这就是系统性问题，人很难与天斗，此时，销售政策需从积极性转向防御性，但财务非常健康的顾客可另当别论。

三、坏账准备

应收账款质量对经营性现金流收入率、利润具有非常重要的影响。

（一）顾客成本组成

主要有六大项：获取成本、转化成本、折让成本、利息、催讨成本、坏账。

（二）信用风险特征

可以从以下五个方面进行多维分析，全面、真实地揭示信用风险。

（1）资产类型：应收账款、其他应收款、预付账款三者性质各不相同，不可能有相同的风险特征，如果没有区分，说明有猫腻或管理粗放。

（2）行业/渠道分布：化妆品有特通、KA、大流通、百货、CS等渠道，结合是否为终端自营、经销、委托代销分析，线缆有铁路、运营商、广电、部队、电力等不同行业顾客群体，行业/渠道不同，信用风险不一样。

（3）保证措施：处于金字塔顶端的优质顾客毕竟太少，大部分顾客是食之无味弃之可惜，与有些顾客的合作甚至犹如火中取栗，为此需要顾客提供担保、抵押、质押，有的可以通过中信保等进行风险转嫁。

（4）逾期与否：逾期是重大信号，不仅仅是是否要提减值准备的问题，而是要提多少才足额。

（5）关联方：笔者在上市公司时曾做了"对纳入合并报表范围的单位，母公司与子公司、子公司之间不计提坏账准备"这事，但是由于持股比例不尽相同，对每股收益可能产生较大影响，现在想来这个做法欠妥。有的上市公司对关联方不计提坏账准备，这不会因为相互了解多而没有风险。

（三）高风险顾客特征

除公众公司外，国内顾客一般不会提供财务状况给供应商，即使提供，也不一定真实。但是高风险顾客还是具有一些共同特征的，笔者总结至少有以下四类。

（1）没有经营现金流或现金流低回报的顾客，如PPP项目；

（2）财务杠杆高的顾客；

（3）夕阳产业的顾客；

（4）周期性下跌或跌入谷底的顾客。

（四）识破"财技"

与同行相比，通常表现为计提比例过低、逾期才计提。

在"盈利承诺实现不了、丧失再融资条件、保壳、防ST"的特殊档期，CFO往往就玩起了会计估计变更。

2018年3月，年净利高达20亿元的东阿阿胶（SZ，000423）突然修改会计估计，将作为生物性资产成龄种驴的折旧年限从5年延长到10年，残值率从5%提高到惊人的60%，这是一个危险的信号。

（五）建议

（1）应收账款是金融资产，上市公司积极吸纳金融类人才，提高信用风险识别、分类、化解能力。

（2）根据历史实际损失统计数据，建立损失发生模型。

首先，评估风险的重要性；其次，评估风险发生的几率和频率，预期损失（EL）＝违约概率（PD）×违约风险敞口（EAD）×违约损失率（LGD）；最后，考虑如何管理风险，即采取何种行动。

正确判定风险发生几率和可能带来的损失是识别风险的关键：应"减少"发生几率高、可能损失小的风险；应"避免"发生几率高、可能损失大的风险；可"接受"发生几率低、可能损失小的风险；可"转移"发生几率低、可能损失大的风险。

（3）随着社会信用体系的建立及完善，"发生的时间越长，发生坏账损失的可能性越大"这一理论假设就不能适应精准判断，预估的账龄分析法必将被淘汰。信用风险特征需要再细化，或细化后组合。

（4）除非有足够的依据变更会计估计，否则，作为会计差错处理。变更会计估计的老套路，已不能适应新的会计监管思路。

第四节　存货

外行如何看一个公司的管理水平？一是看仓库，二是看厕所，三是看文件，四是看ERP。存货测试是一个公司精细化管理水平最好的方法，没有之一。存货号称"万恶之源",足以显示存货管理的复杂与艰辛。

一、极端重要性

(1) 存货是生产成本向市场价值转换的桥梁。

(2) 存货是重要的营运资产,是持续经营收入的唯一来源。

(3) 存货是不良亏损/潜在盈余的深水区,是调节利润的大杀器,存货具有隐蔽性,应收账款可以看回收率、回收期、账龄、诉讼,存货问题是在冰山之下,深不可测。

(4) 存货是垃圾桶,里面装着惊人的浪费与非正常损耗,如生产过剩的浪费、停工等待的浪费、搬运的浪费、加工本身的浪费、库存的浪费、动作的浪费、制造不合格品的浪费等,因为桶太大,垃圾分类都变得非常困难。

(5) 存货的会计核算与管理分析是两张皮,定额成本及标准成本的先分后合,始终是会计界的未解难题。

(6) 存货是缓冲区,泥沙俱下,鱼虾俱存。各部门工作成果的好与差,均汇集于此。存货界定责任难,似乎人人有择,但人人都不应承担责任,存货成了责任无人区。

二、疑难杂症多

围绕存货开展的活动通常有以下四个方面。

(1) 采购:包括供应商的选择、价格、交货期、供应保障、安全库存、经济批量、审批程序、MRP、滚动采购、交货方式、零库存采购、战略性采购等;

(2) 验收:包括验收标准、退换货、计划外货物、供应余量、运输等;

(3) 储存:包括供应商直供货、空间分配(无序摆放)、所有权标志、ABC法储存、定制货架、先进先出等;

(4) 生产:包括排产、投料控制、余量控制、排班、设备准备、标准化生产、检测(上检、下检、巡检)、设备维保、货物传输、生产时间、标准单耗、生产流程布局等。

实际工作中,还不止上述四个方面,如技术工艺、仓库布局、存货计划、条形码使用、物料编码、盘点、异地仓库管理、呆滞物资处理等。

存货的问题难以穷尽,财务容易看到表面:

（1）存货占用资金过大，周转速度慢，生产周期长，贬值风险高；

（2）结构不合理，滞销产品过量备货与热销产品供货不足，不良品、呆废料数量过多，在制品库存占据比例较大。

笔者曾亲自领导了"存货降低行动"，现实中遇到的问题只有想不到，没有遇不到。按当时的职责划分，将问题归类到表 6-7 中各部门。

表 6-7　存货清理行动计划之问题分类

主要责任部门	序号	问题描述
采购部	1	采购量超出计划
	2	批量采购过量
	3	计划外采购
	4	采购合同不标准化，导致退货/索赔难
营销部门	5	擅自取消/更改订单
	6	出口报关单上数量与品名错误
	7	进出口的国际货代层层发包，代理进口成本偏高
	8	对顾客提出的退货或索赔未向运输公司或货代公司追偿
	9	运输过程包装塌陷、破损、脏污、大肚、水渍，导致退货
	10	本应大众化的附件/包装，搞个性化定制
	11	订单信息输入错误
	12	寄售/铺货模式危害严重
	13	不当允诺或过于迁就顾客，退货条款宽松、保修期长、索赔理由多
	14	顾客订错型号、提供样品有误
	15	核对产品错误，技术部门、业务员和顾客尚未就主要条款达成一致
	16	公司提供错误的配套附件
	17	订单余量缺乏控制标准
仓储部	18	被价低量大的包装材料等占据空间，大量价高材料租用外库
	19	数量变动没有及时地录入 ERP 系统
	20	在线半成品库存不入库
	21	租用异地仓库过多

（续表）

主要责任部门	序号	问题描述
仓储部	22	仓库数据准确性差
	23	存放异地外协单位
	24	不对账，不盘查
	25	无效库存占用了大量空间
生产部	26	非订单生产多
	27	外协单位计划外生产/备货
	28	生产返工多
	29	不能很好地应付计划的变更
	30	投料缺乏控制
	31	仓库开放式管理，夜班车间随意领出物料
技术部	32	研发新品单兵突进，新品推出未考虑已有材料/半成品/标签/包装物的利用
	33	定额单耗标准修订不及时
	34	产品设计错误导致的批量报废
设备维保部	35	设备严重老化，零件经常短缺，产品合格率低
	36	设备布局不合理，大型的设备过于集中，生产工序之间不平衡，设备故障频繁发生
	37	自动化、智能化程度低，对人的依赖性重
	38	设备带病作业
品保部	39	原材料让步接受带来残次率及加工成本的双高
技术部	40	产品标准化程度低
	41	存货编码不通用，采购、销售、自制、外包、维护不能有效组合，更新不及时
	42	外加工决策错误而导致内部加工资源闲置
	43	外协单位乘机抬高加工费用及损耗率
综合	44	改换供应商/配方/图纸/工艺
	45	现场不能发现问题，仅盘点数量
	46	生产、采购、技术部门很少去仓库检查库存（存货归口到不同的责任部门）
	47	呆滞物资长期不清理
	48	受托加工/未发货订单/委外加工缺乏监督与制约

三、危害性

库存隐藏的问题,远比想象的严重,具体表现如下。

(1) 无效库存积压与有效库存备货不足并存,造成流动资金短缺;

(2) 缺货的风险有为待料而停工、以更高的运费吸收库存、以更高的价格从其他能更快地向你供货的供应商处购买产品部件等;

(3) 无效库存持有成本高,变现难,变现会发生一定的损失:

◇ 因占用较多资金,加重了利息负担,还会导致多余的管理;

◇ 造成搬运、转移的无用功,影响存货的有效合理流动;

◇ 隐藏着劣质产品、材料和零件的浪费以及能源的浪费等诸多问题;

◇ 优化库存实施成本远高于财务人员计算的直接损失。

四、管理目标

构筑能满足顾客交货期、小批量、多品种、高频率物流要求的库存管理系统;缩短生产周期,提高作业效率,减少占用额;应尽可能地保持低库存水平,只保留应对销售计划或销售预测的误差部分以及应对突来订单和次品退换或用于维修的库存;实现销售与生产的平衡,避免存货的过量生产与生产能力的闲置。

此外,积极考虑以下因素:

◇ 如何保证在按时交货的前提下规避价格波动的风险?

◇ 如何确定战略性采购与投机性采购?

◇ 如何建立与顾客、供应商共赢的存货模式?

◇ 存货管理使用的基本方法是什么(有的按预算,有的按订单,再订货方法是经济批量还是最低—最高库存量等其他方法)?

◇ 如何评价存货现状?

五、改善之道

关于存货的管理,理论书籍汗牛充栋,实践中企业探索出很多行之有效的管理方法。而且存货涉及面太广,问题存在的形式多种多样,很难逐一讨论。为此,兼顾普遍性与特殊性,笔者提出以下方法。

(一) 建立存货管理流程

(1) 科学设置组织机构,并明确各高管、各部门在存货管理中的权力与责任,设定有约束力的考核指标。

(2) 提供良好的仓储工作环境和必备硬件(如计量、搬运、信息系统)。

(3) 完全标准化。不仅包括有形的磨具、备品备件、材料、设备等,提高通用率,还包括无形的 MRP、BOM 表、图纸、工艺配方、员工操作手册、工作流程等,越是标准化,复杂性越低,存货就越低。此外,减少常规性的审批流程,适当增加产品跨度,精简产品品类。

例如订单取消/更改,需遵循三个原则。

- 及时性原则。一旦发生此类情况,一方面,业务员要求顾客提供取消/更改订单的书面通知,将来作为索赔的证据;另一方面,在接到顾客通知后的一小时内(即使是顾客口头通知,即使已是下班时间),立即通知到所有的相关部门(如采购、生产、技术等部门),以便这些部门采取紧急应对行动。若因通知时间延误造成损失的,应追究业务员的经济责任。

- 契约性原则。在构成双方交易成立的合同/订单中,应该对取消/更改订单行为带来的责任及义务予以补充及细化。由此避免一旦向顾客追偿损失时,因未约定双方的权利义务或无书面证据,让公司较为被动的情形发生。

- 成本补偿原则。订单取消/更改必然会给公司带来损失,发生的损失应由顾客给予合理的补偿。根据订单的状态,如材料采购阶段、制造阶段、完工阶段(含待装配),成本补偿的数额也有所不同。

(4) 输入、输出及会计核算要及时、准确,确保存货信息完整、真实。

(5) 培养一支训练有素的员工。

(二) 完善采购管理制度

(1) 公司针对不同性质的物资,按照金额大小、风险高低制定不同的采购策略。

对于大金额/高风险物资(战略性物资):由于市场上的供方较少,公司应结成战略同盟,建立长期合作协议;进行上游供应链管理;进行战略资源储备。

对于大金额/低风险物资(集中物资):由于市场供应商较多,公司应鼓励买主之间的竞争,避免货源单一的项目;集中采购与供方签订长期合同;采用招投标的方式;减少供应商数量;实行材料标准化。

对于小金额/高风险物资:尽量减少该类物资的使用,寻找可替代的物资。

对于低金额/低风险物资(一般物资):以节约成本为主,集中供方,或进行价格谈判。

对消耗波动大、脱销影响程度高、订货前置长的物资,合理确定维持必要的常备品安全库存。

(2) 采购计划必须基于用户部门的实际需求生成,并获得有效监控。

存货按照特性分为安全性存货、季节性存货、调节性存货、在途存货和投机性存货五类,企业应分析每类存货占用的合理水平与成因,使用经济批量订货模型和再订货模型,避免为享受较多折扣一次性采购过多和过于频繁采购,从而保持低库存。

相信棉纺企业对以下的情形记忆犹新:棉花在纺织企业占据 60%—70% 的成本,2002 年,某纺织公司在棉花价格大幅上涨之前,囤积了大量棉花,仅此一项节约采购资金 1 000 多万元,该公司时任总经理从下游谈到上游,从国际市场谈到国内市场,从种植面积谈到气象预测,在集团内做了经验分享。但是 2003 年 3 季度至 2004 年 1 季度,棉花价格疯涨,看涨的判断使该公司坐不住了,大量采购棉花,且并非按照需求的合理数量采购,用于博弈的投机性存货一度占据 50% 以上,甚至 2004 年年底还未完全消化,损失惨重。

这样的例子几乎每个集团都遇到过,甚至年年都发生,这种带有赌博性质的投机行为,要坚决制止。随行就市也是一种风险管理行为,虽然价格传导影响力弱些、时间长些,但是还是能转嫁部分价格损失。

(3) 要全面评估影响报价的特殊因素,不仅要考虑价格、质量、订单量,以降低运输成本,减少储存费用和检验成本,还应考虑供应商的稳定性和可靠性、供应商的创造性贡献。公司应明确一般供方和一次性供方的选择标准,并建立供方评审和定期评估机制。

不可过分地关注价格,忽视技术、工艺、操作难度带来的质量下降和生产复杂性,由此生产成本提高、效率下降、合格率降低、检测程序增加,不能将采购成本的表面下降转嫁甚至放大到生产部门。

对供应商的不合格材料,有的公司做扣减单价而不是补料来弥补,这样处理会造成库存与财务账面量价的不符,正确的做法如下。

① 换料的:先做红字退料,然后做进料。也可同时一进一出。需换的物料,仓库要单独摆放。

② 不换料、等额补偿价款的:对无法利用的,根据检验记录,先作退料,以保持应付账款的正确性,然后作为废料摆放;还可利用的,根据检验记录,先作假退料,

以保持应付账款的正确性,然后重新估价进料,作为营业外收入(视同受赠)。

(4)应用存货驱动成本分析法。

很多企业账面有利润,但没挣到钱,钱在哪里?在存货里。打开存货这个潘多拉多盒子就会发现,经营利润被隐藏的存货驱动成本惊人地吞噬。存货驱动成本达五种之多,造成大部分产品无利可图。与此同时,开启存货之门的钥匙就在这里。

表 6-8 存货驱动成本分析

存货驱动成本因子	解释/说明	针对措施
元部件贬值成本	外部市场价格下跌	控制进货数量,优化元部件购买结构(降价快、跌幅大的储备少)
价格补偿成本	因降价或促销给供应商的利润补偿	缩短营业周期,增加补货频率,限制经销商存货存放期限或不予补偿
退货成本	经销商以进价退还	改进产品质量/服务水平,控制经销商存货水平,不退货约定
产品淘汰成本	产品进入衰退期、停产、清仓	老产品退出市场须提前准备,新老产品平稳交替
持有成本	包括存货占用的资金成本和维持存货的实际成本(人工费、租赁费/折旧费、土地使用税及房产税、保险费、保管费、再加工费、移动成本、破损费和损耗费、记录成本、防失窃偷盗费、盘点费等)	自有仓库纳入物流部门,市场化运作,实行5S管理

对照表 6-8 中五类存货成本,需有的放矢,全面分析每个存货驱动成本因子对经营利润的影响。

(三)降低库存,技术为本

笔者认为,降低成本、减少库存占用额,财务部门发挥的作用很小。一旦设计定型,单纯靠管理,库存降低的空间就很小了。由营销部门、技术、财务、采购组成团队,参与新产品的设计,制定原材料目标,同时考虑利用老产品的库存材料(俗称利旧),从而使生产成本控制在目标之内,并消化原有库存。

研发产品通常分四个阶段:首先,做出实验室样品,可能成本非常高,以满足顾客的功能和体验为导向;其次,将实验室样品变成商业样品,综合考虑可实用性、可生产性、可交付性、可维护性,可以基本满足顾客需求;再次,结合市场细分及顾客的应用场景开发,交由顾客反复测试通过;最后,研究用容差设计和更便宜的零部件，追求成本极限。

同样，对设备技术攻关，持续通过设备改造或更新换代，提高自动化程度，提升运行效率，摊薄固定成本，提高良品率，也是降低库存的法宝之一。很多大型制造业的设备预热时间长，不同产品切换调整非常耗时，缩短准备时间就可以在不增加成本的条件下提高产量，也更灵活地制造不同种类的产品。江苏亨通光纤有限公司通过持续的装备升级，拉丝效率高出同行10%以上，同样价值的产品，库存占用比同行低。

（四）呆滞物资变现

呆滞物资变现难，几乎是所有制造业面临的难题。根据笔者多年的经验，可有以下办法。

（1）积极与供应商/外协单位沟通，在保持必要采购量的前提下，变更采购条款，增加可退换或退货条款，尤其是保值期短、规格品种繁多的材料；

（2）生产利旧，订单消化；

（3）向顾客推荐库存；

（4）降价促销；

（5）搭赠给核心顾客，让其体验到额外优惠；

（6）对于品质有瑕疵但可以使用的合格品，通过非正常渠道销售，以维护公司品牌的声誉，同时不扰乱价格市场；

（7）将半成品通过外协单位销售给同行；

（8）如果生产的次品属于半成品或在制品，考虑能够进行二次加工后再利用或对外出售；

（9）自制标准展具，多次循环使用；

（10）提高外协加工材料的折算系数；

（11）对于不可借用、无法利用、技术更新、淘汰、修复成本高的呆滞品，需物理分开，实在无法变卖的，进行报废。

（五）科学进行外包决策

传统的外包还是自制决策，多是从财务角度比较两方案产生的财务收益，但是里面有些假设是有问题的，譬如人工薪酬当作固定支出，已投入的固定资产当作沉没成本等。国内集团产生一批寄生在主业、为主业提供辅料加工/服务的副业，主业盛，副业活得也滋润；主业艰难，副业成了烫手山芋，想脱手比较难。所以，仅从财务效益分析外包还是自制决策，是短视的。

出于全球化经营考虑及客户所在国的要求，零部件非常多或做集成产品的跨国公司通常会通过外包、协作生产来降本增效、分摊风险以及开拓市场，但是带来的问题是协调难度很高，容易造成交付延迟，利润切分，致命的问题是技术外溢与扩散。所以，财务收益并非决策的核心指标，外包决策首先考虑的有两个指标，即专有程度和普及程度，两指标的组合框中，既非公司专有、行业普及性又高的业务，属于"最适合外包"之列；反之，技术/材料/配方/利润模式属于公司专有、行业稀缺的业务，需要自己掌控，属于"最不适合外包"之列。

对外包的全过程管理和控制也是公司的重要工作，对外包商的管理、质量、成本和绩效进行定期考核，并将考核结果直接与价格/收费、采购量挂钩。

（六）实行供应商直供货

现实操作中，顾客提出由公司代购某些公司并不生产的产品，公司会要求供应商按照顾客的要求，直接供应货物给顾客，如配件等。供应商直供货可以快速响应顾客需求，提高顾客满意度，公司可获取供应商的差额利润，但是也会带来物流、库存、开票、收款、付款上诸多问题，有必要建立一套流程（见图6-2）。

1. 业务流程

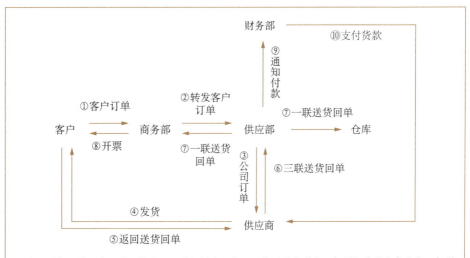

图6-2 直供货业务流程

2. 入、出库衔接

仓库可单独设置成品周转库,仓库凭送货回单复印件,作"一进一出"处理,办理入库、出库手续。

商务部需按订单号、数量(批)、顾客名称(运营商)、货物存放地点、售价(按含税价计算)等关键要素设置直供货明细账,财务部开票后,直供货明细账人员凭发票勾销明细账数据。

财务部在"库存商品"一级科目下设二级明细科目"周转库",实行辅助项目核算,辅助项目设为"顾客",总成本为不含税价。开票后,立即结转成本。

3. 开票及账务核对

供应商在直接供货给顾客后,送货回单应随同发票交公司供应部,财务部根据供应部提供的发票、送货回单(复印件)据以入账。

商务部应按月统计供应商直供货明细账,提供给财务部供互相核对,商务部应定期组织盘点,确保账实相符。

商务部根据合约实施进度,对照供应商的供货商品清单,向顾客进行结算,及时开具发票,及早收款。

公司开具发票的当月,财务部在确认销售收入的同时,应同时结转成本。

财务部应定期与顾客、供应商进行对账,确保账面数额准确无误。

(七)代管料管理

客大欺店。这些年,强势的顾客为降低库存,实现零库存管理,缩短物资供应周期,对货物所有权转移的确认时间以顾客领用而不是以收料时间为界限,给公司带来巨大的压力与风险,顾客收到公司的货物是代为管理公司库存行为,俗称代管料模式。

代管料是赊销的变种,是高端顾客实行 JIT 管理的一种发展趋势,公司面临着业务增长的压力,在承担风险的同时,增加了公司的成本。代管料要贯彻"价格锁定,精算成本""前账不结,后料不发""信用控制,赊销有度""应急生产、避免积压""通用为先,特殊慎重""定期盘存、积极催用"的六句话。

代管料的定义及适用对象如下。

(1)代管料是指为满足顾客的采购需要,公司提前供货至顾客指定仓库或公司租赁仓库,暂由仓库为公司代管,但所有权属于公司的产品、商品、材料等物资。

(2) 适用对象仅为公司的战略顾客及高端顾客。

(3) 风险控制关键点。

① 顾客方面。

◇ 价格未锁定,导致货物贬值的风险;

◇ 代管料未被使用,导致无法转为订单而变成呆滞库存的风险;

◇ 顾客为方便施工,不按工程进度及需求量订购,甚至故意囤积,致使代管料存放时间较长(具体时间由各个公司定,原则上超过发货期3个月),导致因积压而周转不畅的风险;

◇ 顾客在库存有短头可以满足使用的情况下,重新订购整盘,导致定期将短头退货造成损失的风险。

② 预测信息方面。

◇ 未进行代管料信息资料的系统收集填写和汇总,造成代管料销售预测结果不科学,造成无效库存;

◇ 代管料下单的信息与顾客的实际情况不符,导致生产无效代管料。

③ 发货方面。

◇ 发货未得到授权,导致随意发出商品;

◇ 未按照发货单数量与规格装运产品,导致发出商品与发运单不一致;

◇ 货物可能发往错误的或未经核准的顾客,或发往错误的地点。

④ 仓储方面。

◇ 货物被领用,但未得到顾客确认;

◇ 代管料账实不符,导致公司受损;

◇ 因仓库管理不善及公司与仓库信息沟通不及时,导致货物被冒领的风险;

◇ 不经公司允许,顾客或仓库私自借料给竞争对手;

◇ 因仓库管理不善,导致货物被盗、灭损的风险。

(4) 建立联合评审制度。

① 工程立项了吗?是否被政府部门或上级公司批准(提供批文复印件)?

② 工程资金来源如何?工程进度如何?工程建设期多长?

③ 工程预测需要量多少?预测的依据是什么?

④ 工程材料分配给哪几家同行?是否指定我方为唯一的供应商?

⑤ 顾客是否有正式的书面确认资料?如签框架合同、下正式订单等。

⑥ 顾客的付款方式是什么？有无设置付款前置条件(如"工程验收""工程交付使用"等各公司无法把控的条件)？预计回款时间是什么时候？

⑦ 产品价格如何确定？如何保证公司的代管料被顾客全部领用？

⑧ 公司代管料的年限额是多少？本年累积代管料是否已突破年限额？

⑨ 该顾客此前尚有多少代管料未使用？是否已出现/发生呆滞现象？顾客未使用代管料的理由是否充足、可信？

⑩ 产品是否为易销品？如果代管料的型号、规格特殊，公司的自我保护措施有哪些？

⑪ 公司产品预计领用的时间是什么时候？从发货到顾客使用，预计时间需要多长？

⑫ 有无要求扣留质保金？质保期多长？

⑬ 影响各公司代管料使用的有哪些关键人？有哪些并非关键但是重要的人？仓库的作用如何(如存放位置，顾客一般喜欢挑搬运方便、靠仓库门口的货物；如使用建议，仓库会建议顾客先用某家公司的产品)？

(5) 代管料再评估情形。

① 工程发生重大变化，与评审依据的条件严重不符；

② 未来极有可能重新招投标；

③ 代管料可能被抽检；

④ 存在短头、长期不用的情形；

⑤ 发生顾客借料情形；

⑥ 其他重大风险。

(八) 提高分析水平，练就火眼金睛

(1) 占用水平及构成分析。超出核定的占用水平，需仔细分析；所占比重高，是控制的重点。

(2) 生产计划剩余和销售计划剩余。按订单生产，已成为企业的标准工作。生产计划剩余主要考虑了合格品率的问题而投入生产了多余部分，如果不是常备品，就容易形成积压品。根据经验，对中小订单可以使用余量控制，如交付100件产品，只允许生产103件，3%为余量，这是百分比法；对于大订单，如果交付1 000件，只能控制在6件，这是数量控制。销售计划剩余是应非标品订单取消后难以销售，这类除合同中约定违约、赔偿责任外，别无他法，只有快速变卖。

(3) 产成品的流动性分析。存货周转天数即使很低,但还有局限性,它掩盖了产成品库存中供不应求与超期积压并存的问题。因此,存货动销率这个指标应进行深度分析,应用效果非常好。

库存动销率＝(累计销量÷累计月数)÷月底库存量,它反映了某系列产品库存的安全程度,库存动销率越高,说明库存的流动性越强,适销对路,积压的可能性越小。

库存安全系数低或危险的产品,应全力扩大销售,或停止生产,积极处理变卖积压品。

对规格划分过细、生产批次剩余、已淘汰、销量极少或无销量的产品,在停止生产的同时,积极变卖库存。

对新产品,需加强市场推广力度,但投产量应适当维持在较低水平。

(4) 库龄分析。呆滞物资利用很难,迅速处理永久性或实质性损失,无情抹去账面余值:由于各种原因,几乎所有的公司仓库里都有无使用价值或转让价值的存货。

(5) 周转率与周转天数。较之大而化之的存货周转率、周转天数指标,将存货分解到每种类型,进行分析更能揭示问题。

$$原材料周转率＝当期原材料消耗额÷平均库存原材料占用额$$

$$原材料周转天数＝360÷原材料周转率$$

降低原材料库存天数可以减少现金投入,必须采用设计易于生产的产品、采购性价比高的原材料、缩短生产周期、准时提供零部件、第一次就做对、投资高效能机器和工具、设备调整时间短、按最佳产能生产等积极、精细化的方式。

$$成品周转率＝成品销售额÷平均产成品成本$$

$$成品周转天数＝\frac{360}{成品周转率}$$

$$在产品周转率＝当期完工产品成本÷平均在产品成本$$

$$在产品周转天数＝\frac{360}{在产品周转率}$$

(九) 仓储管理的智能化、自动化

仓库进行管理做到合理摆放、快速移动、常清常理,对 A 类材料,利用射频识别技术,就可将贴有条形码的入库存货瞬间完成盘点。月末的盘点并没有什么价值,只是验证安全性、记录可靠性、会计成本结转的准确性而已,将运行中出现的错误发现、调整,实在是一项劳民伤财的无奈之举。学习亚马逊的仓储管理方式,提高空间利用率(如超高层货架),通过机器人实现收发、搬运物料的自动化,减少乃至消灭每月月末的盘点。

(十)建立严格而完善的考核制度

考核就是胡萝卜加大棒,将存货考核指标分解到各部门。任何管理,如果没有考核制度,就抓不住牛鼻子,反被牛拖着走。

对于非订单生产,需要由销售部门与生产部门召开月度需求预测会,科学合理地确定量,超量生产则罚,避免由生产部门按照既往经验、历史数据进行生产。

公司核定存货合理储备数(根据季节性变化而定期调整),以计算超储积压占用资金利息的方式,将责任落实到相关部门,节约有奖,超支有罚。

(十一)建立员工过错赔偿制度

对公司造成损失的,按照损失额的10%进行处罚,部门负责人承担连带责任。被扣钱了,员工会心痛,就会铭记在心,就不会再次犯错。

存货是人、技术、物料、设备、作业的组合,精细化管理没有最好,只有更好。

第五节 成本管理

成本管理,既要仰望星空,又要脚踏实地。

一、成本管理"四结合"

(1)与重大战略相结合:投资并购、上市、产业链、差异化(顾客成本)/低成本(靠规模),追求动态最优;

(2)与技术创新结合相结合:新材料、新工艺、装备升级,这是硬实力;

(3)与管理创新相结合:自动化、协同、精益管理,减少流程成本;

(4)与商业模式相结合:非绑定式(顾客关系型、产品创新型、基础设施型)、长尾式、多边平台式、免费式、开放式,并非成本越低越好。

二、成本的表现形式

成本表现为对经济资源的耗费，包括：采购成本、生产成本、三项费用、税收、基本建设、技改；资源使用的低效率所产生的成本，诸如资金闲置、库存积压过多、固定资产闲置、设备效率低、过多的应收款、流程过多、执行时间过长、组织与人员的低效率、消耗公司资源没有价值的活动。

质量成本：报废、返工、瑕疵及降级产品、退货、投诉。

实际工作中，需要运用三种成本：标准成本、预算成本、实际成本。

三、成本控制措施

如何挤干毛巾里的最后一滴水？实践中，成本控制的措施很多，需要综合运用，大致归类为以下七种。

1. 制定标准

制定材料定额、工时定额、能耗定额、费用标准，并与同行标杆对比，有标准就方便执行。

2. 预算控制

预算是有效的管理工具，预算控制有总额法和单项法。

3. 结构优化

成本控制不仅需要注重细枝末节，扫墙角，更需要上升到更高的层面，看结构，如价值链结构、产品结构、顾客结构、供应商结构、组织结构。以组织结构为例，规模要适宜。国内很多企业追求产能第一，从国内—亚洲—全球，但是工厂不宜分散，没有规模就不经济，规模过大也不经济。当产能过剩时，因固定成本高，不得不承受巨大的痛苦。

4. 技术考量

只有科技才会带来生产率的提高，这是硬功夫，企业需要不断升级研发技术、工艺技术、设备、信息技术，通过产出的提高、损耗的降低来加强成本。

5. 规模效应

没有一定的规模，降低成本很困难，规模化的企业可以实行标准化、通用化、模块化、集中化，降低成本费用。

6. 流程效率

此部分为软功夫，有些企业对此不够重视，也有的企业感到无能为力，企业不断进行流程优化，做好时间管理，提高资产运行效率和管理效率，让员工能力与岗位要求适配。

7. 文化与机制

培养节俭、精细、责任、追求卓越、步调一致的文化，树立对比标杆、发现差距的竞争意识，通过考核、奖惩制度予以落实，鼓励内外联动、部门联动，同心同力地解决问题。

四、降低管理机构的隐形成本

不同于生产，管理机构的工作质量、计量标准有很大的主观性，有的事情拖了如果没有人问，就没有了，但是隐患就产生了，公司会付出代价；该做不做，譬如业务文档的归集、公司制度文件学习；事情做了，但是质量很差；问题存量不去，增量进不来，疲于应付，工作上不了台阶。在几乎所有的公司中，能力强的"刺头"很容易离开，小白、南郭先生却呆得很久。这几年有个坏的现象，多干多错，说话的比干活的多，警察比行人多。现在很多公司喜欢豪华的办公楼，但是后勤保障需要大量人员。

五、树立总成本的理念

建设/购买成本低，运维成本高，投产/交付使用之日就是大修开始之时，这是基建的常见问题。集团在招标采购中，应树立总成本的理念。不仅要看购买/工程成本，也要将安装费用、保养维护费用、每月耗费的水电费、折旧率、净残值、人工操作费用、附属设备费用、配件费用及保险费用列入总成本，以总成本高低进行决策。

第六节 产品策略

归根到底，商业竞争就是产品竞争，顾客永远需要好产品，公司存续的价值就是向顾客提供好产品,员工所有工作就是生产出好产品。企业的价值随着产品的周期而兴衰,产品不好,谈什么都无用。

产品的数量和种类是否适度,产品的细分市场份额多少,如何针对细分市场进行营销,目标顾客怎么定位?产品如何满足目标顾客的需求?品牌营销的策略如何制定?产品如何定价?毛利及毛利率是多少?产品的增长潜力多大?产品处于生命周期的哪一阶段?产品的成本结构如何?如何对产品进行资源配置?这些都是产品策略的内容。

作为财务工作者,走出账房,熟悉产品,了解市场,懂点营销,会如虎添翼。

一、产品竞争策略决定价值创造模式

(一)准确对产品定位

从顾客价值主张中,找到产品定位,从产品定位中选择竞争策略,从竞争策略中形成商业模式,图6-3为华润水泥的产品定位。

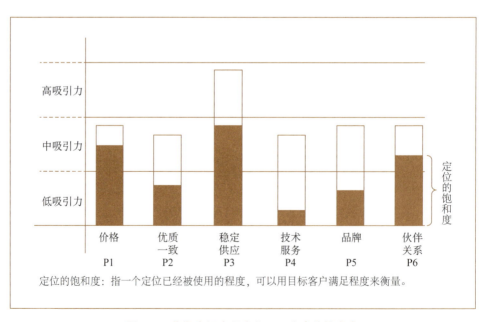

图6-3 华润水泥产品定位——客户价值主张

(二)产品竞争策略理论

骏马驰千里,力田不如牛,不同的产品竞争策略导致价值驱动因素不一样,财务表现也大不相同(见表6-9)。

表 6-9　低成本策略与差异化策略比较

价值驱动因子	低成本	差异化
销售增长	• 维持竞争性价格 • 寻求在主流市场扩大市场份额的机会,发挥规模经济的优势	• 谋求溢价 • 寻求在非主流的细分市场中经营
经营利润率	• 实现各种价值创造活动的规模经济 • 内部提高学习曲线效应及持续改进,如标准化、产品设计改革、改进生产进度表等 • 供应商提供最快的交货速度、最优惠的价格、可靠的产品质量; • 最大限度地降低各种支出	• 做到人无我有,人有我好,保持产品的研发及更新,向精、特、新方向发展 • 优化产品结构,创造最优的产品组合 • 减少对满足顾客需求无益的产品功能及服务支出
营运效率	• 管理应收账款,通过内部管理以缩短平均周转期 • 在不影响对顾客服务水平的前提下,尽量减少存货	• 将应收账款政策与产品差异化战略相结合,向顾客施压缩短账期压力 • 将存货维持在与产品差异程度相一致的水平 • 与供应商签订最有利的应付账款条款
固定资产投资	• 规模制胜,扩大产能,摊薄成本 • 提高固定资产的利用率 • 以最低成本获取资产,如以租代购	• 投资于能够使产品差异化的资产 • 设备定制,保护专有技术
WACC	• 有息债务占比高,选择成本最低的债务工具 • 与经营战略相一致,减少经营中的风险因素	• 股东投入占比高,选择成本最低的资本工具 • 提高产品差异度,以使需求更加不受总体经济的影响

由克利夫·鲍曼(Cliff Bowman)提出的"战略钟"模型,突破了传统的波特理论(低成本和差异化,两者只能取其一),对具有规模较大、市场占有一定份额的集团而言,非常具有理论指导意义和实战作用。

"战略钟"是分析企业竞争战略选择的一种工具,将产品/服务价格、产品/服务附加值对顾客价值主张的两大要素,展开组合成 8 种情形,如图 6-4 所示。

二、产品竞争策略的启示

不同的产品竞争策略,对集团财务带来哪些启示呢?

(一)坚持成本领先

低价≠低成本,无论是低成本竞争策略、差异化策略还是混合策略,在中国,

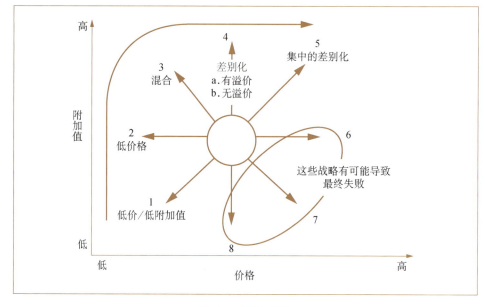

图6-4 "战略钟"

都必须坚持成本领先。

在行业周期的任何阶段,无论赚小钱还是赚快钱、赚大钱还是不赚钱,企业屹立不倒的秘诀就是能比别人更会省钱。

低价竞争曾是中国产品走向全球的法宝,这是中国产品在全球消费者心目中打下的LOGO,这是中国产品的核心竞争力,不能丢弃。低价竞争靠规模、靠低生产要素成本,靠精益生产,拧干毛巾里的水分。

(二)多策略并用

波特理论认为,低成本和产品差异化策略曾经被认为是企业战略中鱼与熊掌不可兼得,但"战略钟"提供了理论依据,混合和集中差别化也是可行的,尤其在国内产能过剩的当下。通常,一个行业龙头企业的产品结构具有三类产品组合。普通产品走低成本策略,利润率虽低,但销量大,消化了企业的三项费用,保证公司能获得稳定的经营利润,是利润根基;少数产品走差异化策略,获取超额利润;开发攻击性的低价产品/低价低附加值产品,以低价搅局,驱逐竞争者,为公司的普通产品以此确立行业领导地位。

(三)产品转型,应循序渐进

从低价低附加值→混合→集中差别化,不可能一步登天。低成本竞争的产品附加值低,而差异化竞争的取胜之处在于顾客能认同它们的产品比同类竞争对手的产品更具优越性。

避免产品同质化,没有技术特长的小米堪称这方面的典范:

(1)同样的产品,同样的功能,价格更便宜;

(2)价格不变,增加新功能;

(3)同样的价格,同样的功能,设计做得更加新颖。

由于消费者的视角较难把握,而且顾客的忠诚度容易因很多因素而改变,需要比拼产品和企业品牌、技术领先程度(是小米的显著缺陷)、产品或服务的质量高低、顾客的信赖程度、产业化转化能力、紧贴顾客需求和市场等多种综合因素,罗马不是一日建成的。

(四)差异化策略是必由之路

低价竞争策略并非一劳永逸,经过40年的发展,已暴露出很多问题:规模至上,导致产能大量过剩;舔干碗口的油渍,起点低,门槛低,竞争者大量涌入;中国已经进入高成本时代,土地成本高,用工成本高,安全环保投入大,让许多企业无利可图;面临着市场需求不振、产品转型艰难的双重打击(见表6-10)。

差异化策略要求产品进行升级换代,逐渐远离量大利薄的主流市场,难啊!

表 6-10　产品档次决定不同的竞争策略

档次	进入市场	市场特点	竞争策略
低档	主流市场,占市场总量的90%	跑量,价格低,竞争者多	规模经济*
中档	次主流市场,占市场总量的10%	准入门槛高,量少,少数人吃独食	差异化
高档	非主流市场,占市场总量的1%	价高,小众,竞争者少	极优、极特、极专

*:边际效应开始是递增的,随着规模的不断扩大,边际效应开始下降,当规模当达到一定程度时,边际效应为负,规模就不经济了,需要不断积累并估测出经验数据,所以,很多集团按最佳产能设定工厂投资额。

(五)聚焦产品

学会靠一、两种产品包打天下的做法,一旦消费者形成了品牌认知,就有了排他性,还可以带动其他门类产品的销售,这种打法是"占山头,先插旗"。

三、构筑产品核心竞争力

(一)品牌建设

公司是人格化的公司,公司的载体是产品,客户会通过产品对公司进行形象定位。当然,如果不精心塑造,个人就泯泯然于众人矣。

品牌要围绕消费者定位,划分认知层次,一定区别于竞争对手,打造差异化形象,财务要当产品的品鉴师、体验师。

品牌的定位:内涵、特色个性和与众不同的地位。

品牌的认知层次:知名度、偏爱度、尝试率和忠诚度。

品牌差异化:运用 FAB 分析法(F,feature/fact,产品的特点;A,advantage,产品与竞争对手相比的优势;B,benefit/value,这个优势给用户带来的价值),塑造产品的功能、服务和体验。

在制定品牌策略时,财务可以从四个方面思考。

(1)品牌战略和公司的业务发展目标是否协调一致。

(2)品牌是否能够真正创造价值(当前价值和未来价值)。

(3)投入多少,分配是否合理,是否有针对性,避免将所有的投资放在品牌建设上,而且必须保证有相当一部分能够带来直接结果,另外一部分则是间接的效果。

(4)监测品牌策略的执行效果。对品牌建设饶有兴趣的笔者,曾见证过失败的品牌建设。产品刚问世,就请明星代言,召开盛大的媒体发布会,在央视做广告,完全不考虑产品特点和线下门店数量,投资人白白砸进几千万,水泡都没冒。

品牌建设是一项长期工程,是一项战略性资本支出,每次动辄千万元支出。作为财务工作者,要善于学习市场营销知识,要勤思多问,更要敢于质疑,以下为笔者的三点体会。

(1)只有达到一定量的级别,才能考虑做品牌。中国地缘广阔,消费者差异性很大,品牌建设需一步步地走,从城市到区域,从区域到全国,不要期望一步登天。

(2)不能变现的流量,不能带来销量的推广,没有销量的品牌,都是耍流氓。别一开始就说要创品牌,东西卖出去,品牌就自然而然出来了。

(3)先树立某个产品在细分领域做到地区/全国/全球的第一,让客户形成印象。单品冠群,产生晕轮效应,会带动其他品类销量上升。

(二)周期理论

光靠勤奋是不够的,人生发财靠康波周期理论,产品也是如此,好风凭借力,送我上青云，公司要善于抓住最好的发展时期。表 6-11 是产品在不同生命周期的基本特征。

表 6-11　产品生命周期的基本特征

基本特征	投入期	成长期	成熟期	衰退期
市场特征	知名度不高	建立制度	具有较高知名度	市场萎缩
战略目标	生存、成长	发展壮大	巩固、改善	产品更新
关键因素	营销、顾客认可	提高市场份额	控制成本	研发
成长性	非常高	高	中等偏低	负数
资金来源	风险（权益）资本	权益资本	债务资本	债务资本
经营风险	非常高	高	中等	低
财务风险	非常低	低	中等	高
现金流量	负数	基本平衡	正数	平衡
每股收益	几乎没有或非常低	低	高	开始下滑
股利支付率	零	一般	高	100%
市盈率	非常高	高	中等	低
财务战略	稳健成长型	快速成长型	稳健型	紧缩型

产品的核心指标是产品的利润增长、市场份额扩大和成本降低，经营单元通过表 6-12 展示，就能让产业板块一目了然。

表 6-12　基于生命周期的主要产品分析

生命周期	规模及利润		市场份额		主要成本项目			
	销售额	毛利	销售区域	销量	市场占有率	原材料	人工	折旧及维修	…
导入期									
成长期									
成熟期									
衰退期									

原材料可以从良品率、材料利用率、采购成本节超率等指标辅助分析，人工可以每生产线额定人数、生产线产能及产能利用率等行业经验数据辅助分析，折旧及摊销可以从设备利用率、每条生产线固定资产投入等历史数据辅助分析。

经营单元通过数据的积累与分析,很容易就得出宝贵的经验数据,产业板块也就变成内行人。

第七节 业财融合

任何一个公司,所有的活动都是围绕客户、订单进行的。诺基亚的企业文化、管理水平、成本控制能力也是首屈一指,但是失去市场,没有订单,一切都是零。一个优秀的营销人员,如果能掌握基本的财务知识,做生意在把控风险、控制费用、回收货款方面肯定会做得更好。同样,财务人员如果学习一些营销与市场知识,与业务部门就有了更多的共同语言,提高了自身评估业务的能力,更好地执行营销政策,工作中会如虎添翼。

一、定价之美

麦肯锡公司在20世纪90年代对2 400多家公司进行一项研究,该研究显示了不同的定价策略对利润底线产生的不同影响:固定成本每减少1%,利润可以提高2.3%;产量每增加1%,利润可以增加3.3%;可变成本每降低1%,利润可以增加7.8%;价格每上升1%,利润可以增加11%。可见,产品定价对利润变动最为敏感,但产品定价是非常复杂的学问,既不能因为价格过高而无法获取市场份额,又不能因为价格较低而丢失利润。

(一)定价方法

产品定价的基本方法有成本基准定价、竞品基准定价和价值基准定价。通常,不同的定价方法适应于产品周期的不同阶段、企业在市场竞争格局中所处位置。非常有趣的是,杰弗里·摩尔在《跨越鸿沟》中指出,定价原则是不变的,那就是以顾客为导向的定价原则,这里要把握两个关键方面:市场领导权和竞争性格局。

(二)因客户而异

杰弗里·摩尔认为,公司面对创新者、尝试者、实用主义者、保守主义者、怀疑主义者等不同特性的客户,需要采取不同的定价方法:对有远见的客户(即尝试者),采用价值基准定价,即高定价;对保守主义者,价格越低越好,采取成本基准定价;对实用主义者,采取竞争基准定价。

（三）禁忌渠道定价

最糟糕的定价原则就是渠道定价,即不同的渠道采取不同的价格,譬如,电商平台要求厂家线上价格至少比线下低15%,这是在自毁长城。任何产品都有特别适合销售的渠道,渠道犹如自来水管,将自来水公司的水输送到千家万户。所以,无论三种定价方法的哪一种,还是以某种定价方法为主的混合式方法,都要考虑渠道费用。在成本价与销售价之间预留合理利润给渠道商,不仅有利于产品快速打入主流市场,并且吸引其他销售渠道分得一杯羹。

业内有个名词叫定倍率,定倍率是指商品零售价格与成本价的比值,保持合理的定倍率,方能维持公司合理的利润。服装行业的毛利率乍看很高,但大部分被渠道或终端吃了,30%为衣服制造加工成本,46%为渠道毛利,24%为类房租成本。类似地,水电行业的高毛利率被利息吃了,高科技行业的高毛利率被研发费用吃了。

（四）建议

一个公司,纵使产品、技术如何好,若定价犯大错,将是万劫不复的灾难！价格一旦形成,消费者容易形成对产品的定位,其后改变消费者认知就很难。

定价更是财务的分内之事,参与定价并非仅仅计算一下成本这么简单,必须懂得市场、营销、产品等方面知识,这样在定价上更有发言权,建议更有价值。

（1）定价不仅仅考虑生产成本、目标利润、竞争者多寡、竞品价格、食物链的利益分配,还应该考虑消费者心理,如公平、伦理、民俗、习惯等因素。

（2）在提供多元化产品时,企业应根据产品线内各产品需求之间的相互关联性来对产品进行差别定价,避免同类相残。

（3）在实施产品扩张策略时(即水平式扩张和垂直式扩张),必须考虑的是着眼于提高产品线的总体利润而不是单个产品利润(整体大于部分之和),产品之间有着很强而且很明显的互补或替代关系。

（4）一定要差异化定价,不能人云亦云,否则,你会被淹没在人群里。

（5）先圈定目标顾客,后定价。

（6）客情分析、市场调研是必要的,但市场调查不是万能的,很多被调查人员会反向思考,有意遏制卖方价格提高。

（7）完美的定价需要包装设计、渠道、推广、营销等配套手段跟上去。

（8）有比较、可鉴别的有形定价方法容易做到，但对眼睛看不见、心底若隐若现的无形定价方法很难掌握，如体验、想象、感性、创意、洞察、远见。

（9）观察竞争对手的反应，通过对竞争对手设置屏障，确保定价策略在提高自身利润的同时，排斥竞争对手。

二、产品分析

产品分析有很多种方法，单一分析有很多局限，要从回报与趋势两方面进行分析，融合财务思维与市场思维，从而为产品的决策提供更全面、客观的依据。

首先，基于回报的分析，以毛利额为横轴、毛利率为纵轴进行二维分析，如图6-5所示。

图6-5 毛利率与毛利额组合图

如果仅从毛利额、毛利率分析，还不够全面、深刻，上述的巩固、扩大产能、扩大销量只是初步结论，这是静态的财务思维，还必须具有动态的市场思维，对价格/销量进行走势分析。

其次，剔除放弃的产品后，对剩存的产品进行二次分析，此分析基于价格和销量的趋势。

产品价格走势图反映了公司的议价能力及产品价格为市场的接受度，销量走势图反映了产品的成长性。现实中，远比四象限复杂，两者之间的组合会有很多现象，以下仅列举重点关注的几类趋势。

A类：销量、价格均为上升通道；

B类：价升量升，价跌量跌；

C类：价升量跌，价降量升；

D类：价格回落，销量急速减少。

经过两次递进分析，将回报与增长相结合，据此可以制定不同产品的销售策略。

三、评估营销投入

几乎所有公司的营销部门自产品投入市场，就要申请多多益善的费用预算，理由非常充足：前期没有知名度，要打开市场，要有可观的推广投入；中期要保持增长，加大对渠道投入；后期要巩固市场地位，需要更大的广告投入。由于财务部门不具备对业务的理解力，往往对营销预算没有反驳的能力。实际情况并非如此。

对于营收尚不稳定的公司而言，营销投入多少为合适确实难以评价。尽管费用控制有很多办法，如销售费用/营业收入、固定费用＋变动费用、包干费用、增量评价模型等，但是每家公司的营销策略不尽相同，投入产出分析是事后诸葛亮，所以，对营销费用的合理性难以有一个客观的标准，但总有一些原则。

1. 营销投入跟着营销模式及策略走

成功的产品从问世到退出，要经历"创新者→尝试者→实用主义者→保守主义者→怀疑主义者"的通关过程，对不同的客户群体，营销模式及策略一定要改变。

2. 根据公司营销活动目的

区分是创造市场需求还是满足市场需求，创造市场需求是付出，公司需要投入；满足市场需求是索取，公司需要得到回报。一般而言，产品问世的前期是创造市场需求，一旦越过了创新者和尝试者，就进入了满足市场需求阶段，投入效果要立竿见影，如销售额的增长、利润的提高。

3. 集中火力

钱永远是有限的，要集中火力攻占市场，聚焦产品、渠道、区域/细分行业，不可广撒网。

4. 线下塑品牌

互联网对渠道（销售通道）的冲击非常大，去中间层直达用户，层层转手的批发渠道将难以存活。与此同时，品牌商一方面借助阿里巴巴、亚马逊等电商平台发力，同时扩大线下自营门店，以扩大品牌影响力，反制电商平台店大欺客及自创品牌。

四、获取客户

第六节中提到的周期理论是从产品的角度分析，但是商战中，我们需要转换视角，站在客户的角度分析，可以少走弯路，有利于快速获取客户、拿下订单。

1. 找到真正的客户

产品再完美，也不能适应所有客户。在产品没有进入主流市场之前，真正的客户是非常少的，此时期的公司非常煎熬。应该考虑适配性，明确哪些是公司的目标客户。

首先，知己知彼，不仅要清楚自身产品性能、公司实力，还要分析透竞争对手，在客户决策的关键要素上，问自己能否比竞争对手做得更好？

其次，描述目标客户的内在特征，并建立筛选客户的标准，如同麦当劳选址一样。高门槛并不可怕，客户门槛越高，意味着竞争者越少，今后被踢出的可能性越小。

最后，淘汰掉不符合标准的客户，公司所有的资源不能浪费在未经选择的客户身上。

2. 学习互联网公司，研究出客户偏好

有的客户重账期，有的重付款条件，有的重付款方式，有的重视价格，有的重品质，有的重交付，有的爱新品，有的喜技术，有的重视服务，有的重合作关系，有的重响应，不同的客户，偏好不会完全相同。东边少的西边补。

3. 制定个性化营销策略

摸清客户偏好，有了客户画像，公司根据销量、价格、量价走势、客户利润贡献、采购份额、产品类型、加工成本、加工难易程度、品牌策略（打品牌的，需要重金投入）、资金投入、产品毛利额、毛利率等内部考量因素对客户进行分类，制定不同类型客户的营销策略，精准打击，大数据杀熟已成为互联网公司获取更多利润的法宝。

4. 挖掘客户价值

不能对所有客户一视同仁，面面俱到。提升销量最有效的手段是要筛选出能迅速起量的战略客户、重点客户，集中火力炸开城门。

随着非主流市场→次主流市场→主流市场的递进,客户的专业性会越来越低,应用性研发侧重于傻瓜式,以降低产品成本,最大限度地减少不必要的运维支出。

五、合同评审

下单是天下公司最难的事,财务应在报价模型、盈利模式、合同评审、费用管控、应收款风险管理、绩效计量、融资(多快好省地拿钱)等传统领域发挥作用,如果更能深入一步,控制风险、提高订单利润是财务在合同评审工作中的重要职责,实践中,一定要紧贴市场/营销部门,眼睛向外。

(1)将客户的特殊要求(指定原材料供应商、增加工序、特殊产品),佣金,渠道费,物流费,无条件退货,起订量,产品责任险,出口信用险纳入评审内容,以完整地反映客户/订单利润。

(2)报价是否在客户的预算范围内?是否与项目的预期经济回报差不多?

(3)风险控制,如客户信用、付款方式、付款期限、汇兑损益、资金占用费等。

(4)研究提高订单利润、降低订单风险的办法及空间。

六、竞标项目

项目通常是大订单的组合,重要性不言而喻,但是拿项目的难度极高,财务部门应该在项目评估、投标、业务及产品定位、营销策略等方面提供建设性意见。

(一)评估项目价值

可以从项目贡献度、项目风险、客户风险三方面进行评估。

1. 项目贡献度

通常是从财务贡献的角度,如营收、利润、现金流,但竞争讲究谋略,业务是复杂的,单从财务视角这个角度是远远不够的,需服从于整体策略。

市场影响力:标志性项目要奋力争取,是一次绝佳的宣传机会,譬如华润水泥供货港珠澳大桥。

技术影响力:对于通信公司而言,每逢国际大型商会,都是一展身手的好机会,拿出最先进的技术,占据和巩固在客户心中的领先印象。

客户愿望程度:如果战略性客户、重要客户遇上难题,迫切希望公司施以援手,利益要放在次要因素,远比客户处于顺境时花大力气公关要好。

战略要地：与客户的第一次合作一般都很难，汽车零部件厂家从获得供应资格到拿到订单，通常需要几年时间。对领地或重点区域的项目，占据或巩固战略要地是首要任务，必须拿下项目。

2. 项目风险

一个大项目由若干小项目组成，公司产品只是众多供应商或承包商之一，客户本身就是业主方或分包商，对所有的产品、技术进行集成，项目自身存在失败风险，如外部环境变化、项目资源先天不足、实施中遇到瓶颈或障碍难以短期克服、项目的预计收益调低、项目管理能力弱等。

3. 客户风险

客户风险通常包括对项目的定位及优先排序、财务状况及实力、战略性资本支出安排、市场信誉等。

（二）评估项目可行性

评估项目可行性的衡量指标有四个。

1. 客户需求

既解决客户的痛点，还能为客户提供附加价值，才能拿下项目，而且为下一次合作奠定基础。

2. 客户关系

良好的客情关系是项目顺利进行的保证，否则，就会遇到客户员工的各种"卡"，得花大量的时间、人力去沟通、协调，信任非常重要。

3. 招标得分

大项目都需要公开招标，客户会对公司递交的资料，结合自己的了解，对公司进行打分，分值的排名及高低决定了公司是否能够获取订单，以及供货数量多少及价格的高低。

4. 交付能力

技术及工艺、原材料供应、排产、质量、资金保障、进度风险、物流安全等影响交付能力，交付能力强，项目可行性就高。

按照由低到高的顺序，通过评估项目价值和项目可行性的两维分析，看似复杂的项目决策就变得较为简单，可采取不同的策略。

（1）价值高、可行性高：全力以赴，志在必得；

（2）价值一般、可行性一般：量力而行，有所取舍；

（3）价值低、可行性低：果断放弃，或充当搅局者，将竞争对手拖下水。

（三）项目跟踪管理

项目的跟踪管理是指与产品交付后的客户关系管理，这个环节投入少产出高，但往往得不到公司重视。

（1）及时总结项目成功经验，建立项目方案库，以便向客户推广项目类型相同、影响力大的案例，获取下一次同类订单；

（2）监控项目进展，巩固和提升客户关系，建立定期拜访机制；

（3）寻找产品交叉销售的机会，挖掘客户的衍生项目需求；

（4）一旦决定争取拿下项目，财务部门在提高竞标得分、开保函、资金需求测算、融资、预收款、交付收款、验收收款、保证金收回、逾期催收方面要发挥重要作用。

第七章
CHAPTER 7

海 外 公 司

　　商务部在 2019 年 1 月 16 日发布的数据显示,2018 年度,我国全行业对外直接投资 1 298.3 亿美元,同比增长 4.2%,其中,我国对外金融类直接投资 93.3 亿美元,同比增长 105.1%;对外非金融类直接投资 1 205 亿美元,同比增长 0.3%。

　　中国企业正面临从本土企业走向跨国企业,最终成为全球企业的艰难历程,海外布局是中国经济发展到全球第二大经济体的必然选择,中国企业需要兼收并蓄,先当好学生,培养全球管理能力、创新意识、对环境敏感性和适应能力,始终牢记风险管理,坚持财务稳健,发挥海外团队强烈的凝聚力和认同感,具备对当地市场的深刻理解力和开拓能力,进而建立全球的业务网络,形成持久的竞争力,最终在全球竞争中获取理想回报。

图 7-1 2013—2018 海外并购数量及交易额图

第一节 境外投资遇寒流

目前,中国经济发展遇到短期困难,严控境外投资,严控外汇流出,国企通过严格的审批程序对境外投资进行控制,发改委于 2017 年出台了关于发布《民营企业境外投资经营行为规范》的通知,对民企的非理性投资进行限制。国际与国内的双重挤压导致海外投资遭遇寒流。

1. 贸易自由与贸易保护交锋甚烈

加入 WTO 以来,中国享受了经济全球化的福利,是贸易自由化的坚定支持者。全球经济一体化是一面双刃剑,对有些国家而言,不只会带来发展机遇,也会造成损害,加剧贫富差距。

改革开放 40 多年来,中国企业已经完成了资本的原始积累,建立了较为完整的产业群链,价廉物美的中国商品行销全球。近几年,贸易保护主义、民粹主义日益抬头,给中国产品出口与中国企业海外收购人为设置障碍。

2. 反倾销反补贴的压力越来越大

由于中国的市场经济地位始终不被某些西方发达国家所承认,野心崛起、世界血汗工厂、政府补贴、强令以市场换技术等负面报道不断,致使中国形象受损,众多国家将贸易纠纷的矛头一致对准中国,纷纷设置技术、贸易、环保、劳工、知识产权等市场壁垒,打压中国产品,以致中国成为世界上反倾销头号大国,产品出口经受着越来越大的阻力。走出去,全球布局,藏富于外,是顺应形势的不得已选择。

3. 一些发达国家祭起反收购大旗

2018 年美国出台了 FIRRMA 法案,大幅度修改 CFIUS 审查程序,目的是严格限制中资企业收购美国企业,德国、澳大利亚竞相效仿。走日本"从出口导向向投资导向进化"的这条路并不平坦,海外投资短期受阻,但长期还将是必由之路。

4. 产业结构急需调整

改革开放 40 多年来,我国 GDP 的增速从高速转向中速,但相当部分的增长是以牺牲资源、破坏环境、产业结构扭曲为代价的。我国人均资源贫乏,相当一部分行业的生产能力严重过剩,必须放眼国际市场,整合全球资源。

5. 境外投资政策发生转向

最近几年,国家收紧了对境外投资的审批,实行严格的外汇管制,监管境外投资的来源与去向,人民币贬值的压力会让境外投资付出更多成本,禁止民营企业非理性对外投资,国企不敢越雷池半步,民营企业海外并购兴趣下降。

尽管走出去面临各种困局,但是从长期来看,学习日本在全球布局,走出去仍将是一项国策。

第二节 海外企业经营维艰

改革开放以来,海外投资额增长较快,但基本上惨淡经营,鲜有大成之案例(如果通过收购境外企业,将境外产品/服务输入到国内,争夺国内市场,则不能称之为成功)。经验乏善可陈,教训却比比皆是。

一、海外投资的特点

体现国家主导意愿、大手笔的基本为国有企业以及实力雄厚的民营企业;FDI 的区域分布从开曼、中国香港、维尔京开始向欧洲、美国、澳大利亚以及"一带一路"国家转移;投资领域主要在劳动密集型企业,在金融业、服务业、资源型、高科技、高端服务行业还属于凤毛麟角;对发达国家投资的某些产业,逆向于国际产业分工转移潮流;投资方式以前主要为自建,现在以并购为主;产品/服务档次低,难以进入东道国的主流市场。

二、海外投资项目先天不足

(一) 投资动机政治化,缺乏明确发展战略

在海外投资的结构中,国有企业占绝对比重。为响应国家号召,国有企业基本上不进行详尽的考察、分析、论证,项目就草草上马。非商业化的投资,一开始就注定了海外企业命运多舛。

国有企业较为看重国家的外交企向、政策导向，但是国家鼓励做的，企业不一定能做。

随着西方国家对中国"以国家形式参与全球竞争"指责之声日多，今后国有企业海外投资并购将会遇到巨大的障碍。

(1) 这些年国内支持国有企业兼并重组，国有企业之间的合并产生了巨无霸，同时使大量民营企业退出竞争领域，最新的世界500强企业中国占据120席，绝大部分为国有企业，数量仅次于美国，让西方国家心存畏惧。

(2) 西方推行自由市场经济，私人经济占据国民经济的绝大部分比重，国有企业被视为挟国家力量参与竞争，经济体制不同导致对竞争优势有不同的理解。

(二) 自有资金少

借鸡生蛋、空麻袋背米是中国企业的惯用经营思维，海外投资资金来源主要依赖银行贷款（如国家开发银行、进出口银行等政策性银行的贷款，也有商业银行或银团贷款），资本结构扭曲，海外企业债务负担沉重。

资本实力是企业规避和防范风险的核心因素，从某种程度上讲，经营恶化、财务危机爆发的导火线就是偿付能力不足。稳健的财务策略是日后投资取得成功的必要条件。中国企业往往不顾自身实力，心比天高，2017年对外投资中，自由资金比例仅有28%，债务投资占72%，普遍加杠杆严重。

(三) 海外投资理念落后，布局落点不当

(1) 相信与政界建立良好的关系可解决一切问题，对市场的研究分析较少；重视享受初始投资的优惠政策（如税赋减免、用工政策）；比较看重基础设施等硬件，但对市场准入、劳工教育水平、产业聚焦和供应链效率、政府官僚体制运作效率及廉洁度、知识产权保护、公平竞争等软环境较少重视。

(2) 选择投资区域时，重利轻弊。经济发达国家有着比较完善的法律与监管框架，资本市场比较成熟，宏观经济与社会政治相对稳定，国家风险系数比较低，但竞争激烈，违规代价巨大；发展中国家市场成长较快，但政治/经济动荡，法规不健全，商业贿赂、社会秩序不稳定常有发生，国家风险系数比较高，缺乏安全感。

三、战略模糊，经营维艰

(一) 战略问题

作为外来者，产品要打入当地主流市场，首先要制定明晰的发展战略。但母

公司国内赖以成功的核心竞争元素难以复制到海外,低价作为惯用的竞争手段,认为便宜就是好,产品进入不了当地主流市场,竞争策略水土不服。

(二)产品问题

不同地区的消费者对产品的偏好度不一样,美国人认广告,欧洲人认技术与功能,亚洲人则认价格。

(1)销售渠道少,产品无品牌。海外分销渠道和服务网络的缺乏,以及推广和广告专业知识的欠缺,使得公司的产品进入不了当地主流市场。

(2)技术创新及研发能力差,产品多为大路货。技术含量低,产品差异化程度低,产品没有紧贴当地消费者的需求,产品缺乏创意,人性化考虑偏少。

(三)财务问题

(1)销售乏力,市场拓展困难,投产或接管即亏。

(2)信用控制两极分化,未能探索出符合当地特色的信用管理办法。多数海外企业过度放账,应收账款高居不下,坏账损失较多。

(3)资本结构不合理,负债率偏高,流动性不足,潜伏着债务危机。

(4)盈利面少,亏损面大,盈利企业的盈利额低,亏损企业的亏损额高。

(5)财务舞弊、私设小金库等问题突出,基础薄弱,内控失效。

(6)董事会形同虚设,内部人控制现象严重,经营者决定会计政策和会计估计,不同国家/地区的海外企业会计信息不可比,业绩计量缺乏统一的参考尺度。

(7)财务部门作茧自缚,忙于不断复制会计报表,成为"表哥表妹",堆砌数据,然后在数据上进行眼花缭乱的组合,无暇顾及经营中的决策与控制。

(8)海外企业多以中文、当地文记两套账,平添了大量工作。两套账存有差异,日积月累,差异较大且无法知其原因。

(四)人才队伍问题

不同国家的会计政策、商业环境、税收、法律环境完全不同,这对派出的财务负责人提出了非常高的要求。遗憾的是,派出的财务负责人在信息技术、专业知识、业务能力、敏感性、外语、沟通能力等专业方面距离要求相差甚远,且不信任当地人员。

(五)工会问题

在解聘、加班、请假、加薪、计酬方式、工作环境与条件等涉及工会会员重大利益方面,海外公司的工会组织代表劳方,与中方管理层进行谈判,动辄停工,甚至让企业陷于瘫痪,致使营运效率低,产品质量不稳定,用工成本节节攀升。

（六）沟通问题

由于语言及文化差异,海外企业行单影吊,与东道国的政府、供应商、客户/消费者、雇员、媒体、社区、行业组织等利益相关者难以顺畅地沟通,本土员工缺乏归属感,流动比率高。

四、股权相关问题

（一）名义出资人和实际出资人不一致

根据我国商务部的要求,名义出资人应作出放弃权利的承诺,并在当地公证。但个别企业未办理该手续,留有重大隐患。

（二）名义出资人内外不一致

由于海外企业的股份涉及转让,个别海外企业存在国内商务部批复的境内出资人与国外登记注册的出资人不一致的情况。

（三）分红未按指定进行

境外投资分红,因为涉及双重或多重股权架构,管道太长,往往水并没有流出来,中途被截留、私分。

海外投资成功与否固然与客观条件、经营管理水平有关,但不可否认的是,走出国门后,见之于无形的国人固有习惯也潜移默化地影响着海外项目的成败。

(1) 缺乏远见与耐心,看重短期利益;

(2) 崇尚事半功倍,好走捷径;

(3) 天高皇帝远,不按当地法律和制度办事,风险较大。

第三节 海外公司理财环境

由于所处的政治、文化、技术、规模、地理位置和管理风格迥异,海外公司的理财环境呈现复杂性、多样性和差异性三大特点。稍有不慎,公司就会麻烦缠身。

笔者不讨论无法企及的政治、技术等因素,仅列举当前海外公司所存在的共性之处,主要体现在以下五个方面。

一、政策的透明度、合理性与执行力

经营海外企业,不能以国人的思维和眼光观察并对待东道国政策,不妨换位思考,以跨国投资者的眼光看中国政策。国内一些政府部门紧握审批、审核权,制定的政策较为粗放,透明度较低(内部有掌握标准),政策制定从严、从高(让企业难以企及),但执行从宽,因企业而异,令企业经营风险很大。内资企业习惯成自然,应付起来游刃有余,但初来乍到的外资企业就难以适应。

二、跨国界的监管

中国人寿因国家审计署披露财务舞弊而在美国被起诉,道出了跨国界的监管难题。中国人寿在大陆地区经营,在香港地区上市,有美国人买了中国人寿的股票,若财务造假属实,究竟由哪一方监管?按何地的法律来制裁?这是个非常复杂的问题。

三、会计环境差异

会计准则所面临的会计环境非常大,政治制度、经济体制、商法、外汇管制、税收制度、民俗习惯等都会影响会计准则的制定和修改,加大了财务管理的难度。

诸如国内学术界提出的统一母子公司的会计政策,对海外公司而言,既无必要,又难以执行。首先,东道国是否认可执行 IAS,中国的会计准则虽加快了与 IAS 接轨步伐,但目前还非相同;其次,会计政策的制定并非财务部门闭门造车,还需要考虑海外企业的实际状况、会计环境等诸多因素。

四、文化差异

霍夫斯·泰德对 IBM 投资于 64 个国家的企业中的 8 万名员工进行了问卷调查,将文化差异归结为四个维度:权力差距;个人主义/集体主义;不确定性规避;男性化/女性化。男性化/女性化指的是在多大程度上,人们更强调确定性和物资主义(男性化),以及在多大程度上,人们更强调对人的关怀和生活的质量

(女性化)。

值得注意的是,世界文化日益趋同,差异越来越为人们所理解,并逐渐缩小。

五、工会组织的影响力

国内工会与海外工会的定位、影响与作用完全不一样。一般而言,国外的工会组织是劳方自愿成立的,工会会费与工会会员的薪酬高低有着直接的联系。所以,在提供年一定比例的加薪/福利、每周工作时数的限制、社会福利费用、假期、计酬方式、工作环境与条件等涉及雇员利益的很多方面,工会都可以带薪出面与资方谈判,一旦谈判破裂,就可以罢工、起诉企业。

第四节 重构海外公司财务

集团在对待海外公司的管控指导思想模式上,应当与国内区别进行。

◇ 在遵从集团管控模式、内控制度、资金池三大体系的前提下,在经营上充分授权,保证海外公司业务操作的灵活性、便捷性;在执行层面,海外公司拥有比国内公司更大的自主权,如产品开发、市场拓展、广告等,母公司不宜管得太宽太细。

◇ 坚持合规经营,始终保持财务稳健。

一、未动先谋,精心筹划

(1) 海外公司定位、股权架构及投资主体的设立形式;

(2) 融资渠道及外汇管制:融到低成本的钱,钱能自由进出;

(3) 税收:税收协定,境外税收抵免(包括受控外国公司规定、中国税收居民企业规定、导管公司认定),资本弱化,反避税等税务因素;

(4) 利润:指转移定价,利润水平高低的限制(有的国家要求将税前利润一定的百分比作为奖金发放给员工,有的海外公司利润过高,容易被竞争对手以违反市场竞争规则、用不正当手段获取暴利而起诉),对汇回利润设限;

(5) WACC:资本结构和融资成本,以及壳公司运行维护成本;

(6) 风险:知识产权的转移与保护、工会问题、劳工问题、汇率风险诸多方面。

二、制订分阶段的财务战略

无论是并购还是投资,对每一个海外项目,都需要对资金用量、资金来源、初始成本与运营费用、保本点及保本期、盈利水平进行预估。在财务稳健的前提下,做好资本结构最优(发达国家的债权融资成本普遍低于中国,发展中国家则不一定)。针对海外市场拓展难的问题,需对业务增长与业绩指标(盈利、现金流)同时考核,力求建设期(整合期)短,资金尽快自求平衡,提前实现盈利。

在不同的发展阶段,财务战略计划并不相同,财务部门平衡发展目标与财务资源,专注于通过各种途径获取资源(如市场资源、融资资源、供应链资源、社区资源等),评估发展目标、应具备能力与现有能力的差距,平衡资本结构,动态配置资源,不可鞭打快牛,违背发展规律(见图7-2)。

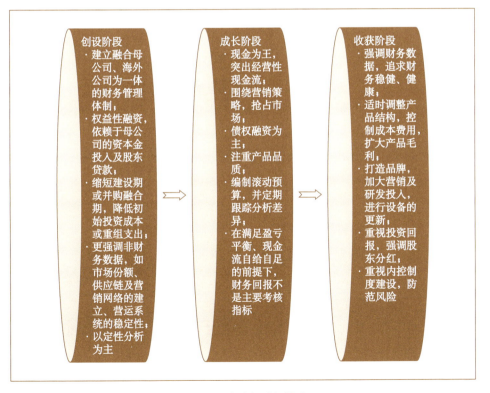

图7-2 分阶段财务战略

三、炼造盈利模式

海外公司最大的问题还是业绩差强人意，盈利模式不清晰，市场迟迟打不开局面，扭亏遥遥无期，员工士气低落，投资回报期较低。

（一）探索出成功的商业模式

商业模式是你能提供一个什么样的产品，给什么样的用户，创造什么样的价值，在创造用户价值的过程中，用什么样的方法获得商业价值。海外公司必须通过所在行业进行深度分析，首先研究顾客、产品、推广，知己知彼，然后才能度身定制可创造价值的盈利模式。

(1) 影响产品销售、成本结构的主要因素是什么？

(2) 目标市场有哪些主要竞争对手，它们在规模、能力、竞争优势、产品和所提供的服务以及知识产权方面都有哪些特点？竞争行为是激烈竞争还是相互合作？在哪些方面有比较竞争优势？

(3) 业内主要对手的财务状况是怎么样的？在盈利还是亏损？行业利润是怎样分配和转移的？

(4) 原材料的供应是否存在短缺？原材料价格波动的规律是什么？

（二）加大外包业务比重

一改国内企业大而全、一切靠自力更生的习惯，对 IT、税务、人事、行政、后勤服务均可以考虑外包，抽出精力专注于核心能力培育。调整财务部门内部作业时间的比重，将主要精力集中于决策支持和控制、融资、监督方面。

（三）推行业财融合

(1) 在营销部门驻派财务，增强对业务一线的后台支持及快速响应，如定价与收款、销售预算、销售的业绩分析与预测、合同执行成本分析等。

(2) 跨部门联合评估。收集生产能力、技术能力、设计能力和现行成本的详细资料，对比标杆，提出降低销售成本的方案，优化产品线和产品组合，增加利润，提高产品质量和改进客户服务。

(3) 制定可行计划，参与项目推进，监控过程并修正计划，提交效果报告。

急风暴雨式的改革还是很少遇到，大部分时间是内部的小改革。通过对实施成本、销售影响、投资回报、无形的评估标准、阻碍因素和推动因素进行总结和建议，推动销售增长，降低成本费用，加速现金流周转，提高业绩。

（四）学会借力

在人生地不熟的海外，可以在股权、营销渠道、供应链、技术与特许权等上与东道国的企业合作，减少失败几率。

（五）减少非增值活动支出，提高增值活动投入

由于经营状况欠佳，许多海外企业节衣缩食，视降低成本为公司生存的法宝，牺牲了企业的未来价值。对质量、研发、促销几无投入，甚至连产品的包装材料都不愿改进，产品衣不蔽体，导致顾客经常投诉。

全部企业支出可以分为三类：一是战略性活动支出，它多半是长期性的投资，有利于企业在相对较长的时期内增加财富，创造价值，新产品、新技术开发的投入多半属于这一类；二是必要性活动支出，主要包括顾客方面（如吸引新顾客和服务现有顾客），经营活动（如人力资源、采购、财务等），对外管理支出（如履行政府义务等）；三是非必要性活动支出，通常都集中在运营程序或内部管理等方面，而且往往是由于重复投入或重复劳动造成的，而效益不佳的海外企业在此方面的浪费惊人，主要源于营运管理水平较低所致。

最佳情况是战略性支出占25%—30%，必要性支出达60%—65%，非必要性支出达10%—15%。但具体的情况可能与之相差较大，在发达国家市场的一般情况是：战略性支出占总支出的5%—10%，必要性支出达55%—60%，非必要性支出约占总支出的30%—35%。

四、母公司实施财务变革

对海外企业的财务管理，除一般性的战略计划、预算编制、授权经营、预算差异分析与报告、业绩衡量和管理报酬、利润分配等基本职能外，还需结合海外企业的特点，有所取舍。

（一）使用标准化财务报告

统一财务软件，统一会计科目，精简现有的财务报告格式与内容，制定重点突出、结构清晰、分层次的标准化报告体系，标准化减少了财务工作的复杂性。

与此同时，采用当地语言记账，只设一套账，摒弃中文账。

（二）发挥香港的优势

中国香港是国际金融中心，没有外汇管制，赋税较轻，具有地缘上的优势，可以将司库中心设在中国香港，负责所有海外企业的现金管理。以下为中联重科

多层级的股权架构设置,在当时而言,香港地区是最理想之地。

> **中联重科设立香港地区公司的目的**
>
> 中联重科在香港地区设公司,其香港地区公司又在卢森堡设立公司,收购的标的为意大利公司,对于这样的设计,首先是出于避税的考虑:卢森堡与意大利都是欧盟体系的,中国香港与卢森堡之间有一个《中华人民共和国香港特别行政区与卢森堡大公国就收入及资本税项避免双重课税和防止逃税协议》议定书,中国香港收到卢森堡的股息,因为是离岸税,所以不用在中国香港缴税;中国大陆和中国香港之间有一个避免双重征税的安排。中国香港还可以作为筹资地,由大陆地区的进出口银行为香港公司的融资银行,如星展银行、渣打银行、德国中央银行提供担保。

(三)低成本融资

有两种渠道为海外子公司提供融资:如果当地贷款利率较低(一般在LIBOR的基础上,但相应的银行中间费用和要求的抵押比例都比较高),就在当地融资,境内母公司可以提供担保;如果当地的融资成本高,利用集团授信的优势,使用国内资金,以达到节约成本的目的。

(四)常规交易集约化

如果能力匹配,可以放在集团的共享中心,也可以放在信息发达、用工成本低、专业化程度高的国家,以集中处理所有海外企业的类似业务,如日常交易、收付款、管理应收应付账款之类的常规、简单而具体的业务。

(五)防范化解外汇管理风险

在国际市场,各国的汇率变化加剧,外汇管理制度各异,通货膨胀与紧缩并存,资本流入流出的限制逐渐放宽,资本市场的发育程度不一致,货币软硬程度相差较大,人民币加入SDR后,孕育着巨大的风险和机遇。

汇率风险包括折算风险、交易风险和经济风险。国内和国际市场的风云变化,将集团财务推至风口浪尖,集团要建立汇率风险信息系统,对汇率风险进行识别、计量和分析,提出管理预案,一旦触发,就立即启动预案。

同本币一样,外汇必须集中化管理,以减少占用量,调节内部余缺,降低交易成本,集团某公司设定内部汇率,进行专业化经营,包括外汇头寸调剂、外汇交易及期汇预约、制定外汇管理报告、外汇收支预测,定期进行汇率预测等。

为减少内部外汇交易,减少外汇付油量,降低交易成本,集团内部外汇交易均以净额管理为主,如双边净额、多边净额管理,实践中常使用的方法有以下几种(按使用频率排序)。

(1) 套期保值,避免剧烈波动或单边上涨/下跌带来损失。按时间发生顺序,集团使用最多的方法又可分为预防型、中途平衡型和多次型三种期汇交易。使用金融衍生工具时,要树立两个基本理念。

① 预计极限,树立底线思维。要预计出现的极端情况,中信泰富、中石化出现天价损失,都是被认为不可能发生的极端情形;

② 保值为基本目的。之所以使用衍生工具,目的是主动避险、锁定成本,而不是获取或放大收益/亏损。所以,对运用衍生工具后赚钱的行为,集团都不得鼓励和提倡,甚至要追责。

(2) 风险对冲。利用金融债权债务对冲,或利用相反交易,创造另一种不平衡来总体平衡头寸。

(3) 以硬通货币作为计价结算的主要货币,尝试以人民币为次要货币,尽管当前人民币的购结汇政策较为苛刻,但随着人民币国际化步伐的不断迈进,放开购汇、结汇限制是必然的。此外,应尽可能地减少换汇操作。

(4) 调整支付期,提前或推迟结汇。

(5) 货币互换,如背对背贷款、平行贷款和信用互换。

(6) 策划关联交易定价,制定转移支付价格,确保母公司整体收益最大化。

(7) 在欧洲、日本、美国技术领先国家或地区设立研发中心,研究与开发新产品、新技术,母公司掌控新产品、新技术的许可使用。

第五节 树立全球化意识

全球化是思维方式,不是表达形式,上海、深圳是移民城市,上海善于吸收舶来文化,深圳善于吸收全国文化,所以,创新能力强的文化一定是多元的。包容、多元是创新的土壤。多元是思想,包容是载体,遍及全球的业务,各国各民族的人共同融合,集团善于吸收最优秀的文化,共存繁荣。容忍破坏,容忍短期利益受损。

全球企业需符合以下标准:具备全球管理能力、创新意识,对市场的深刻理解,以及全球的业务网络和持久的竞争力,并在全球竞争的行业价值链中获取收益。中国经济已经处于全球第二大位置,整合全球资源,藏富于海外,绕开各种壁垒和限制,是中国企业自然而然的选择。中国企业要成为全球企业,首先要解放思想,树立全球化意识。

一、培养精细、责任、追求卓越、步调一致的文化

海外企业再也不能依靠国人打天下了,必须将员工的本土化当作第一要务。销售乏力、员工流动率高、莫名其妙地收到当地政府的指诉等诸多情况的发生,莫不与此有关。

至于操作工人、从事一般性事务的管理人员,没有必要向中国驻外使馆、东道国移民局申请多多益善的指标,完全可以在当地招聘。

提高员工的敬业度,一直被我国企业所忽视。海外企业在工作挑战性、职业发展机会、薪酬福利、培训、资源支持、工作认可等方面,给予本土员工更多的平等地位及人文关怀。

二、实施本土化战略

由于东道国政府招商引资所提供的优惠政策皆有所图,海外公司只顾自己的利益是不能立脚的,必须对东道国的社会经济发展有所贡献,以赢得东道国政府和公众的好感与支持,提高企业的形象和竞争地位,达到双赢、多赢的目的。

本土化战略一般包括销售本土化,即在东道国销售产品;采购本土化,即在生产中提高使用当地原材料、零部件的比重;资本本土化,即在当地投资,利润投资于当地;员工本土化,即招募当地人员,进而把部分人培养成中高层管理人员;研发本土化,即在东道国设立研究开发机构,设计出当地市场所需的产品,侧重应用性。2018年,日本和法国因拘捕"成本杀手"戈恩引起两国外交事件,戈恩拯救日产、雷诺确实有一番非同寻常的举措,日产公司设在西班牙的伊比利亚汽车公司,生产、销售和财务部门的主管人员都是当地职工,该公司在当地采购零

部件的比例高达80％,日产公司还将自己所拥有的股份主动从90％降低至67％,堪称合作典范。

在"四化"中,员工的本土化尤为重要,据日本学者安室宪一的调查,日本海外企业经营状况恶化的一个重要原因是海外派遣人员过多,工资成本过高;据中国学者调查,跨国公司派遣一个管理人员到中国,费用高达30万到50万美元,而聘请相同级别的当地人,费用只有前者的1/10。随着国民收入的提高,现在如果比较海外公司的盈利状况和东道国的经济发展水平,国内公司派往海外公司的管理薪酬总成本可达到甚至超过东道国同行业的平均水平,绝非外界揣测之低。

本地人才对当地文化、民族习性、东道国及地方政府的税务、审计、银行、法律等方面较为熟悉,海外公司应提供同等的机会。

三、提高风险意识与管理水平

风险分为四类:监管风险、战略风险、经营风险和财务风险。又可分为三个层次:首先是规划风险,此类风险会影响公司的长期目标,由高级主管监控;其次是运营风险,此类风险会导致经营中断的严重后果;最后在风险金字塔底部的是流程风险,此类风险来源于员工的日常工作。风险管理存在于每个细节,依靠所有人的努力。跨国公司通常的做法是设立法务部,确保公司的行为符合东道国的法律规定,由熟悉企业运作管理的资深法律人士组成。

法务部的职能包括:保证公司的全球化经营活动不仅符合东道国法律法规,而且遵守相关国际和海外法律法规;起草和贯彻如企业道德规范等公司政策;为公司管理层的投资决策和对所投资企业的治理提供法律意见及必要的协助;制定和监督公司授权制度,以明晰权责关系;参与项目和合同的前瞻审查和事后跟踪,以防范和降低经营风险;负责制定公司经营活动相关文件管理制度,以保护公司商业秘密,确保公司核心竞争力;提供培训和法律工具。

四、建立符合东道国特色并融入国际化的道德标准

随着中国海外投资的影响力越来越大,我国商务部接到很多东道国的投诉,不仅有法律方面,还有道德、习俗、宗教方面的,主要与安全、财务欺诈、招聘、歧视、员工监守自盗等问题有关,给海外公司敲响了警钟。海外公司应在《员工手

册》中列举可能遇到的诚信、操守、公司价值观的例子，国内司空见惯的商业贿赂、不合理的招待/送礼、财务舞弊/欺诈、种族/性别歧视、不尊重当地习俗均视作不能逾越的禁区。

五、发挥对东道国政策制定的影响力

随着经济的全球化，不同国家的法律逐渐相互吸收、相互渗透，从而趋同或一致。海外公司必须学会结纳、融入东道国共同的利益集团，通过利益集团向东道国立法动议、批准机构进行公关、游说，伸张自己的权益，以此影响东道国政策制定的方向。

随着民营企业境外投资日趋活跃，一些东道国向中国政府吐槽中国民营企业的种种不当行为，国家发改委 2017 年发布了《民营企业境外投资经营行为规范》，规范民营企业境外投资的营商行为，促使海外民营企业注重自身形象，积极融入当地，避免短期行为。

第六节　海外并购建议

第五章产业投资与并购介绍了并购的关注要点，较为通用，但是海外并购有其特点，主要表现为以下八个方面。

1. 财务尽调风险

并购风险中的 60％集中在尽调时没发现或没有引起高度重视，以财务尽调而言，西方是会计的鼻祖，到鼻祖地盘上耍刀动枪，吃亏上当是免不了的。同样，国际会计准则对一些落后的发展中国家而言是君子规则，而且不适用。

2. 市场风险

并购实践中，对合规风险、战略风险、经营风险和财务风险谈的很多，其实最难把握的是市场风险，从某种程度上讲，只要能从市场挣钱，公司就可以承纳、消化其他风险，只需时间而已。但因为对海外市场不熟悉，更加凸显了市场风险的重要性。

此外，由于众多周知的原因，当前国家并不鼓励海外投资，商务风险跃升为

重大风险。

3. 不要高估自己的能力

减轻整合压力最有效的方法：标的公司具有良好的品牌，具有核心技术（且东道国允许转让或许可给它国）或丰富市场资源，管理水平高，这样可以减少文化冲突和磨合时间。

4. 不要贪图便宜，便宜的东西才最贵

产出－投入＝收益，公司追求的是收益，宁愿用一个合理的价格买下一个好公司，也不能用便宜的价格买下一个平庸甚至差劲的公司。便宜货的衡量标准不是价格高低，而是成交价与标的内在价值之间的价差。罗马不是一日建成的，凡是平庸甚至差劲的公司，总是有着各种各样的不幸，将成为整合过程中的巨大障碍。

5. 控制溢价

估值是自由现金流的折现值，有内在价值、市值（或可比价值）、投资价值、成交价之分，并购整合中具有很大的不确定性，如果超出内在价值，你并没有点石成金的本领，协同效应产生的价值不太可能让对方分享。

6. 税务风险

这几年国内税务和外管大力追查境外投资的税收，如追缴利润、利润汇回、股东穿透等诸多反避税行动。出于经合组织的压力，一些避税天堂对不符合经济实质的空壳公司，采取罚款、吊销等强硬手段。内外夹击，境外投资的税收风险骤然上升。

7. 制定基于本土化的整合策略

中国企业在东道国心目中的形象很重要，这不是靠单个企业能改变的。海外企业整合及运营不同于国内企业，母公司要做到风筝高飞，细线在手。

库卡整合，风物长宜放眼量！

收购库卡，曾轰动一时，引来无数的美慕嫉妒恨。受限于很少的资料，笔者妄评如下。

1. 对中国股东的考验

最近读《查理·芒格传》，蓝筹印花从西伊家族收购了喜诗糖果，原管

理层花了2年时间才平息了客户对新东家的愤怒。作为一个中国企业，在震荡期对各种困难要有充足的心理准备：客户取消订单、各种组织抵制或排斥中国企业、员工不接纳中国股东、人才流失……

2. 制定长期发展战略

尽管作为上市公司，美的有业绩增长的压力，也有心向股东展示海外并购的成功。但是收购需从长远看，不可为了短期业绩压力而迷失了未来。

3. 看综合回报

美的对库卡的投资回报有两条要求：第一条，满足股东"基本回报"，并购标的自身发展良好，$ROIC \geqslant WACC$，这需要库卡自身的努力，提高回报有削减成本、增长、优化改善三个方向，笔者认为库卡选择成本削减这个方向过于剧烈，不太适合当下；第二条，将技术引入中国，开拓中国市场，给股东提供"额外回报"。

（基本回报＋额外回报）÷收购成本（含各种交易费用）能够达到美的设定目标即可，不可对库卡施加过多压力。

4. 库卡自身消化不良，需要时间来整合

2013年年底，库卡集团收购了另一家德国机器人制造商 Reis Group 51%的股权。2014年3月，库卡集团收购了工业钻孔和紧固的自动化方案供应商 Alema Automation SAS 100%的股权。2014年12月，库卡收购了医疗、仓储、物流等领域的自动化服务商——瑞士证交所上市公司瑞仕格。

2016年，美的启动对库卡收购，对于库卡而言根本没有喘息之机来做好收购后的整合。

美的下重注抓到了一手好牌，但毕竟是跨国并购，德国是发达国家，而且进入了新领域，能否借库卡的整合成功实现转型？就要看美的的智慧、耐心和运气！

8. 并购经验要带着问号去思考,需要时间去验证

据我所知,很多海外并购项目成功者寥寥,惨不忍睹者居多。吉利是个特殊的民营企业,在金融危机时收购沃尔沃堪称教科书级的案例,但可看不可学。

第七节 政策建言

当前,民粹主义、贸易保护主义思想抬头,一些国家不断地以国家安全、产业安全、保护就业、反对外国控制为由,加大对大型、敏感、热门交易的审查力度,并购夭折不时发生。除商业风险外,海外投资还面临着无法抗拒的政治风险、地缘风险、意识形态风险等,在追求增长质量、消化过剩产能、转型升级的压力下,放眼长远,走出去应该是中国的一项长期国策。

一、税收方面

(一)实行税收饶让办法

无论是否缔结双边、多边友好协议,对境外投资的所得收益一律抵、免,按国内税法计算应补缴的各类税金,如境内投资方获得的境外股权转让收益,分摊给境外的各类费用等(如管理费、专利/专有技术使用费、品牌使用费)。

(二)境外工作所得照顾

新修订的个人所得税法不利于鼓励人员到境外工作,假如被委派到美国工作,或被派到印尼建高铁,扣除标准、税率全部得按国内的法律,少了在中国补税,全不考虑东道国的生活成本、离乡背井应给与补贴的感情成本、生命财产的安全成本,没有实行"国外与国内的应纳个税所得额孰低"的差异化政策。

(三)取消分国不分项抵扣法

对投资性收益,统一采取定率抵扣法,抵扣率提高至现行税率(25%)。

在实际工作中,由于东道国/地区的政治、经济、文化、法律等环境与我国不同,导致在抵扣项目的定义、内容上不尽相同,而且会计政策、税收政策迥异,投资主体涉税人员没有能力区分差异,建议简化抵扣方法。

（四）根据持有的目的和期限长短，区别对待投资收益

对创设、并购、境外债务人抵偿债务等以长期拥有为目的而取得的投资性质的股权，其分回的红利、股息等收益，按现有方法处理；对不以长期拥有为目的、期限在一年以内的股票、债券、期货、期权等带有投机性目的的投资，其获得的收益/亏损按抵扣率计缴所得税。

（五）实行先行收回投资法

对境外企业实际分回的投资性收益，首先冲减投资成本，视为投资成本的收回；待投资成本全部收回后，按照抵扣定率计缴所得税。

（六）代持的收益归属及所得税征管

由于东道国法律法规对我国国有企业设立独资企业的限制，出现了名义出资人和实际出资人不一致的情况，名义出资人的投资全部由实际出资人支付，由此会引起投资收益归属及所得税征管问题。建议遵循实质重于形式的原则，名义出资人所享有的收益/亏损由实际出资人享有/承担，来自境外所得计征的所得税由实际出资人承担。

（七）投资性盈亏能互相抵消

对境外投资取得的投资性项目、投机性项目的盈亏，应允许项目内相互弥补，但投资性与投机性项目之间不能相互弥补。

二、金融方面

（一）延长对境外投资中长期贷款的贷款期限

境外投资期限长，回报不确定性高，回收期长，有别于国内项目贷款，建议延长中长期贷款年限。

（二）实行普惠、特惠相结合的贴息政策

对一般性项目实行普惠制，贴息年限暂定为 5 年；对符合国家鼓励的项目，实行特惠制，贴息年限暂定为 8—10 年；对国家限制投资及投机性项目，一律不享受普惠和特惠政策。

（三）降低境内企业为境外提供担保、委托贷款的门槛

海外企业融资难，在创设、发展阶段都需要依靠境内母公司的融资资源，由母公司提供担保或通过委贷方式给予财务资助，有必要降低门槛和费率。

（四）鼓励跨境贷款

在当前金融机构存量资金过多、人民币需要出海的情形下，国家应出台政策，鼓励境内金融机构跨境贷款。

三、外汇管理方面

（一）放开贸易型外汇管制

除资本性项目外，凡经常性和非经常性项目，允许投资方与境外子公司相互调剂资金，实行备案制。

（二）适度放开设立区域性离岸资金池

对境外投资较多的企业，鼓励设立区域性离岸资金池，阳光普照到所有符合条件的企业。允许境内投资方与不同的境外子公司之间实行双边、多边的净额/差额结算，降低外汇交易成本，减少外汇资金浮游量。

四、境外投资便利化

2017年12月，国家发改委发布了《企业境外投资管理办法》，限制"非理性投资"；2018年1月25日，商务部、国资委、外汇局等七部委联合印发了《对外投资备案(核准)报告暂行办法》(以下简称《暂行办法》)，对企业境外投资备案(核准)报告进行了全口径监管，加强事中和事后监管，今后境外投资主体要向国内汇报资金来源、资金去向、项目进度等内容，备案制度类似前置审批，投什么、投多少、投哪里，需符合国家意志，跟着政府的指挥棒转。

企业借船出海，都需要银行做资金后盾，需要政府首肯。目前，从股权上说，大股东基本上是中央及地方政府，即使如民生银行这样的上市民营银行，人事任命都是监管部门发文，政府掌控力非同一般。无视自身的资本结构与财务风险，巨额举债海外投资，成为外国政府认为"非商业行为"的理由。

如果境外投资管理是以打击洗钱、非法转移财产或保外储为目的，倒无可非议，但是统一拦下，可能被企业认为是政府不鼓励境外投资的行为，本身境外投资的风险就非常高，很多企业望而止步。

全球布局需要有大国思维，境外投资需便利化，规则应与国际趋同，减少争端。商业与政治应该分开，政府与企业分开。

国企境外投资会受到一些信奉私有化国家的抵制，并购将愈发困难，民营企业一定会成为未来境外投资的主力军。

政府要转变思路,转变职能,审批不是工作的全部,更要为海外公司提供公共服务,对于具有合理商业目的的境外投资,制定一些有利于发展的政策,以提高海外投资项目的成功率。

五、警惕返程投资

将中国置于世界这个放大镜下看,中国在绝大多数领域有很多不足,与国际先进同行相比,差距非常大。中国目前是世界第二大经济体,也是众多国际巨头垂涎欲滴的肥肉,但苦于水土不服、明门暗室很多,产品进入中国很难,且就是进来了,争夺市场也难。即便是在中国做到一定规模,受经营之外影响因素引发的突发性危机也难以有万全之策应对。由此,全球较大规模的并购市场出现了中国买家身影,这些海外并购有着共同的特点。

(1) 在国内具有很强政治背景的企业一般都是国有企业,背后有国有金融财团支持。

(2) 肯出高价,收购价普遍高出竞争对手的20%以上。

(3) 高杠杆收购,收购资金来源大多为过桥贷款、发债资金或结构化融资产品,真金白银,极少数为换股。

(4) 收购完成后,分两步走:第一步,到政府游说,获取被收购公司的产品、技术进入国内市场的许可(某些领域的技术带有探索性,中国政府不一定认可,如某些生物制药技术、转基因技术),或申请取消产品进入中国市场的禁令/限制;第二步,通过媒体等对政府施加环保、安全压力,要求将生产标准、安全标准、环保标准升级到国际水平,借此让一大批国内同行退出市场。

(5) 被收购企业在中国开设新厂或扩大规模,整合中国区的销售,将被收购公司的产品接入自己的销售网络。

至于技术转让,则需视东道国对中国有无出口管制、是否属于管制清单内容而定。此外,还需看公司章程有无技术转让限制。也就是说,中国企业即使当上了单一大股东甚至控股股东,也不一定能将被收购公司的核心价值拿走。

从商业上分析,从单体利益上分析,此类收购应该是成功的,财务收益应该大致符合预期。但是对国家而言,对行业而言,这种"高价海外收购,扫清国内准入障碍,杀入国内市场"的策略是一种灾难。

理由一，中方所占股份比例并不高，由于溢价太多，杠杆较大导致财务费用过重，得益最多的当属少数股东；

理由二，利用股东背景是政府的优势，返程抢饭吃，在国内市场普遍产能过剩的情况下，让同行出局，完全违背当初境外投资的初衷；

理由三，携国家资源参与商业竞争，虽出手大方，但会破坏国际并购市场的默认规则，引发同行的不满。

外面的世界很精彩，外面的世界也很无奈。相比国际巨头，我们还在蹒跚学步阶段，但国内企业不必妄自菲薄，只要虚心学习，积累经验，勇于创新，假以时日，在五彩缤纷的国际大舞台上，中国企业一定会大放异彩。

第八章
CHAPTER 8

财务分析

分析能力是一个财务高管的核心能力,作为高水平的CFO,既要会以显微镜放大看问题,又要能以凹凸镜缩小看全局,既要能以理论指导实践,又要能在实践中丰富理论,非常不易。

从初级、中级到高级,从高校教材、研究理论到财会实务,财务分析几乎无处不在,此方面书刊可谓汗牛充栋。面对丰富多维的财务指标,如何不落窠白,结合本书特点,提出基于管理目的使用的多层级财务分析要点,是笔者深以为难之事。

第一节 集团分析的特点

财务分析是一项高质量的工作,向投资者提供研究报告的行业分析师是市场炙手可热的人物。与单一公司不同,集团的特点决定了财务分析要有与众不同的分析思维。

一、多功能

做好实业,本质上是要回报,当然,主业强会给股东带来更多的社会资源。单一经营不是集团的目的,集团天然地具有投资属性,此外,控股、参股金融机构也是很不错的选择。

以实业为主的集团业务大致分为三类:第一类是实业资产,主要为营运资产、固定资产;第二类是金融资产(大多数集团都涉足金融,有的产融结合度高,有的则一点不相关);第三类是长期资产,主要是指股权类投资。

二、特质与共性

每个集团都有自己的 DNA,特性各不相同,复星集团善于投资,阿里善于运营,富士康善于控制工业设计和降低成本。如果主业不济,会找一个下金蛋的鸡是很有眼光的投资,譬如吉林敖东投资广发证券。

如同一枚硬币既有正面也有反面,任何集团都不是完美的,有的缺点需要克服,有的缺陷如果刻意弥补,反而会失去其竞争优势,所以,财务分析不需要面面俱到,不能求全责备。

尽管业务类型不一样,每个集团都有自己的特质,但是存在着某些共性:第一点是占款,即需要投入多少钱?第二点是股东投入资本报酬率,即能给股东赚多少钱?第三点是业务可持续性,即风险有多大?

三、规模至上

尽管这些年有些集团口口声声提出先做强后做大,但是内心深处都想做大,大多数一心想进500强。国内500强包括制造业500强、民营500强、中国500强,世界500强是财富杂志评选的。

做大可以给集团带来诸多有形无形的资源,迎合了地方政府的口味,规模进到500强,就可以享有很多实实在在的利益。

无论有意还是无意,集团营收规模中很多带有容易起量的贸易、大宗商品交易,并非以投入产出等经济型指标来衡量。

四、分析思路

财务分析千人千面,由于集团层级特征,本章分析遵循以下思路。

(1)由底层向上,层层演绎,循着"经营单元—产业板块—集团"的脉络,突破众多集团"上下一套分析模板、单一经营利润"的分析思维。

(2)由微观到宏观,层层拔高。经营单元财务分析非常具体,分析的核心是产品、客户,并由此拓展到采购、生产等方面,抽丝剥茧。但是到了产业板块层面,关注的视角发生很大变化,需要从价值、投资、风险、回报等角度考虑未来的业务安排。到了集团层面,重点考虑主业竞争力、资产组合、整体回报、产融结合、投资、安全边际等方面。

第二节 分析目的

集团几乎每个月都开经营分析会或财务分析会,找出差距,发现问题固然不错,但是往往太过笼统。集团开展财务分析究竟要达到什么目的呢?

1. 检验战略

判断战略是否错误?是否需要修正?是否得到贯彻执行?

对资本市场而言,战略就是讲故事,但是故事要讲得让人家相信,并通过结果验证战略的可行性。财务分析是对照战略蓝图的总目标及过程中的里程碑式的阶段目标,检讨战略的可行性及执行的有效性。

2. 评估绩效

时刻关注当前的经营业绩、资产的质量与使用效率,例如,从产品毛利水平就能看出产品的科技含量,从经营杠杆中能看出它的改善潜力。

3. 识别风险

通过财务分析,识别已有以及潜在的重大风险,并进行风险评估,为采取防范措施提供判断依据。

4. 发现增长潜力与动能

揭示问题只能说是财务分析的基础部分,发现增长潜能方是财务分析的价值所在。也就是说,背后是什么推动它增长或者衰退?以产品的市场开发为例,从区域到全国,从国内向国际,产品覆盖面越来越广就是增长潜力。同样,一旦单个产品占据行业高点,就可以推出相关性产品。美的从白色家电起步,向空调、洗衣机、冰箱等延伸,最近进军机器人领域。

动能是市场的增长率,这是自然增长,大家都有蛋糕吃。如果市场停止增长,动能就靠零和博弈,此消彼长。如果公司自身收入增长很难,就是动能不足的问题,这样如何提升内在价值呢?譬如东阿阿胶,驴的供应量有限,掌控产业链的上游——控制养殖源头,跑马圈地之后,剩下的就干一件事——不断提价。

5. 预测趋势

未来走势是高层最为关心的问题,财务分析如果能有预测功能,则价值非同小可。看现在的潜力/储备来预知未来业绩,并非高不可及,比如房地产开发企业看土地储备。

6. 追求回报

挖掘、提升公司的内在价值,将内在价值转化为市场价值,追求更高的回报。

股东获取回报有两种方式:第一种是通过持有获得分红;第二种是通过变现赚取投资差价,经营单元通过买卖产品获利,产业板块通过并购出售资产获利,集团通过业务的进出来获利,这种获利方式是通过变现。

7. 评估团队

事在人为,业靠人创,通过财务分析来考察、评估经营团队的能力与水平,通过各类数据分析,看问题能否被发现、经营思维是否对路,看方案是否切实可行,看行动计划能否真实落地,看执行偏差如何纠正、调整,由此对经营团队的业绩评价、绩效考核就会胸有成竹。

有了财务分析这些定量数据,对经营层的能力就有了较为准确、客观的评价,对符合要求的经营层与核心人员,就能设计出绑定目标的激励与约束并举的制度。

第三节 分析步骤

0—9，十个阿拉伯数字，能看万千世界。财务分析是让数字会说话，讲述背后的故事，这也是财务分析的神奇、精妙之处。财务分析犹如庖丁解牛，需分步骤进行。

一、还原真实

去粉饰，挤水分，还原真实，这是最基础也是最重要的工作。

公开市场资料的财务数据都是被精心打扮过的女人，增长曲线、业绩都是经过精心推演后加以描绘的，不一定是完全符合实际的，不一定是完全真实的。

翻开上市公司的财报，财务舞弊目不暇接，反映出在诚信意识、契约精神、法律敬畏方面存在重大问题。包装、舞弊的常见情形如下。

（一）会计政策和会计估计偏离行业惯例

基于稳健性的会计政策和会计估计，对公司的长远发展是有利的，变动的趋势能揭示真实的财务状况和经营成果。同一行业不同的上市公司，对会计政策、会计估计的应用可以有所不同，但不应有大的差异。以坏账准备的减值计提为例，多产业板块的集团型企业因跨行业经营，导致不同细分行业的按账龄法确定的坏账准备计提比例各不相同，也就是说，不同行业的客户信用风险特征不一样。但实践中统一执行主业的标准，就有失偏颇。

（二）操纵收益

通过提前或推迟确认收入、费用，增加或减少减值准备，高估或低估公允价值变动损益，对商誉减值测试不审慎，在资本化与费用化之间选择等手法操纵收益。

（三）关联交易利益输送

关联交易是难以杜绝、比较令人头疼的问题，需要一分为二地看。如果交易定价公允，倒不必担心。但实际的情况是，有控股股东通过对上游或下游的资源掌控、定价调控对上市公司进行利润调节，输送或侵犯上市公司利益。如果谈关联交易色变，杜绝关联交易，控股股东会将盈利能力差的业务注入上市公司，会拖累上市公司业绩。

(四) 造假藏头必露尾

数字与数据完全不是一个概念,数据是有依据的数字,数字本身没有对错,但会被别有用心的人玩弄。

传统教育并不教授学生们哲学与逻辑,导致国人思维认知有缺陷,缺乏思辨性,给造假者以大显身手的舞台,而资本市场皆迁怒于财务造假。所以,练就火眼金睛,成为财务人员的必备技能。

造假也是有成本的,利润虚增所得要交所得税,营收增值额要缴纳增值税,每道环节都要雁过拔毛,造假需要额外注入现金来补充,消耗财务资源不菲。因为造假是解决一时之困,迟早要还回去(即使大股东出血,他也会在日后变着法要回),时间是最好的测谎仪,如果其后业务增长不能补上窟窿,时间一长,就没法遮掩了。

1句谎话需要9句话来掩盖,2018年并购业绩造假的常用手段——虚构交易中,单方造假较易识别,联合造假虽不易发现但是禁不住追查,联合造假面临主体的经营方向与公司出售产品/提供劳务的类别不符、股东投入资本与营业规模不匹配、实物流转不真实、穿透尽调会发现未完成最终销售/未提供劳务、资金回流问题、内部运作流程秘密(违背正常流程且极少数人受指令操作)等一系列问题。

如果存在财务造假(西方称财务舞弊),会计上"有借必有贷,借贷需平衡",会有跷跷板。由于利润表、现金流量表是时段数据,上一年有造假痕迹,不会结转到下一年。但是资产负债表往往并非一次就能洗干净,会遗留到下一年度,时间是最好的验证者。

二、报表转化

基本会计报表有三张:资产负债表、利润表和现金流量表,进行财务分析,首先要将这三张会计报表转化为管理报表。

(一) 资产负债表转化

"两则两制"之前,中国学习的是适应计划经济的苏联会计报表,但是在内部管理讲求计划、精细的今天,资金占用与资金来源表更会得到重视,而且引入了净营运资本的概念。净营运资本反映了生意模式,究竟拿别人的钱来做生意还是自己垫钱做生意?产生了多少资金溢余或缺口?(见表8-1)

表 8-1 资产负债表的转化

会计资产负债表		管理用资产负债表	
资产	负债和所有者权益	资金占用	资金来源
货币资金	短期债务	现金	短期债务
金融资产	金融负债	净营运资本(NOA)	
营运资产	营运负债	金融资产	长期资本
固定资产	长期融资	固定资产	
长期资产	股东权益	长期资产	

说明:
➤ 货币资金、营运资产、金融资产(通常情况下为流动资产)构成流动资产,固定资产和长期资产构成非流动资产;
➤ 净营运资本=经营性流动资产−经营性流动负债=应收票据及应收账款−应付票据及应付账款+预付账款−预收账款+其他应收款−其他应付款+存货+合同资产−合同负债,应付票据需剔除融资性票据(即无真实交易背景、单纯做融资用),融资性票据作为短期债务;
➤ 金融资产与长期资产较少存在于子公司,大多属于集团所持有;
➤ 金融资产也是按扣除金融负债之后的净额计算,金融资产=交易性金融资产−交易性金融负债+衍生金融资产−衍生金融负债+一年内到期的长期债券投资;
➤ 固定资产包括在建工程;
➤ 长期资产通常为各类长期投资,长期资产=长期应收款−长期应付款+债权投资+其他债权投资+长期股权投资+其他权益工具投资+投资性房地产+持有待售资产−持有待售负债,因待售资产/负债很难在一年或一个营业周期内变现或付出,故归入长期资产;
➤ 长期资本由长期借款/长期应付债券、股东权益构成。

(二) 利润表转化

新的利润表是四分法,即营业利润、税前利润和净利润,较为粗犷。管理用利润表是五分法,分为毛利、经营利润、息税前利润、税前利润和净利润,毛利体现了核心业务的创利能力,经营利润是用于衡量公司整体盈利水平,五步法便于国际上通用 EBIT 的计算(见表 8-2)。

表 8-2 利润表的转化

会计利润表	管理用利润表
营业收入	营业收入
−营业成本及税金	−营业成本及税金(含附加)
−四项费用	毛利
+金融利润	−销售、研发及管理费用
+投资利润	经营利润
营业利润	+金融利润

(续表)

会计利润表	管理用利润表
＋营业外利润	＋投资利润
税前利润	＋营业外利润
－所得税费用	息税前利润
净利润	－财务费用
归属:母公司	税前利润
:少数股东权益	－所得税费用
其中:持续经营净利润	净利润
:终止经营净利润	归属:母公司
	:少数股东权益
	其中:持续经营净利润
	:终止经营净利润

注:减值准备、公允价值变动损益属于浮盈浮亏,分别计入经营、金融、投资等项目。

(三) 现金流量表转化

会计上的现金流量表被公认为简明易懂,不需要会计专业知识也能大致看明白。如果说前面的资产负债表、利润表是化繁为简,以一目了然,现金流量表则反其道而行之。表8-3的管理用现金流量表使用间接法,借鉴了评估界的成

表8-3　现金流量表转化

会计现金流量表	管理用现金流量表
净利润	净利润
＋折旧摊销	＋折旧摊销
＋金融损失(减收益)	＋金融损失(减收益)
＋投资损失	＋投资损失(减收益)
－营运资本变动	－营运资本变动
经营活动净现金流	经营活动净现金流
＋投资性净现金流	－经常性资本支出
＋筹资性净现金流	经常性自由现金流
净现金流*	＋向债权人借入＋/归还－
	－向债权人付息
	－战略性资本支出
	＋股东投入＋/收回资本－
	－支付股利
	净现金流*

＊:与直接法的"现金及现金等价物净增加额"一致。

果，从经营活动净现金流到经常性自由现金流，再到现金流量净变动额，管理用现金流量表融入了公司估值这个重要的内容，极具价值。

现金及现金等价物就是通常所说的"可动用的存款"，即资金储备，就是一旦出现流动性风险时需动用的数额。一些公司的货币资金存量乍看不少，存贷双高，但是现金并不多。专款专用的资金（如上市公司的募集资金、政府指定用途的补贴等）、3个月以上的保证金（保证金为贸易、投标性、保函、融资等多种）、质押存款等所有权仍属公司，故虽然作为资产负债表中的货币资金，但因用途受限的，需要剔除。

化工行业的经常性资本支出压低估值

国内A股某化工业上市公司控股股东意欲出售上市公司，公司市值约20亿元，年净利润约8 000万元，某投资公司认为，当前A股市值偏低，该上市公司P/E不高，每年经营性现金流可维持公司日常支出，收购后可作为将来借壳之用。笔者认为，化工行业有一个特点，每到一定年限就要对设备及管道进行大修、更新改造，是一笔巨额支出，属于经常性资本性支出，因此，未来的经常性自由现金流量要大打折扣，标的公司的估值会大幅降低，而且投资公司是外行，这样只能听由管理层决策，如果在找到借壳对象的情况下，快进快出，方可考虑收购。投资公司听取笔者建议之后作罢。

化工企业还有一个特点：环保、安全费用非常高。就安全管理费而言，以上海中小规模的化工企业为例：管道年检费8万元，前三年首检费用约200万元，首检后面是5年的一大检；安检都分市区两级，市里管压力管道、电梯、锅炉等大块头，区里管仪表、压力表、安全阀、可燃气体报警仪等小部件；每年有职业卫生年度检测、职业体检、消防设施检测、消防火灾报警FASRT费、消防维保费、监控维保费，此外，还有一年两次的消防应急演练、防雷防静电检测，一年四次的排污检测、环保年度检测，三年一次的职业现状评价、安全现状评价。如此高成本下，不涨价很难转嫁费用压力。

三、分析差距

究竟是系统性风险还是非系统性风险？是主观造成还是客观原因？是内部形成还是外部发生？

从差距入手，就可以发现其成因，使用 EVA 检测投入的回报，即测算增量投入预计产生的回报：不投入，能改善；小投入，小改善；小投入，大改善；大投入，大改善；大投入，无法扭转。

对于无法躲避的系统性风险，要因时改变，主动、积极地调整策略。

第四节 各层级分析

财务分析犹如万花筒，分析的内容视目的而异。

表8-4 三层级分析

层级	分析内容
集团	• 基于战略管理与分析的 • 基于产业板块业绩考评的 • 基于资本投资决策分析和控制分析的（资本运作、投资性资产、金融资产） • 基于组织和不同类型责任中心的（业务板块、分部报告、产融结合、机关费用中心） • 基于资本结构的
产业板块	• 基于公司与同行业（或标杆公司）竞争地位分析的 • 基于不同经营单元或地区经营状况和财务指标的 • 基于产业投资决策分析和控制分析的 • 基于经营单元业绩考评的 • 基于风险识别与控制的（如信用风险控制报告） • 基于资本结构的
经营单元	• 基于供应商和顾客价值分析的 • 基于产品线的； • 基于作业与经营环节分析的（采购、生产、营销、服务、研发） • 基于现金流量控制与平衡分析的

鉴于读者对财务分析指标较为了解，为力求不落俗套，这里不介绍通用财务指标用途及计算方法（不常用指标除外），只介绍各层级财务分析的着力点。

一、经营单元分析

对经营单元财务分析,需围绕经营单元的定位进行,经营单元主要任务就是生产更多更好的产品,卖给更多优质的客户,在控制财务风险的同时,提高营运效率,产生更多的经营性现金流。

(一)产品线分析

产品是企业满足客户需求并实现市场价值的载体,一切财务分析需要从产品开始。为什么不从产品而是从产品线来分析?理由有三:其一,产品是产品线的子集,产品线更能全面;其二,产品成本分摊具有一定的随意性,厚此薄彼情形常见,实际工作中同一系列产品不同型号的产品在加工难度、工艺材料均相同的情况下,成本差异比较大;其三,其后的顾客利润贡献分析弥补了产品线分析的不足。

财会〔2018〕15号《关于修订印发2018年度一般企业财务报表格式的通知》将研发费用单独作为利润表项目,是巨大的进步。传统的收益表过于粗放,局限性较多,具体如下。

(1) 不能揭示各生产线及其产品所带来的收益及费用;

(2) 为销售产品、开发新产品发生的费用、品牌营销费用不能分摊至产品生产线及其产品中;

(3) 产品成本按制造成本法而非按变动成本法核算,无法为外包还是自制决策、产品定价决策提供依据。

根据笔者多年的体会,在内部管理用利润表的基础上,运用经济利润来考核,旨在能够真实反映各产品生产线所提供的经济收益,本表分为边际利润贡献、毛利、直接利润贡献、营业利润、经济利润,可满足多目的分析的需要(见表8-5)。

表8-5 产品生产线利润表

项目	合计	其 中	
		生产线A	生产线B
净销售收入			
减:变动成本			
边际利润贡献			

(续表)

项目	合计	其中	
		生产线 A	生产线 B
减:非变动成本			
毛利			
减:广告费			
销售佣金			
其他直接市场销售费用			
直接利润贡献			
减:间接费用			
营业利润			
减:按现时重置价值计算的折旧调整额♯			
投入营运资金利息◎			
减:新产品开发费用φ			
减:公司其他收益及费用调整额			
经济利润			

♯:以和平饭店与宝丽嘉酒店为例,两家酒店虽然同在上海外滩,但是和平饭店账面房屋建筑物折旧早已提足,这样的业绩对比是不客观、不公平的,故需要按现时重置价值计算,对折旧额进行调整。

φ:新产品开发费用因属于经营单元决策行为,产品生产线无法控制,故在营业利润之后作为扣减项目。

◎:不同行业的成本结构不一样,譬如高速公路通常将不能资本化的基建利息支出视作变动成本,因为贷款利息是一项重大的成本。

　　产品生产线利润表中的销售收入从产品结构、市场供需平衡、增长率、市场份额、竞争态势、产品定位、品牌推广、区域市场特点、盈利模式等多因素、全方位分析,剖析影响销量、售价的主要因素以及未来的走向。

　　需要对比行业标杆,结合内部的标准成本、历史成本进行分析。降低成本要善于抓住牛鼻子,要分析成本结构。

　　✓ 如果变动成本比较高,非变动成本占比低,一般而言就是原材料成本占比高(如电缆企业毛利率受铜价左右),则降低采购成本、提高良品率是重点;

　　✓ 如果其他直接市场销售费用中的营销成本占比高(如医药行业,毛利的近一半被营销费用吃掉),则可通过发挥销售协同效应,设计合理的提成政策(如费用包干)等减少不合理支出;

✓ 如果变动成本低,非变动成本占比高,说明固定资产占比高,则在拿地成本、建设成本控制、设备采购性价比、技术革新等方面下力气;

✓ 如果人工费占比高(如快消行业),则通过流程标准化、自动化作业、智能化管理、劳务外包等降低用工支出;

✓ 如果投入营运资金中的利息费用高,则通过设置资本结构、低成本融资等方法减少利息支出;如果行业经营利润率普遍低,则寻求低成本扩展追求规模化优势。

竞争环境的变化,迫使国内企业转型,传统做法是重营销、低成本,如今研发能力构成了经营单元的核心竞争力,研发人才是核心战略资源,表8-6是国内两家医药上市龙头企业在2017年研发方面的各项指标对比分析。

表8-6 恒瑞医药与复星医药的研发对比　　金额单位:亿元

公司名称	研发投入	占销售比	创新药数量(个)	硕博学历		营销费用		营销人员	
				人数	占销售比	金额	占销售比	人数	占总数比
恒瑞医药	17.59	12.71%	17	1 684	11.33%	51.89	37.50%	8 461	56.92%
复星医药	15.29	8.25%	3	2 665	9.24%	57.9	31.25%	4 521	15.67%

资料来源:上市公司2017年年报。

这是两家策略、打法完全不同的公司,恒瑞医药专注、聚焦,复星医药则向产业链的上下游发展,兼具投资者角色。

2017年,恒瑞医药实现净利32.17亿元,扣非后为31.01亿元,而复星医药实现净利31.24亿元,与恒瑞医药不相上下,扣非后为23.46亿元,相差7.55亿元。截至2019年1月7日,复星医药A+H的市值约1 100亿元,恒瑞医药则将近2 000亿元,是前者的近2倍。说明投资者更偏好业务简单、研发能力更强的公司。

(二)顾客分析

顾客是公司的衣食父母,是利润之源,是维系生存、发展的基石。顾客关系管理使企业的工作重心从产品经营过渡到顾客管理,分析顾客与公司互动所带来的全部财务影响,以弥补产品线分析的不足。

1. 顾客利润贡献

浙江鑫盛永磁有限公司目前在汝铁硼行业还是不起眼的公司,但是其提出的口号具有长期的战略逻辑:"与客户一起成长,为顾客创造价值。"保持企业成长的条件只有一个,为顾客创造的价值越大,顾客对公司的回报就会越多。体现在财务上,就是顾客利润贡献。根据顾客利润贡献额的大小,经营单元就可采取有针对性的决策,对顾客进行简单的分类,采取差别化服务,如表8-7所示。

表8-7 顾客利润贡献报告

序号	项 目	合计	顾客A	顾客B	顾客C
1	销售/劳务收入				
2	减:产品生产成本				
3	变动销售成本				
4	售后服务成本				
5=1-2-3-4	顾客边际贡献				
6	减:固定销售成本				
7=5-6	顾客利润贡献				
8=7÷经营利润	利润贡献影响度(%)				

某类或某个顾客的利润贡献占经营单元经营利润的比重,可以判断经营单元对顾客的依赖程度,即该顾客对经营单元的重要性。

严谨的顾客利润贡献分析都必须包括可变或者间接成本的动因,分销、服务、保修、市场营销以及回款等活动会产生成本。除直接可归属的佣金、物流费、无条件退货支出(通常设定百分比)、低于起订量成本外,还应将获取成本(如顾客对供应商准入的认证费用),定制研发费(如模具、打样、工艺调整等),保险(如产品责任险、出口信用险等),账期利息支出,催讨成本,发生的坏账损失等归入上表的对应成本项目。

收入的计算也不简单。正确的销售数据应该考虑欺诈损失、信用损失、产品退换,以及各行业所特有的确认收入时应加以考虑的其他项目。

给华为供货的公司都深有同感,如果不能给华为创造价值,比如更好的产品和服务,则华为下的订单基本为鸡肋。所以,对顾客利润贡献分析需要一分为二,不仅要穿透客户,也要给自己照镜子。

在许多公司里,销售人员的业绩是与销售额挂钩的,销售额越大,提成奖励越多,这其实是一种危险的做法。某些对公司无利可图甚至会造成亏损的顾客,不是在为公司创造利润,而是在增加亏损。

经过上述分析,就会发现一些既无利润又无效率,只能徒增成本的活动,从而发现低效投资(退货、滞销商品、随意物品拣取、紧急订单),进而重新分配资源,把资源投入到对双方都有利的活动之中。

2. 顾客满意度

顾客交易行为满意度是反映顾客满意度的最实在指标,毕竟,交易数据结果证明一切,这里有顾客订单量/顾客采购总量、顾客订单量/公司总销量、品类覆盖率(产品数量/顾客品类,有入围品类覆盖率与销售品类覆盖率两个指标)、销售增长率、保持率、合作年限等关键指标。

中国是人情社会,顾客情感满意度也是需要关注的,主要有抱怨频次,退货量次,索赔大小及频率,入库检验(如免检或全检、抽检率高低),承诺,联系频率,对外推荐或宣传。

互联网时代重视粉丝,粉丝犹如蜜蜂,传播花粉,而主人不用花钱,小米就非常善于利用粉丝扩到产品的影响力。对粉丝质量进行量化评估,公认的指标是法藤关系品质指数。法藤关系品质指数按四个同等权重的因素给品牌打分:粉丝数量、发展势头(基于分析增长速度)、粉丝参与度(互动频率)和情感质量(情感量和积极程度)。

3. 联合开发

如果公司能加入到顾客的研发体系,则会极大地增强顾客黏度,更重要的是,可以嵌入自己的标准,这样将来可以阻止新的竞争者进入。同样,公司自身要建立一套顾客点评体系,让顾客对产品的淘汰、改进、推新作出决策。与顾客频繁互动,帮助顾客解决困难,与顾客联合开发,为顾客创造价值的同时,会让公司未来价值最大化。在对顾客进行分析时,一定不能忽视顾客在研发方面的投入。

(三) 资本结构

偿债能力分析:指标很多,国内喜欢使用资产负债率,可以换算为总资产/净资产、权益负债比等各类指标,其实质大同小异。资产负债率是一个反映财务偿债结构稳定性的指标,严格地说,并不代表偿债能力。评价偿债能力,首先要问

几个问题:债有多少？钱从哪里来？钱够偿债吗？毫无疑问,资本性现金流入大多是一次性的,长期性资产变现或分红并不是一件很容易的事,不能作为衡量偿债能力的经常使用指标。偿债资金的经常性来源就是经营性现金流入,这与当初借款用途与承诺是一致的:短期是流动资金贷款,中长期是项目贷款,如固定资产投资或并购等。对需要偿还的有息债务,如果用管理用利润表上的 $EBITDA$ 还不够贴切,因为 $EBITDA$ 不代表能产生这么多的现金流,国际信用评级机构使用营运现金流/有息债务($FFO/DEBT$)更为精准,该指标完美诠释了经营性现金流对负债的保障能力。

负债结构比分析:反映长短期负债的适配性,短期负债需要通过营运资产予以周转、偿还,国内集团偏爱发中长期的债券,甚至发永续债,希望到期发新债置换老债,或无固定偿还期限,这种思维是错误的,往往会麻痹大意,导致到期无法偿还进而引发财务危机。长期债固然减轻短期偿债的压力,但是由于长期账务金额大,而且本质上说长期负债也需要用经营性现金流偿付本息,只是时间拉长而已,与短期债的属性是相同的。

资产结构合理性分析:资产配置最忌短贷长投,回收期长的长期资产必须有长期资本予以配置,长期资产适合率＝(净资产＋长期负债)/(固定资产＋长期投资),该指标从长期资产与长期资本的平衡性与协调性的角度出发,反映了企业财务结构的稳定性。固定资产的投入额、营运资产与固定资产的比率,可以看出经营单元是轻资产还是重资产公司。轻资产型公司的经营杠杆大,固定成本低,盈亏平衡点低,但是如何能构筑护城河,这是轻资产公司面临的大问题。

(四)营运效率分析

净营运资本反映了公司的商业模式,如果净营运资本为负数,就是拿别人的钱做生意,借鸡生蛋,这也是营运的最高境界。在很多快消行业,都是先打款后发货。在一些美容美发等服务性行业,收款与服务同时完成,而且还发 VIP 卡、金卡、银卡等提前收款方式。这类营运资金为负数的企业,只要盈利能跟得上,可以拿预收消费者的钱进行扩展。

不同行业的商业模式不同,但是尽量使用供应商或客户的钱,这个营运理念是相同的。国内某知名家电公司,淡季付款给供应商,全开180天的承兑汇票,返利后置,代理商看起来账面有利润,但其实不赚"钱"。家电公司错开旺季,减少了资金压力,使用承兑汇票,只是使用了10%左右的保证金就撬动了应付款,享受了180天的财务收益。

在营运管理中已对应收账款、存货有详细分析,应收账款结构影响周转率,海外应收款普遍周转率高,如果占比大,会掩盖国内周转率低的问题。同样,存货中需要深入分析原材料、在产品、半成品、成品各自的周转效率。净营运资本周转率(销售收入/净营运资本平均余额)可能更为综合,避免存货与应收账款此消彼长。相比较而言,如果应收账款的下降能换来存货周转率的上升则更好,因为存货是隐性的,应收账款是显性的,已经转化为市场价值。

缩短营运周期,实行精益管理,是经营单元永远的重点。

固定资产是公司的长期资产,固定资产周转率指标较为宽泛,不能揭示本质。固定资产投入相当于沉没成本,它创造了净营运资本,产销率、产能利用率、固定资产投入资本/产出更能反映固定资产的使用效率。如果产能利用率低,提高周转率的办法就是扩大销量;如果产能利用率较高,则通过优化产品结构、提高产品的附加值来提高周转率。

(五)现金流分析

现金流分析主要分三个方面:现金流溢缺分析,分析经营性自由现金流;经营性现金流含量分析,如单位营收产出现金流、现金盈利值(CEV);不良资产占用分析,分析其变现能力。

上述的产品线利润、顾客利润贡献、资本结构、营运效率、现金流分析是分析经营单元的重点,但并不全面。杜邦分析法是个很好的方法,2004年,中国华源集团请麦肯锡对上海医药集团做战略分析,麦肯锡使用的就是杜邦分析法,美其名曰"价值树"。杜邦分析法从最终追求的ROE开始,从盈利能力、资产周转能力、财务杠杆三个方面逐步拆解,越分解越细致,令人似曾相识。

二、产业板块分析

如果说经营单元的财务分析是"放",要深入到运营的方方面面,到了产业板块这层,则是"收",需要拔高。

(一)挖掘经营单元业绩潜力

1. 赛马法

将各经营单元指标排列,从对比中找差距(见表8-8)。

表 8-8　经营单元业绩比较

经营单元	A公司	B公司	C公司	平均	差异分析		
					板块平均	行业标杆	预算目标
营业收入							
增长率							
经营利润							
增长率							
经常性自有现金流							
ROE							

2. 会审经营单元,发现问题和不足,寻找改善空间

(1) 宏观方面,外部发生了哪些重大变化? 哪些潜在的发展足以影响整个行业,从而需要改变发展规划?

(2) 与上期对比,与本年预算目标相比,经营单元做出了哪些改善举措?

(3) 与内部兄弟单位相比,有哪些实践成果可分享? 有哪些不足?

(4) 与行业标杆相比,差距有哪些? 原因是什么?

(5) 为了完成营收、经营利润、经常性自由现金流的目标,需要采取什么措施? 增长将来自哪里? 是来自扩张还是来自市场份额的扩大? 可改善的空间在哪里?

(6) 需要板块做什么?

3. 提出行动方案,讨论成果最终要落地

发现差距与不足后,产业板块会同经营单元须拿出可行的、细化的行动推进方案,确保方案落地。

表 8-9　行动学习推进表

类型		目标	对策	时间进度	困难/问题	板块支持
回报	收入增长					
	成本降低					
	费用减少					
营运	资产周转					
	资产占用					
现金流	经营活动(增/减)					
	对外融资(增/减)					
	股东投入/收回及分红					

4. 提高产业板块在行业中的竞争力

单靠经营单元的努力,实现增长、提高回报是困难的,产业板块不能管得过多、过细,产业板块肩负着打造整体竞争力的重任。

(1) 经营单元的业务布局。这是产业板块考虑范畴,以取得先天优势,极大地降低成本或占领市场。在大多数行业,或在原料供应地,或贴近市场,有的需要兼顾原材料产地和市场(有销售半径问题),有的要考虑运输方式(生产超长电缆的企业都需要码头,水运费最低)。

(2) 弥补经营单元短板。有的经营单元经营层老化,不能敏锐地感觉市场变化,需要板块调换关键人员,突破收入增长极限。通常,在新上重大项目时,产业板块都需要调集板块内最强的力量,承担调研、设计、建设、开车的重任,一旦顺利达产,则交由后续负责经营管理的团队。

(3) 发挥板块内的协同效益。立足于行业,以全国乃至全球眼光,制定一体化战略,避免经营单元各自为战;取长补短,推广业内最佳实践;对共性需求可统一对外,可将谈判权力集中到板块,最常见的是集中采购;寻找行业资源,对于板块内存在共性问题而自身无法解决的,需要板块设法破解,突破增长瓶颈;在财务协同方面,板块要进行盈余管理,进行纳税筹划,经营利润=经营利润率×(1－所得税实际税率),设法降低边际税率(每增加1元收入,所适用的税率是多少),将利润流向税收洼地,因时做好债权收益与股权分红的转换。

产品开发分为前沿性开发和应用性开发:前沿性开发面向未来,围绕客户潜在需求、未来市场容量等发展趋势进行,产品设计等前沿性开发不能放在工厂,否则,容易受工厂思维局限;应用性开发放在经营单元,针对不同的应用场景开发不同的产品。

产业板块需要站在行业的高度,对经营单元的业绩进行评价。各经营单元在行业价值链中处于不同位置,扮演不同角色,板块追求整体价值的最大化。有的经营单元或产品承担阻击对手的职责,有的不惜保本或亏损地充当杀手,以消灭竞争者为先,取利为后。

表 8-10 中的"主要任务"概念较为宽泛,其实都可用财务指标来表示,譬如采购成本节超率,可以由板块出面与供应商结盟。如果原料是战略性资源,则板块尝试自建、收购或参股的方式,譬如钕铁硼生产企业通常会与稀土生产企业通过股权、签订长期供应协议等方式保障原材料的稳定供应,进而享受价格优惠。

表 8-10　产业板块任务推进表

产业板块主要任务	行业关键成功要素	差距	问题描述	目标	解决措施	时间进度	责任人
寻找战略资源							
发挥协同效应							
弥补短板							

同样,发挥协同效应更是可以量化,譬如产能利用率低主要受设备制约,板块可以成立科技攻关小组,集中力量对设备进行改造。至于财务协同,在板块内资金融通、通过融资产品降低财务费用(如对供应商使用票据支付货款),纳税筹划节税等。

推迟应付款支付是提高经营性净现金流最快速见效的办法,在国内声名显赫的大公司压榨供应商的例子极为常见,3个月账期后,开出一张6个月或9个月期的商业承兑汇票,让供应商高息贴现。对于很多中小供应商而言,利润利用并不是主要的,如果有合理的利润,再加上资金快速地回笼,供应商的很多问题就能得到解决,经营就顺畅多了。上海华源复合新材料公司的做法不一样,付款账期仅30天,但是供应商的价格一定要最优惠,这样一算,公司并没有吃亏,供应商也很乐意。有些知名国有企业一味地压榨、盘剥供应商,是不道德的做法。

(二)产业投资

产业板块投资基本上围绕着现有业务发展,一种是上下游的产业链横向拓展,一种是同行业的纵向发展,如果对大势判断准,风险相对较小。

并购是高难度工作,如果没有做好充分准备,建议还是走内涵式发展道路,逐渐积累经验,并购活动包括对标的公司的估值、交易架构设计、付款安排、压力测试、发展方向、整合策略及风险控制都有一套完整系统的方案。并购项目成功率低的原因在于并购溢价过多、估值背离内在价值太大、文化融合困难、尽职调查不充分、雷区太多等。

1. 项目回报

投资可以验证,但难以追责,失败的影响因素太多,如战略错误、市场变化、资金不足、管理团队变动、原材料成本上升等。人人都有责,人人不担责,所以,投资的欲望难填,产业板块必须设定红线,凡是投资回报低于 $WACC$ 的项目,一律否决,这里的财务评价指标有两类。

改扩建项目：ROE 或 EVA；

并购项目：DCF、ROIC、净现值（结合获利指数）。

如果涉及跨国投资，还需考虑通货膨胀、地区/国家风险因素，WACC 的计算较为复杂，见表 8-11。

表 8-11　WACC 计算表

计算方法	计算要素
A	预期实际净资产收益率
B	预期通货膨胀（＋）/紧缩率（－）
$E = A + B$	权益资本成本
β	行业 Beta
$\Pi = (\beta - 1)^{*}$ 系数	行业风险溢价
Δ	资本规模风险溢价
$T = E + \Pi + \Delta$	调整后的权益资本成本
F	国债无风险报酬率
G	债券市场风险溢价
$H = F + G$	债务资本成本
$Debt$	债务比例
$Equity$	权益比例
$I = Debt^{*}[H^{*}(1-\text{所得税税率})] + Equity^{*} T$	加权平均资本成本
J	国家风险调整因素
$K = I^{*} J$	国家风险调整后资本成本
$WACC = J + K$	项目资本成本

＊：国内上市公司的预期必要净资产收益率最低为 6％，以符合再融资条件。

2. 投资额控制

这是投资约束的第二条红线。投资冲动是国内企业的普遍现象，可能源于过去高增长时代留下的旧有思维定式。对于有良好的增长前景、股东回报高的项目,业务单元向板块争取的资源最多的是股东投入,这是板块资产配置问题。板块的难题不在于如何配置,而是资金的捉襟见肘。如何维持良好的现金流平衡,净现金流量适当比率是非常有用的度量指标。

$$净现金流量适当比率 = \frac{\sum_{n=1}^{5} 经营活动的现金净流量}{\sum_{n=1}^{5}(资本支出 + 经营增加额 + 现金股利)}$$

净现金流量适当比率,适用于测算企业从经营活动所产生的现金满足：一是支付维护性资本支出,二是经营活动净投资,三是发放现金股利。每年会有比较大的差异,但是 3—5 年之后,就相对均衡,有规律可循。如果该比率大于 1,表示企业经营活动产生的现金足以弥补、支持这种需要。如果该比率小于 1,表示来自经营活动的现金不足以支持,需用于营运和支付股利的需要。这个指标的妙用是,有很多 A 股上市公司受证监会分红政策的压力,靠贷款发股利,靠借款搞投资,但是损害了公司价值。从一个时间段,就能看出,钱是靠赚出来的,而不是靠借。这个指标告诉我们：

(1) 无论何时,借的钱要靠经营活动产生的现金流来偿还；

(2) 给股东分红的钱,每年必须留出来,之后测验其重新再投资于营业资产。

与此同时,投资额是分期投入的,产业板块必须做好各年度适配,以免因时间错配而断流。

在相同产出的情况下,资本支出越少(即投资成本越低),投资的安全边际越大,盈亏平衡点越低,成本回收期越短,产品的竞争力越强。

3. 清理

清理低效或负回报(如长期或巨额亏损、无现金流造血能力)的经营单元,坚决退出。

(三) 资本结构

与经营单元的资本结构不同,产业板块的资本结构侧重于资本的灵活程度,即拓展新的业务以及抵御竞争对手攻击的能力。产业板块可能会在短期内承受资本结构不合理之苦,以抓住宝贵的市场机遇,以时间换空间；反之,进入成熟期或收获期,产业板块可能会负债很少,持有大量现金,以备经济寒冬或增加股息。因此,较之经营单元,产业板块对资本结构的管理应更趋谨慎。

在会计报表上,有一些耐人寻味的长期资产,譬如并购溢价形成的商誉,专利(采矿权、鱼面养殖权等特许权除外)、递延资产,这些资产既不能独立存在,也不能单独变现,当然不能用来偿债。

国内很多高新技术企业将生产费用研发化,然后资本化成为无形资产。应用研发不需要花费这么多钱,大家心知肚明。中国电子信息行业联合会专家曾直言:"根据2017年国家统计局公布的数据,全国专利已经有714万件,我认为可能90%都是垃圾,只能充当花瓶,圈项目的钱。"

专利的数量从来都不代表研发竞争力的真实水平,专利授权收入和专利侵权索赔额才是衡量专利商业价值的关键指标,前者可以称为专利的市场价值,后者不妨称为专利的防御价值。

有鉴于此,对商誉、知识产权、递延资产这些不能用来偿债的无形资产,要从净资产中单独扣除,由此,净负债率(有息负债/净资产)演变为有息负债与有形净资产比率,该指标通常小于0.65。

产业板块的资本结构还受外部条件的硬约束,发行企业债、短融、超短融、中票、私募债的,均符合相应的财务指标要求。按照现行规定,公开发债的上市公司须披露以下指标,包括但不限于:总资产、归属于母公司股东的净资产、营业收入、归属于母公司股东的净利润、息税折旧摊销前利润(EBITDA)、经营活动产生的现金流量净额、投资活动产生的现金流量净额、筹资活动产生的现金流量净额、期末现金及现金等价物余额、流动比率、速动比率、资产负债率、EBITDA全部债务比(EBITDA/全部债务)、利息保障倍数[息税前利润/(计入财务费用的利息支出+资本化的利息支出)]、现金利息保障倍数[(经营活动产生的现金流量净额+现金利息支出+所得税付现)/现金利息支出]、EBITDA利息保障倍数[EBITDA/(计入财务费用的利息支出+资本化的利息支出)]、贷款偿还率(实际贷款偿还额/应偿还贷款额)、利息偿付率(实际支付利息/应付利息)等财务指标。若上述会计数据和财务指标同比变动超过30%的,应当披露产生变化的主要原因。

三、集团分析

需要跳出经营单元、产业板块的分析框架与思维,这完全是由集团的定位、集团财务职能决定的。

(一)产业板块贡献

从上市公司年报看,目前,绝大部分业务多元的上市公司分部报告语焉不详,不能给投资者提供丰富有效的信息。集团有众多产业,有的跨行业经营,需要有分部报告,以分析各产业板块在集团中的贡献,检验集团战略的执行情况,为集团在发展方向、业务布局、板块调整、资源配置方面提供最有力的决策依据。

集团业务主要有经营、金融、投资三部分,以经营业务为例。作为集团的主业,还需按产业板块分析,集团分析着重宏观,看大势、走向,宜粗宜精宜高,财务分析能抓住牛鼻子,分析各板块占比及增长率(见表8-12)。

表 8-12

主要指标	产业板块	A	B	…	小计
营业收入	完成额				
	比重				
	增长率				
资产规模	完成额				
	比重				
	增长率				
经营利润	完成额				
	比重				
	增长率				
净利润	完成额				
	比重				
	增长率				
经常性自由现金流	完成额				
	比重				
	增长率				
回报	归属集团的净利润				
	比重				
	集团投入资本				
	分红				

经营单元、产业板块、集团三层级财务分析的立足点不一样,经营单元着重于单体,产业板块着重于行业,集团着重于布局,各有侧重,不能混淆、错位。如果涉及战略调整,须重新安排业务计划,评估资源配置,并确定产业板块的发展方向。

对集团贡献回报最大的来源于为数不多的核心企业,这是经验,更是规律。由此,有些集团陷入一个误区,财务分析之后的发现就是要搞平衡,让后进变先进,要么拔苗助长,要么使重点资源倾斜。由于各板块的行业属性、行业周期、发展阶段、自然禀赋、组织能力、经营团队、区域特点、投资回报率等都不同,不可能十个指头一样长。集团各产业板块发展不平衡是绝对的,平衡是相对的,不平衡就是最大的平衡,如果人为地搞平衡,就是破坏板块自身的平衡,落后拖先进的后腿,资源配置往低效、低增长板块转移。

(二)资本运作

资本市场是价值放大器,流动性极佳。资本运作是集团的天然职责,集团拥有得天独厚的资源优势,长期研习资本市场规则,将内在价值转化为市场价值。

1. 估值

集团定期对产业板块进行估值,预估产业板块的价值区间及未来增值潜力,须拉长为三年一期看,由此可看出变动趋势(见表8-13)。

表8-13 产业板块估值预测表

主要指标		$n-2$年	$n-1$年	n年	本期
经营业绩	营业收入				
	经营利润				
	净利润				
	经常性自由现金流				
	股本				
	资产负债率				
	估值				

对照可比上市公司,集团须测算市场价值与内生价值,两者的差异即是套利空间,可进行灵活操作(见表8-14)。

传统的估值方法有两种。

基于盈利、现金产生能力的绝对估值法,如 DCF、EV、$EBITDA$,这是"模

糊的正确";

基于可比性的相对估值法,如 P/E 和 P/B 等,其本质是"如果你我差不多,那么你好我也好"。

表 8-14　市场价值与内生价值计算比较

可比市场交易法		自由现金流量模型	
计算方法	计算要素	计算方法	计算要素
A	总市值	H	整体价值
B	债务价值	I	持股比例
C	账面现金	$G(=H \times I)$	控股权内生价值
$D(=B-C)$	净债务		
$E(=A+D)$	整体价值		
F	持股比例		
$G(=E \times F)$	控股权市场价值		

与本书中其他估值方法不同的是,这种方法将账面现金从债务价值中扣除,这也是 2016 年狮头股份(SH600539)被苏州海融天投资有限公司通过协议受让成为单一最大股东的道理所在。

任何一种估值方法都有其天生缺陷,实操中,会运用其他估值指标辅助(如 P/E、EV/EBITDA、MV/EBITDA、P/S、P/B),以弥补其不足。

估值方法是否合理,取决于交易各方的接受程度,不在于科学性。如果最近流行一种指标,大家都认可,则该指标会被大量使用。

2. 运作方法

时机非常重要,需要等。时候到了,集团把握时机的能力就非常关键。中概股回归 A 股,人人都想吃这块肥肉,但是只有 360 等极少数公司有这个能力与运气。集团展开资本运作,方法分为加法(引入增量股权资金)、减法(股东出仓或公司缩股)两种。

加法:公开市场有 IPO、借壳上市、增发、配股、转增、送股、发行优先股、发行可转债、增持(含私有化)等工具;非公开市场有引入机构投资者,如产业基金、信托、保险、风投、私募以及个人投资者。

减法:没有公开市场与非公开市场之分,通常有减持、出售(股份售罄)、公司回购等工具。

以下是笔者亲历参与的资本运作案例。

正邦科技体外造壳，单向定增

成立于1996年的正邦集团，是农业产业化国家重点龙头企业，是以饲料、养殖为主的中国民营企业500强企业，旗下江西正邦科技股份有限公司在深圳证券交易所上市（SZ002157，以下简称正邦科技）。

由于猪肉价格连续两年处于低位，打破传统的"猪三年"周期理论（一年赚一年亏一年平，三年总体盈利），2013年，正邦科技发生亏损，正邦集团也在亏损边缘，正邦科技及正邦集团负债率较高，财务费用支出大，间接融资空间较小。

2012年12月，正邦科技向证监会提交关于配股的申请报告，2013年10月，主动申请终止。2013年11月，提交非公开发行预案，拟向江西永联投资有限公司（注册资金1 000万元）非公开发行A股股票不超过16 529万股。2014年5月，获证监会审核通过。2014年7月上市，募集资金99 339.29万元。

股权融资是当时破解财务困境的唯一途径，正邦集团创造性地设计"体外造壳、对壳单向定增"的交易架构，10亿元定增资金为"工商银行5亿元并购贷款＋南京银行3亿元私募债＋自筹"方式获得，从而避免抬高集团负债率、市场担心定增发不出去的问题。

正邦科技资本结构得到重大改善，随着猪价行情逆转，养殖利润大幅度提高，带动饲料量价齐升，正邦科技从亏损逆转为大幅度盈利。2014年7月31日的收盘价为10.18元，最高时的股价为29.42元，正邦集团并未受到江西永联投资有限公司的3年锁限制，期间进行了股权转让和可交换债的兑换（兑换价为19元/股）。

3年锁定期内，正邦科技进行了如下分配方案：

2014年10派0.2元；

2015年10派1元；

> 2016年10转20股,同时10派0.5元;
> 2017年10派0.5元。
> 独具匠心的融资方案设计、良好的业绩、富有吸引力的利润分配方案推动了股价上涨,控股股东正邦集团在资本市场获得了高额回报。

(三) 资本结构管理

资本结构有动态、静态之分,有息负债率反映的是时点偿债状态,是静态资本结构指标。

有息负债/EBITDA 作为动态资本结构指标,反映某一段时期的偿债能力,有息债务/EBITDA 通常小于5。用经营现金偿债,连接着资产负债表与利润表,是非常好的指标。没有创造现金能力的集团,通常只能靠借新还旧度日,十个锅八个盖。

由于集团体量大,当前国内集团负债水平高于发达国家,普遍缺钱。

提高主业的回报与现金流是产业板块的主要工作,而资本结构管理都是大手笔,须与资本运作、股息分配高度结合,以增加股权权益、改善现金流,所以,增加股东权益是集团当仁不让的重任。此外,集团需打理好自身的金融性资产与投资性资产。

集团缺钱的另一个主要原因在于集团的收入来源太少,只有分红款、理财收益和资本运作收入,理财收益数额不大,影响甚微,而资本运作虽金额巨大,但具偶发性,有的几年难得遇上一次。集团的投资大多是上收占产业板块的可融资额度,以义务板块项目的名义在资本市场、银行间市场发行中长期债券,以稳定其财务结构。

股权融资通常放在资金需求量大、发展前景好、负债率较高的产业板块,集团根据股权融资成本和产业板块的加权平均资金成本的比较,量体裁衣,根据当前市场环境、投资者偏好与要求,考虑产业板块的发展阶段、资金缺口、经营状况与业绩、估值,合理安排融资方式,确定融资主体、融资金额、定价、收益与风险承担、担保与承诺(如回购或托底)方案,引入投资者也是颇费心力地工作,以下为股权融资的反向选择标准。

如何选择合适的投资者——钱是粮食,也是毒药!

股东资质及股权结构是一个公司成功的基石。根据所有者理论,不同的资产,在不同人手里的价值是不一样的。引入投资者,没有理想,只有合适与否。董事会首先要定标准,对投资人进行背景调查,考察投资方的资质,然后再进行筛选,让真正有意愿、有能力的投资人进门,实现合作共赢。

- ✓ 投资人募集资金的能力、可投额度,股东的声誉、实力;
- ✓ 投资人的资金投向;
- ✓ 资金的性质和风险收益偏好,对回报要求,有风险承担能力;
- ✓ 投资人的风控政策(投资限额及投资比例限制);
- ✓ 投研深度、尽调水平、谈判能力和投资框架,对公司、行业及产品有一定的熟悉度,看不懂的投资人容易觉得自己受骗上当,今后合作会不舒服。

为公司带来资源、补公司短板的投资人尤佳。反之,对以下投资人要敬而远之。

◆ 股东声誉不佳、运用杠杆投资、显性及隐形债务较多,会给公司运作带来麻烦。

◆ 不以诚信为本,在追求利益上不节制,在处事上不包容,有的投资者榨干公司的最后一滴血,有的与控股股东发生冲突,有的谋求上位,不一而足。

◆ 对背景复杂的投资人,敬而远之。投资圈往往高深莫测,动辄就遇到自称"×家"的各路大神。如果是真的,少合作为妙,一旦大神发怒或不满意,公司、控股股东的命运就由不得自己了。如果是骗子,则更不要浪费时间与精力。

(四) 资产组合

赚快钱、赚大钱不是集团的目的,稳定、持久地赚钱才是集团的生财正道。抵御系统性风险要靠集团,而不是经营单元、产业板块所为。谁也没有本事预测经济危机、行业兴衰,但是集团布局时要通盘考虑,增加整体抗风险能力,分散风险,减少波动性。

分部报告是资产组合最好的财务分析目标,主要分析资产、净资产、投入、经营利润、自由现金流量、营收等数据及其占比,据此可以看出集团在地区、产业板块的布局,从而判断出集团的风险抵御能力。

区域风险:确定境内与境外业务/资产的分布及合理比例,全球化经营,中美贸易战就是警钟。

周期性风险:将顺周期、弱周期、逆周期产业进行搭配,抵御国家及行业周期下行的风险。

(五) 产融结合

当作实业的集团规模足够大时,要走产融结合之路,通过参股或控股方式适当布局能有效地辅助主业的金融业务,如设立财务公司、参股有较强实力的银行、保险公司,宝能集团通过控股前海人寿保险公司,不仅为自身主业发展提供了资金保障,解决了房地产行业融资难的问题,而且为举牌控股上市公司源源不断地提供弹药。

通过产融结合,拓宽集团的安全边际,让集团有充足的资金,以支撑业务发展,应付突发性灾难。

(六) 投资性资产

投资性资产为非控制类资产,追求超出经营利润率的高回报,考验集团的投研水平。投资性资产主要有战略性投资和财务性投资两大类,战略性投资偏重中长期回报,追求持有收益,财务性投资注重一次性短期回报。投资前,就要考虑或设定退出机制。投资过程中,做好风险控制,如果苗头不对,就要停止投资或及时回撤;虽不参与日常经营,但投后要主动管理,监控营运绩效及风险,评价项目价值,考虑增持、减持、退出的可能性及最佳时机。股权投资市场非常多变,做得好,能捞一大票;做不好,血本无归,极难把控,需要集团有严格的投资纪律及明晰的投资策略,不能随大流。

基金公司通常使用 DPI 这个指标(分红/投入资本),也称为资本分红率。有的将转让/出售也纳入分子,这样更加综合与全面。DPI 按现金流回报而不是估值来衡量投资业绩,毕竟估值不一定能变现,退出才是王道,真金白银才是实现了的收益或收回来的成本。DPI 是稳健性指标,$DPI=1$,表明成本恰好收回,项目后续流入现金都是纯收益。很多高明的投资者在估值攀升过程中,分批转让/出售股份,先将本钱收回来,落袋为安。

> ### 巴菲特战略性投资路博润
>
> 2011年,美国"股神"巴菲特旗下的伯克希尔·哈撒韦公司宣布以97亿美元的巨资收购化工巨头美国路博润公司,堪称神来之笔。基础油添加剂公司全球仅有4家,添加剂是润滑油的必备材料。如果添加剂公司不供货,润滑油厂家只能停产。由此带来的启示是集团可配置与主业相关的、位于价值链核心环节的资产,有的虽然现在看起来回报不高,但是可以左右产业链,通过股权纽带保证原料供应或获得技术授权。俟时机成熟,可以先参后控,将投资性资产摇身一变为经营性资产。

对于联营、合营企业,可以通过"合营/联营公司投资回报率=投资收益/初始投资成本"分析回报的水平,投资收益指分红款、转让收益。

因集团施加的影响力不大,有的联营、合营企业从来不分红,集团要警惕并分析投资项目的价值,谨防掉坑。

(1) 从最近5年的净利润、股东投入(股权融资额)、现金股息支付率、分红款、股权融资款,分析回报的合理性,并与同行比较,计算报酬率。有的公司喜欢从股东身上募资,但是分红比例很少,拿三块,还一块。这种公司不断地从股东口袋中掏钱,不断地编题材故事,控股股东则趴着不动,每次募资也只是象征性地认购一点股份。

至于资本利得,由于中国资本市场熊长牛短,股价经常与股市背离,作为价值投资者,意义不大。

(2) 看看控股股东索取回报的方式是什么?有的是通过关联交易,有的是不差钱,有的则是逢高套现。

(七) 金融性资产

主要有固定收益产品、浮动收益产品以及衍生金融工具三类。

固定收益产品可以保本收息,安全性系数较高,大多属于理财类;浮动收益产品能赚取短期差价,投机性强;衍生金融工具的收益波动大,风险高,多以保值、风险对冲为目的,确定止损上限。对衍生金融产品,不建议涉足,中航油、中信泰富、中石化这样的交易老手发生巨额损失就是血淋淋的例子。

金融性资产主要分析浮盈/亏、头寸余缺、变现能力、价值、杠杆、安全性、风险可承受限度、退出渠道、投资回报等指标。

$$金融资产投资回报率=(利息+差价)/初始投资成本$$

(八) 投资约束

集团通过对产业板块的分析,确定主业的投资优先级,并对自身适当配置股权类资产和金融资产,使用现金在投资比率这个指标对自身进行约束,避免铺摊子,四面出击。

$$现金再投资比率=\frac{经营活动的现金净流量-现金股利}{主业投资+股权投资+金融资产}$$

第五节 改进建议

任何集团对财务分析都很重视,一般情况下,集团、产业板块、经营单元的董事长、总经理都会参加。但较为尴尬的是,有的还要开经营分析会,俗称"两会"。财务分析数据很多,财务报告很长,财务人员做得很辛苦,但是对经营有用的财务分析并不多。财务数据对于无财务背景的汇报对象来说,不可追求精确,应该追求迅即、可靠、有用、易懂,但很多公司的财务部门不能将专业语言转化为决策者易理解的经济用语。

做一篇有价值且精彩的财务分析报告非常不容易,减轻决策层眼花缭乱的数据压力,提供有价值的建议,是财务分析义不容辞的责任。

(一) 战略预警

(1) 财务分析主要使用事后分析的方法检讨过去的不足,层级越高,越喜欢抓重点、看趋势,用前瞻性的分析方法,对未来的趋势进行预测。

(2) 财务分析需上升到竞争分析,帮助决策者在未来存在风险和不确定性的情况下制定时下的策略,以确保公司在未来的竞争中获得成功。假设是对未来不确定性的一种判断,分析建立在一定的假设条件基础上,正确的假设不一定有好的结论,但是错误的假设必然导出错误的结论。需要检测选项,评估所有关键假设以及备择假设。

(3) 通常,人们关注披露明显、易受质疑的显性假设,对于模糊不清、难以推敲、移花接木的隐形假设却疏于分析,而一些隐形假设却往往是高风险的,这就是为什么国际投行、华尔街在世界大行其道的原因,很多投资者付出了巨大的代价。

(4) 敏感性分析:考虑关键假设的变化程度对分析结果的影响。

(二)质量要求

可以用 FAROUT 法,即前瞻性、准确性、资源有效性、客观性、实用性、时效性,视不同分析内容,赋予不同的权重,尤忌过分追求数据的准确。

(三)市场导向

无论经营单元、产业板块、集团哪一个层级,分析的原点是市场,看对、看准了市场,就能找到掘金地。然后展开分析自身在开拓市场中遇到的困难与问题、与同行的竞争与比较、在市场中的表现,以及未来的市场开发策略,最后再回到原点。与其他集团的预算分析有所不同,华润集团预算分析的最大特色在于"市场导向+平衡计分卡度量+行动方案",华润集团的预算分析通常包括以下内容。

(1) 业务战略执行与以前年度预算完成情况回顾检讨。

(2) 业务战略分析检讨,包括相关行业与竞争对手分析;环境预测与市场趋势;内部优势劣势与资源评估等。

(3) 业务战略描述,从财务、客户、流程和学习等几个战略执行层面说明战略目标和关键评价指标。

(4) 未来3—5年战略规划的滚动分析,包括关键评价指标的阶段性目标值、行动计划、里程碑、负责人和所需的营运与资本支出预算。

(5) 年度预算分析,包括营运预算与资本支出预算的汇总分析和财务预算的具体分析。

(6) 战略及预算情况与标杆公司的比较分析,包括财务方面和客户、流程、学习等非财务方面的比较分析。

(四) 重视竞争制胜的非财务因素

(1) 分析师不要假设竞争对手过于完美,如反应敏捷、非常理性、知己知彼等。要善于发现竞争对手的孱弱,如资本结构失衡、资金难以为继、项目停产、股权存在不稳定引发股东不和、产品盈利能力畸高畸低、区域市场份额有软肋、存在难以突破的限制条件等。

(2) 兵法云:"料将不如料帅。"最高决策者只有一人,其喜好、智慧、胆识、谋略、资源配置能力、风险偏好、行事风格往往决定了公司竞争策略的成败。

(3) 挑战常规思维,抛开模式化的见解,减少那些会抑制分析的集体审议以及其他一些官僚做法。

(4) 仅仅揭示问题还是不够的,要重在发现机会。

(5) 财务分析的最大问题是先有结论或认知,然后寻找论据来推断以前的认知,这种倒求法非常不科学,极其有害。

(五) 表达形式很重要

(1) 一张 PPT 上的数据不能多,如果担心被追问,可以自己做笔记,现场口头回答;

(2) 能用图的,尽量用图,表次之,文字为最后,其实,很多可以以口头讲述,不必写在 PPT 上;

(3) 要大量精简数据和内容,数据太多会让人眼花缭乱,内容太多会冲淡主题;

(4) 分析模板设计者既要照顾全面,又要重点突出,各产业板块、经营单元有选择性地使用模板,不需要全部照搬照抄,适度做做减法,同时根据自身特性适当补充,做到"共性+个性"的有效结合;

(5) 主要谈短板、关键问题,不需面面俱到,非重点内容一带而过,少谈成绩;

(6) 鼓励更多地使用业务数据,从业务数据导向财务数据(结果),炼钢行业通常使用吨焦耗洗精煤、转炉钢铁料消耗、棒材成材率、吨材盈利水平等经济技术指标,就能判断出经营业绩;

(7) 凡是有重大异常的数据,建议用底纹或颜色标注。

【附录1】

如何分析现金流量表?

现金具有以下六大特点。

第一,现金是低回报资产;

第二,现金是资产配置和资产转换的媒介;

第三,现金既是始点,也是原点,最终完成业务循环或者投资循环之后又回到原点;

第四,现金是财务弹性衡量指标,是判断现金充足度(占资产比重)经营维持能力、抗击风险能力和捕捉机会能力的最直接的工具;

第五,现金是价值衡量工具,包括公司的估值、投资的分析、业务的评估;

第六,利润要现金流,不要泡沫利润,公司的价值不要纸面富贵,要真金白银。

现金流量表在四张报表中最简单,只要入门水平就能看懂。为什么现金流报表比利润表还重要,因为现金是王,现金不会说谎。CFO最重要的职责就是维护公司的现金流,并推动创造现金流。

大局观

在安全性的前提下,一定要保持适度的财务弹性,不能大开大合。

现金流服从于企业发展战略。不要对抗经济周期、资本市场周期、行业周期、产品生命周期。危机见底时,对外并购目标企业;复苏时,投资扩充产能,进行技术改造、产品升级、增加人员;高速增长时,进行原材料的战略储备;繁荣时,将一些非战略性产业出售或分拆,进行资源变现。

- 安全性:比尔·盖茨曾说:"微软离破产永远只有18个月",就是说微软假如没有一分钱进账,只能活18个月。笔者最佩服的是李嘉诚,他对财务安全重视到了匪夷所思的程度,负债率只有20%—30%,现金流非常充裕。但国内企业家富有冒险精神,大多是高负债,高杠杆、高利息。不断靠借新还旧来维持盘子。一旦发生提前还贷等重大意外事件,就可能随时破产,海航就是明显的例子。
- 流量:流量创造存量,流量少,水流不畅,容易发生阶段性危机。收入与支出不均衡,容易猝死。

存量：是年初、本期共同作用的结果，须分析形成来源，还有存量的高低。现金比率（现金/流动负债）水平反映了存量的合理性和安全性。

- 结构：不仅要分析经营、投资、筹资活动内流入与流出项目的相关性，还要分析净流量、存量结构的合理性。经营需持续贡献净现金流，应构成现金存量的主要来源，也是投资、筹资的保障。
- 财务弹性：相对于平均水平，现金富余或短缺所处的活动区间。

角度及指标

1. 判断产业形态

中美贸易摩擦中美国专打中国战略性新兴产业，中国政府很早就希望企业从原材料粗加工型向科技型、"互联网＋"、先进服务型企业转型，这个可以通过"支付给职工以及为职工支付的现金/经营现金流出"来看，占比越高，转型成功的概率越大。

2. 经营增值

比利润表里的毛利率更能衡量企业的核心竞争力。

增值额：销售商品、提供劳务收到的现金－购买商品、接受劳务支付的现金；

增值率：（销售商品、提供劳务收到的现金－购买商品、接受劳务支付的现金）/购买商品、接受劳务支付的现金。

3. 持续动力与平衡

动力：经营性现金流入/流入现金总额，占比越高，主营业务动力越强劲，续航能力越长；

经营收支平衡：经营性现金流入/经营性流出。

4. 自建项目

看投入项目的周期、进度；是否进入回报期，看扩大生产规模或开发新产品投入，与现有产品、库存、增长率对比。

5. 并购项目看商誉

看"商誉/投资支付的现金净额"这个指标。商誉就是估值泡沫，这些年，上市公司估值泡沫从二级市场传导到一级市场，从上市公司层层传导到PE投资、VC投资、天使投资，有的上市公司超出公允价值的商誉占项目交易额的80％以上，短短几年并购形成的估值泡沫占上市公司总资产的30％以上，不断突破红线。

6. 制造业看设备投入

固定资产置换率＝处置固定资产收回的现金净额/购置固定资产、无形资产和其他长期资产支付的现金；

$$固定资产更新率＝折旧/固定资产净值$$

$$经常性资本支出维持率＝折旧/经常性资本支出$$

$$资本支出比率＝经营活动现金净流量/资本支出$$

7. 筹资活动

融资结构安排是否合理？与项目是否错配？是否存在短贷长投？融资总成本是否可承受？

8. 股利发放

发放股利要与公司利润分配政策结合，考虑未来资本性支出、上市公司回报底线、现金流充裕程度、股东成本与债务成本孰低等多种因素。

9. 分析偿债能力

（1）短期偿债能力。

$$现金比率＝货币资金/流动负债$$

$$经营现金流量比率＝经营活动现金净流量/流动负债$$

$$资金流量保障倍数＝\frac{利税前收益＋折旧＋摊销}{利息＋本期到期债务本金＋优先股股利}$$

（2）长期偿债能力。

① 现金利息保障倍数＝（经营活动现金净流量＋折旧＋摊销）/偿付利息现金

② 长期负债偿付率＝（经营活动现金净流量－偿付利息支付现金）/长期负债

10. 利润含金量

利润含金量＝经营性净现金流/净利润

"三结合"与"三对比"

"三结合"：结合其他几张基本报表，结合内部管理报表，结合业务数据。

"三对比"：与自己比（环比、同比），与行业平均水平比，与行业标杆企业比。

【附录2】

天虹纺织综合分析

天虹纺织集团有限公司(以下简称天虹)创始于1997年,是最大的包芯棉纺织品供应商之一,专门致力于高附加值时尚棉纺织品的制造与销售,2004年年底在香港联交所主板成功上市,股票代码是2678。

天虹中国总部位于上海,产业布局以长江三角洲为中心区域的地区延伸。在江苏的徐州、泰州、南通、浙江的浦江以及越南的同奈省拥有13个生产基地。

总体评价

绩优股,纱线的核心竞争力全球领先,战略布局和运营能力出色,并购带动业务高增长,具有发展的高潜质,负债率处于较高水平,存在以下不足。

- 投资并购缺乏经验及技巧,风险较大,后期面临着需要投入额外资源、整合被动的难题;
- 增收不增利,强于纱线,弱于面料及牛仔布;
- 资本运作与经营未双轮驱动,资本结构管理与市值管理未得到重视;
- 产融结合不理想,融资缺乏大局观;
- 资本结构不合理,财务弹性不足;
- 未紧跟公司战略,集团财务转型不及时。

一、2018年收入增长动因解析

附表1 单位:千元

产品	2018年	2017年	增加原因			
			金额	销量因素	售价因素	新产品因素
弹力包芯纱线	7 993 796	7 958 764	35 031	−184 718.2	219 749.4	
其他纱线	7 560 091	6 621 407	938 684	444 018.6	494 665.7	
弹力坯布	650 070	466 570	183 500	211 460.0	−27 960.0	
其他坯布	207 360	131 720	75 640	57 720.0	17 920.0	
梭织面料	1 122 160	492 240	629 920	623 280.0	6 640.0	

(续表)

产品	2018年	2017年	增加原因			
			金额	销量因素	售价因素	新产品因素
针织面料	799 872	—	799 872	—		799 872.0
牛仔布	821 500	634 040	187 460	116 160.0	71 300.0	
小计	19 154 849	16 304 741	2 850 107	1 267 920	782 315	799 872.0

分析：2018 年收入增加 28.5 亿元，较上年增长 17.5%，其中，销量增加贡献 12.7 亿元，占 44.5%；售价提高贡献 7.8 亿元，占 27.4%；新产品针织面料面世贡献 8 亿元，占 28.1%。

二、2018 年股东溢利变动分析

附表 2　　　　　　　　　　　　　　　　　单位：千元

增收（较 2017 年）		增支（较 2017 年）	
毛利增加	705 866	销售及分支开支增加	103 407
政府补贴增加	44 643	一般及行政开支增加	209 095
权益法增加	9 098	汇率损失增加	377 399
		财务费用增加（借贷支出—利息收入）	66 986
		所得税率提高（按 2017 年税率计算）	43 329
小计	759 607	小计	800 216

2018 年增收不增利，财税影响因素为：

- 按上年所得税税负率 17.2% 计算，2018 年比 2017 年增加所得税开支 4 333 万元。

附表 3

港股同行	2018 年	2017 年
天虹纺织	20.3%	17.2%
申洲国际	11.7%	12.6%
互太纺织	15.1%	14.1%
福田实业	20.5%	16.6%

- 2017 年实现汇兑收益为 1.47 亿元，2018 年则产生汇兑损失 2.31 亿元，申洲国际 2018 年录得收益 6 158 万元，魏桥纺织录得收益 700 万元。

附表 4

项目	2018 年	2017 年	增+减-
经营汇兑亏损净额	65 925.00	38 497.00	27 428.00
融资汇兑亏损净额	164 800.00	-185 171.00	349 971.00
汇兑净损失小计	230 725.00	-146 674.00	377 399.00

三、对标分析——产品毛利率

附图 1

同行平均数据来源（计算方法：$\sum 毛利 \big/ \sum 营业收入$）。

纱线：取自百隆东方、华孚时尚和新野纺织的加权平均，因魏桥纺织毛利率仅为 4%，予以剔除；

坯布：取自台华新材、新野纺织；

面料：取自鲁泰纺织、台华新材；

牛仔布：取自魏桥纺织、晶苑国际。

1. 纱线

附表 5

纱线	天虹纺织		百隆东方		魏桥纺织		华孚时尚		新野纺织	
	2018 年	2017 年	2018 年	2017 年	2018 年	2017 年	2018 年半年报	2017 年	2018 年	2017 年
收入（亿元）	155.5	145.3	57.3	56.5	41.8	38.4	40.3	58.9	38.2	28.9
毛利率	17.9%	16.3%	18.7%	20.2%	4.0%	4.1%	15.0%	15.0%	18.7%	19.2%

规模最大,收入最多,但毛利率低于百隆东方和新野纺织 0.8 个 PCT。

2. 坯布

附表 6

坯布		天虹纺织		台华新材		新野纺织	
		2018 年	2017 年	2018 年	2017 年	2018 年	2017 年
弹力坯布	收入(亿元)	6.5	4.7				
	毛利率	13.3%	5.1%				
其他坯布	收入(亿元)	2.1	1.3				
	毛利率	19.7%	−5.3%				
坯布面料	收入(亿元)					14.9	13.1
	毛利率					18.6%	18.3%
锦纶坯布	收入(亿元)			9.5	10.6		
	毛利率			28.6%	30.0%		
涤纶坯布	收入(亿元)			1.1	0.4		
	毛利率			19.4%	20.6%		
小计	收入(亿元)	8.60	6.00	10.57	11.06	14.95	13.14
	平均毛利率	14.8%	2.8%	27.7%	29.7%	18.6%	18.3%

坯布作为中间品,业内基本以自用为主,外销规模不高,但毛利率差距较大,分别低于台华新材 12.9 个 PCT、新野纺织 3.8 个 PCT。

3. 面料

附表 7

面料		天虹纺织		鲁泰纺织		台华新材	
		2018 年	2017 年	2018 年	2017 年	2018 年	2017 年
梭织面料	收入(亿元)	11.2	4.9				
	毛利率	7.7%	7.5%				
针织面料	收入(亿元)	8	0				
	毛利率	14.5%	0.0%				
锦纶成品面料	收入(亿元)					5.3	4.4
	毛利率					40.1%	40.1%

(续表)

面料		天虹纺织		鲁泰纺织		台华新材	
		2018年	2017年	2018年	2017年	2018年	2017年
涤纶成品面料	收入(亿元)					3.9	3.6
	毛利率					20.7%	30.3%
纺织面料	收入(亿元)			49.3	46.2		
	毛利率			30.7%	31.4%		
小计	收入(亿元)	19.20	4.90	49.26	46.25	9.28	7.97
	平均毛利率	10.5%	7.5%	30.7%	31.4%	31.9%	35.7%

公司面料比台华新材低21.4个PCT,比鲁泰纺织低20.2个PCT。

4. 牛仔布(裤)

附表8

牛仔系列	天虹纺织(牛仔裤)		魏桥纺织(牛仔布)		晶苑国际(牛仔服)	
	2018年	2017年	2018年	2017年	2018年	2017年
收入(亿元)	8.2	6.3	8.1	7.1	43.3	38.5
毛利率	3.7%	2.3%	13.1%	18.6%	17.8%	19.7%

2018年毛利率普遍下降,公司短期赶超魏桥纺织,长期以晶苑国际为目标。

四、毛利增长动因及提升策略

附表9　　　　　　　　　　　　单位:千元

品类	销量变动	售价变动	单位成本变动	新产品	毛利增长小计	毛利增长率	原因分析	策略
弹力包芯纱线	−31 586.8	219 749	−62 265		125 897	9.3%	自用数量增加,利润转移,靠涨价弥补销量下降和成本上升	巩固优势:一方面,内部挖潜,毛利率水平赶超百隆东方、新野纺织;另一方面,依靠越南市场获得增长

(续表)

品类	销量变动	售价变动	单位成本变动	新产品	毛利增长小计	毛利增长率	原因分析	策略
其他纱线	67 934.8	494 666	−275 340		287 260	28.4%	量价齐升弥补成本上升	扩大销量
弹力坯布	10 784.5	−27 960	79 840		62 664	263.3%	收入增幅较大，降价竞争，靠成本控制和销量略升，弥补售价下跌	自制外购决策：弹力包芯纱线利润率＞弹力坯布，增加外购；相反，增加自用
其他坯布	−3 059.2	17 920	32 970		47 831	785.1%	收入增幅较大，靠成本控制和售价略提，扭亏为盈	扩大销量：基数低，高毛利率产品，规模体现影响力
梭织面料	46 746.0	6 640	−3 898		49 488	134.0%	纱线涨价传导滞后，靠销量大幅提升带来毛利增幅较大，售价和成本微升的影响不大，自产毛利率仅为1.9%，贸易毛利率为17.85%	"提价""改善工厂毛利"与"将贸易用量替换为自产订单"三管齐下，扩大销量次之
针织面料				115 981	115 981		新产品，毛利率可观，毛利额贡献大，暂无可比数据，潜力大，自产毛利率为15.5%，贸易毛利率为9.4%	开拓市场：开发新产品，提升毛利率空间，优先配置资源

(续表)

品类	销量变动	售价变动	单位成本变动	新产品	毛利增长小计	毛利增长率	原因分析	策略
牛仔布	2 671.7	71 300	−58 159		15 813	108.4%	靠售价弥补成本上升,销量影响极小	控制成本:确保实现1 800万条销量目标,破解技术难题,提高合格率和材料利用率,制订毛利率从3.7%提高到13.1%(魏桥纺织)的阶段性目标
小计	93 491	782 315	−286 852	115 981	704 935	28.9%		

⑬.3% + ⑪1% + (−40.7%) + ⑯.5% = ⑩0%

五、区域策略

附表10

地区	收入	经营利润	折旧及摊销	资产	资本性支出	资产回报率
中国大陆及香港	82%	43%	43%	56%	53%	7.62%
越南	2%	28%	52%	35%	45%	8.20%
中国澳门	13%	19%	0%	1%	0%	161.73%
柬埔寨	0%	0%	3%	1%	0%	−4.26%
尼加拉瓜	0%	0%	1%	1%	2%	−2.45%
美国	2%	0%	1%	2%	0%	−0.21%
未分配	0%	10%	0%	3%	0%	29.83%
小计	100%	100%	100%	100%	100%	10.10%

策略:

- 中国大陆及香港地区:稳固纱线优势,扩大面料销售,牛仔裤贡献利润;

- 越南:高增长区域,越南有138万锭纱线,448台织机及大圆机,1条染整线,14条牛仔布线,优先配置资源,卡位,提高产出;
- 美国:以并购后的美、墨市场带动自产产品销售,分析亏损原因,解决并购后遗症;
- 柬埔寨、尼加拉瓜:控制投资成本,缩短建设周期,尽快达产;
- 中国澳门:利用税率低优势,可通过贸易转移利润。

产品策略:

附表11

品类	收入	经营利润	折旧及摊销	资产	资本性支出
纱线	81%	87%	80%	77%	84%
面料及服装	14%	-2%	14%	15%	9%
坯布	4%	5%	6%	4%	7%

纱线资产占比为77%,贡献了81.2%的收入、88.6%的毛利,87%的经营利润,天虹纺织对纱线业务过于依赖,但因其基数较大,纱线增速空间有限。

六、追赶领头羊

1. 经营业绩及市值

天虹纺织往产业链下游走,目前追赶的标杆就是同等收入规模的申洲国际。

附表12

指标	申洲国际	天虹纺织	差异
收入(亿元)	209.5	191.6	9.3%
收入增长率	15.80%	17.50%	-9.7%
资产总额(亿元)	275.5	187.7	46.8%
经营利润(亿元)	51.6	19.0	171.6%
销售净利率	21.4%	6.10%	250.8%
ROE	21.3%	18.20%	17%
市值(4月18日)	HK$157B	HK$11B	14.27倍
PE(4月18日)	30.39	8.26	3.68倍

分析：

- 天虹纺织的营收规模与申洲国际相当，增长速度高于申洲国际，未来几年营收有望超过申洲国际；
- 申洲国际的资产规模高出天虹纺织的 46.8%，但产生的营收基本相当，说明天虹纺织的运营效率高于申洲国际，此外，相比纱线，服装资产更重，需要依靠更先进的设备投入；
- 天虹纺织的经营利润仅为申州国际的 0.37 倍，需要努力实现产品结构转型，在面料与服装领域缩小差距；

综上所述，天虹纺织具有高成长性，垂直一体化战略有望带来盈利的大幅度增长，资本市场将来会给予更高的 PE 倍数，有望缩小与申洲国际的差距。

2. 资本结构

附表 13

指标	天虹纺织	申洲国际	差异率
资产负债率	63.60%	18.50%	高 45.1 个 pct
有息债务率	38%	9.10%	4.2 倍
负债权益比率	1.06	0.11	9.6 倍
WACC—2018	11.1%	17.46%	低 6.36 个 pct
—2017	9%	16.09%	低 7.09 个 pct
—变动原因	负债率提高	债转股，发行可转债失策	

备注：为方便计算，WACC 中的权益必要报酬率为年度溢利/加权平均股东权益。

天虹纺织 WACC 从 9% 上升到 11.1%，是因为经营性净现金流减少，资本性开支持续较大，导致自由现金流为负，债权成本提高。申洲国际 WACC 从 16.09% 上升到 17.46%，是因为发行了可转债，债权变成股权，股东权益报酬率较高，导致 WACC 上升。

上述两家的不同资本结构政策，路径相反，但结果相同，均偏离了各自的最优资本结构，由于 WACC 提高，天虹纺织与申洲国际均损害了自身价值。

3. 营运效率分析

截至分析日，因为申洲国际尚未公布年报，故采取 2017 年数据（预计没有大变化），总体而言，天虹纺织的营运效率略高于申洲。

附表 14

指标	天虹(2018)	申洲(2017)	备注
应收账款及票据周转天数	32	55	市场、客户不同
存货周转天数	101	120	产品不同
净营运资金(亿元)	37.9	35.2	申洲国际的综合毛利率近2倍于天虹纺织,导致营运资金需求量相对要低
营运资金周转率(次)	5.1	6.0	天虹纺织相比于2017年的5.8次,周转率在下降,存货上升了38.4%

但与历史相比,天虹纺织的营运效率呈下降趋势,主要是因为并购资产带来营运效率下降。

附表 15

近三年指标	2018 年	2017 年	2016 年
存货周转天数	101	87	79
应收账款及票据周转天数	32	36	35
应付贸易及票据周转天数	73	78	87
现金周转期	60	45	27

天虹纺织2018年的资产周转天数增加了15天,主要是由于存货上升了38.4%,存货周转天数增加了14天,导致净营运资本上升34.2%。

4. 业务布局

附表 16 金额单位:千元

申洲国际	收入	比重	天虹纺织	收入	比重
中国大陆	6 312 412	30.1%	中国大陆及香港	15 730 152	82.1%
欧盟	3 795 982	18.1%	越南	460 952	2.4%
美国	3 252 725	15.5%	中国澳门	2 514 119	13.1%
日本	3 236 002	15.4%	柬埔寨	8 397	0.0%
其他	4 353 084	20.8%	尼加拉瓜	—	0.0%
			美国	442 089	2.3%
小计	20 950 205	100%	小计	19 155 709	100%

申洲国际按照客户分部,而天虹按照地区分部,故两者口径并不相同,天虹纺织的全球布局能力强,申洲国际的客户质量高,拥有耐克、阿迪达斯、优衣库、彪马、李宁、安踏、特步等运动、休闲服装的头部客户。

申洲国际的产能分布为:中国72%,柬埔寨15%,越南13%。

5. 增长潜力

申洲国际主要依靠自建,且其处于极盛时期,若往下游拓展,会有得罪客户、回报率不一定高于现有业务的双重风险。天虹纺织则从产业链低端向中高端走,依靠自建和并购两条腿走路。因战略前瞻,未来几年,天虹纺织的增长潜力高于申洲国际,以下根据公开信息整理。

附表17

增长潜力	天虹纺织	申洲国际
增长因素	① 梭织面料产能1.8亿米,2019年计划1.2亿米	① 越南工厂二期(6 000—7 000人)已在建设,预计2019年下半年逐步投产,主要贡献在2020年
	② 牛仔布30条线,2019年计划1 800万条	② 柬埔寨2019年动工,新的万人工厂(规划人数15 000—17 000人),预计2020年中土建完成、逐步招聘投产,2021年完全投产
	③ 纱线产能350万锭,越南产能还未发挥	
	④ 借助并购,实现快速扩张	

七、2019年预测——营收及毛利

2019年预计实现营收217.9亿元,增加26.3亿元(系四舍五入),较2018年增长13.8%,通过收购Wintex,并表后的面料业务将迎来爆发式增长,营收增长可期。

假设2019年的毛利率与2018年相同,毛利预计实现37.1亿元,净增5.7亿元,增长18%。但是纺织品是中美贸易的最大受害者,价格下跌的可能性极大,加上国内经济下行,内忧外患,预计毛利率下降,毛利增长非常困难。

若2019年自产面料及牛仔布的毛利率提高5个PCT(即便如此,还是低于同行标杆很多):梭织面料由7.7%提高到12.7%,针织面料由14.5%提高到19.5%,牛仔布由3.7%提高到8.7%,则毛利可增加1.9亿元,以弥补价格下跌引起的收益减少。

附表 18　　　　　　　　　　　　金额单位：亿元

产品大类	2018年实际			2019年预测			预计毛利增长率
	销量	营收	毛利	销量	营收	毛利	
纱线(万吨)	66	155.5	27.8	72	169.6	30.4	9%
面料(自产)		14.3	1.2		28.9	4.9	303%
梭织(万米)	4 200	7.1	0.1	12 000	20.3	3.6	2 568%
针织(吨)	15 000	7.2	1.1	18 000	8.6	1.3	20%
弹力坯布(万米)	6 990	6.5	0.9	8 000	7.4	1.0	14%
其他坯布(万米)	2 560	2.1	0.4	2 930	2.4	0.5	14%
牛仔布(万条)	1 550	8.2	0.3	1 800	9.5	0.4	16%
贸易		4.9	0.8		4.0	0.0	
梭织(万米)	2 400	4.1	0.7				
针织(吨)	1 753	0.8	0.1				
小计		191.5	31.4		217.9	37.1	18%

八、培养全球运营能力

(1) 股权清理。最长的有六层，境外有 100 间附属公司，境内有 35 间，有的出于单一目的设置，有的是收购而得，大部分公司并不运营，存在就有风险，分散精力，壳运行有成本，综合考虑后进行压缩合并。

(2) 资金。申请设立财务公司，上下游产业 2018 年有 205.8 亿元合并抵消，有 10 亿元的应收票据和 28.3 亿元的应付票据，天虹纺织具备申请筹办财务公司的条件。①存贷利差；②票据；③金融服务；④投行业务；⑤同业拆借；⑥金融债。①、②和③成立时就可以，④、⑤和⑥需要逐项再批。财务公司不仅可从票据业务产生利润，还会衍生出非显性利益：彰显集团实力，提升融资议价能力，通过集中管理，提升资金使用效率，降低综合资金成本。

(3) 进行股权融资，提高天虹纺织的价值。这几年并购活动较多，支出较大，销售增长较快，资金需求较大，资本结构不合理，根据"销售增长流动资金增加＋支付股息＋经营性资本支出＋战略性资本支出＋并购标的流动资金缺口"五大因素测算融资额,抓住融资窗口期,分析是股权融资还是债权融资,配售、供股、可转债或优先股作为再融资工具,降低 $WACC$。

(4) 市值管理。通过扩充股本、增厚业绩、提高市盈率三足并举,提高市值。此外,股价无论高低,大股东都有获利机会。

(5) 纳税筹划。通过上下游产业链,转移利润至低税负公司,国内争取高新技术企业资格,增加研发费支出。

(6) 降低汇率波动风险,减少汇兑损失。除已有的远期结汇、交叉货币掉期外,主要通过资产与负债对冲、增加人民币贷款、多币种存款、进口与出口交易平衡等多种手段。

(7) 对标行业领先企业,制定产业链的业绩指标、营运指标、分红和资本结构政策。在稳固纱线优势的同时,补短板——梭织面料、牛仔布。从低端粗加工到靠研发、设计和品牌,需要跨越巨大的鸿沟,感知市场温度,感受客户脉搏。

(8) 培养并购能力,进行内部整合。通过引进人才,将并购投资管理标准化、制度化,不断复盘,同时,将被并购企业的财务、营销、采购、技术、品牌、人才队伍等纳入天虹体系管理,发挥协同效应。

(9) 实现两个转型。①从纱线优势转向打造产业链优势,战略期内制订毛利率阶梯目标;②从重视质量和成本,向设计和品牌转变。

(10) 进行产业转移。越南有138万锭纱线,338台织机及大圆机,1条染整线,17条牛仔布线,在财务资源、人力配置上给予倾斜政策,将国内纱线过剩产能向土耳其、尼加拉瓜、墨西哥等劳动力资源丰富、有市场的国家转移。

第九章
CHAPTER 9

IPO

IPO开闸放水,让更多企业能参与资本市场,既有利于实体经济及优质企业的快速发展,也有利于提高上市公司的整体质量。进军资本市场,将内在价值转化为市场价值,分享资本盛宴,是众多创业者梦寐以求的大事,此时,中介机构选择、股权融资、所有者结构等,都是对集团财务的"大考"。

第一节 挑选中介机构

沟通靠券商,IPO 靠会计师事务所,资产重组靠评估事务所,选好保荐人、会计师事务所是 IPO 企业的头等大事。集团重点需要从四个方面对中介机构进行考察。

1. 业内排名靠前

中介机构出具鉴证、保荐报告,靠的是市场信誉。对于 IPO 企业而言,"坐小车"不如"乘大车"来得安全、快捷。

2. 项目团队很强

签约团队不是执行团队,"菜鸟蹲现场做事、签字人飞行检查、风控后台把关"是中介机构司空见惯的行事风格,将"羊"赶到自己的圈里,让"羊"自己慢慢长,能长大的再到集市交易,是中介机构的内心想法。中介结构害苦 IPO 企业的例子不胜枚举,集团须引以为鉴。

3. 作风稳健

IPO 辅导期、等待期非常漫长,所谓盛极必衰,IPO 企业往往撞到中介机构的风险档期。

4. 经验丰富

IPO 企业最好选择为同类型上市企业服务的中介机构,充分发挥其对熟悉行业、知其利弊的经验优势,切莫让杀猪者切瓜,练习的代价非常大。

第二节 股权融资及股东结构

IPO 之路非常长,业务要增长,必须有资金做后盾。对于 IPO 企业而言,财务杠杆有限,上市之前会经历一轮甚至多轮股权融资。如果引入不当,则会给 IPO 带来巨大风险。

一、股权融资六要点

IPO至少需要三年一期的财报,如果算上准备期,至少有5年的酝酿时间。如此漫长的时间,很多公司需要进行多次股权融资,考虑融资的方式、融资轮次及稀释效应、融资结构及比重(股权与债权)、融资与融智(干股或期权)、融资资源等因素,非常不容易,需要注意以下六个方面。

1. 融资是最优先事项

不要设想太超前,路一步步走,首先要融资,生存第一,没有谁天生就是上市公司的料。其次是创造商业价值,公司的发展战略、商业模式、盈利模型、竞争策略是什么?利润和现金流是如何产生的?有商业价值,才能谈估值;最后才是合规性(法律、税务、会计、内控)和财务管控。由此可以避免发生"不成功便成仁"的悲剧。

2. 制定融资策略

根据公司的战略及商业计划书,IPO前需要经历那些发展阶段?在发展的不同阶段,公司需要怎样的投资者(天使投资、VC投资、PE投资、PRE—IPO投资),挑选的标准是什么?各轮投资者的利益如何平衡(估值不一导致)?各阶段需要配置多少资源?投资、经营所需资金为多少?

3. 估值要合理

*吃鱼吃一段,切莫吞掉一条鱼,*原始股东希望估值尽可能高,但是估值过高带来的副作用也很大,阻断后一轮投资者的进入,而且估值过高,即使投资人迫于接受,可是一旦对赌业绩条件、上市进度、退出保障达不到期望,就会给股东争斗埋下后患。

估值过高,雷军及孙正义不太平

2018年,国内有33家新经济公司(包括赴美和赴港)IPO后,91%的公司经历了破发。2014年12月,小米完成11亿美元E轮融资,其投后估值已达450亿美元,两年之后的IPO估值才为484亿美元,与雷军550亿美元的估值期望有些差距,IPO市值仅为343亿美元。这表明,E轮投

> 资人肯定大亏，如果考虑资金的时间成本或投资的机会成本，再算上股本的摊薄，D轮、C轮的投资者也可能无钱可赚甚至亏损。
>
> 孙正义最近也心烦，愿景基金的两大外部投资者沙特阿拉伯的公共投资基金(PIF)与阿布扎比的穆巴达拉投资公司(Mubadala)表达了对孙正义掌管的愿景基金在资本市场推高估值大撒钱做法的不满，准备要限制孙正义的决策权力。以商汤科技为例，软银投资的数亿美元是其估值高达77亿美元的重要推手，商汤科技的另一家主要竞争对手的估值才35亿美元。

4. 利益平衡

在每次股份变更设计时，如何平衡员工股东、创始股东、控股股东、各轮次外部投资者的利益？

5. 业绩预期

在里程碑各时点，应达到什么样的业绩指标以满足投资者要求？公司的估值预计分别为多少？需要完成多少轮次的融资？每轮融资的估值是多少？

6. 控股权影响

每轮融资后股份会被稀释，预计每轮新股权结构是怎样？会不会影响控股权的转移？大股东对控制权的要求是什么？是67%的绝对控制权、51%的相对控制权，还是34%的安全控制权？

二、设计股东结构

股东及股权结构不仅涉及梦想与情怀、定位与理念、发展与战略、利益与规则、市场和法治，而且还需要充分考虑政治因素这一中国国情，非常复杂，不同背景的股东对公司治理、发展带来的作用不同。

1. 控股股东

是规划者与领航者，不仅要善于布局谋篇，还要会经营。

2. 国企投资者

持有比例不能过大，否则，会威胁控股股东的地位，但比例若太小，又可能不受重视，理想的持股比例为5％以上20％以下。国企股东可作为公司的保护伞，此外，还可作为资源管道，为公司带来资源。

3. 机构投资者

规则捍卫者，有利于公司治理结构的完善，规范公司运作。

4. 其他小股东

人微言轻，虽然不能进驻董事会或经营层，但是出于自身利益的保护，可以监督公司运营，有利于规范运作。

5. 高管及核心团队

业绩需要靠人做出来，他们是大楼的建设者，要绑定他们，设计好业绩与股份挂钩的激励与约束制度。

以上2—5的投资者能认同企业发展战略，与控股股东有相同或相似的理念，不缺钱，有耐心，这是基本条件，所谓"道不同不相为谋"。

第三节 IPO后遗症

A股市场活鱼与休克鱼、死鱼混存，市场估值与内在价值相差过大，上市后增长率跟不上投资者期望，导致股市缺乏活性，普通投资者很难赚钱。

一、业绩变脸

企业在最辉煌的时期上市，但是后续增长乏力，慢慢衰落，这与制度设计有关。A股上市规则太注重历史业绩，但不注重未来发展的潜力，所以，IPO的大门对成熟期的企业大开，对成长性企业审核则是风险考虑过度。其结果就是导致冲击IPO的企业跑步进入共产主义，过度透支业绩，为冲业绩而将公司的管理水平、人才薪酬、研发投入置于一边。上市之后后劲不足，如果再加上遇到金融危机、供给侧改革、中美贸易战等系统性风险，业绩就要大变脸。投资者买股票是买未来，如果增长乏力，投资者就会用脚投票。

IPO的高溢价需要券商等投资机构护盘，如果上市后价值创造潜力不能承受溢价水平，上市后靠随大流的行业普涨是无法支撑高溢价的，其很快会归于平庸,股价回归内在价值水平。

二、融资额最大化

现行的 IPO 审核规则要求企业的负债率处于中高水平,理由很充足:低负债率说明不缺钱,不缺钱还干吗上市?这个逻辑本身就是短视的、荒谬的。这样如果冲击不成功,企业往往就陷于困境,资本结构扭曲是大问题,仅靠企业自身比较难以解决。

由于融资第一的目标,募投项目为融资服务,企业急需拿到钱,所以,募投项目的论证就很仓促,将目标融资额分解到项目里,找咨询公司、设计公司做募投项目材料,这样会导致募投项目预计与实际相差较大,预测的效益、收入指标达不到预期也就不奇怪了。有的公司实在无奈,公司缺钱,但是募集资金又不能随便支用,只好咬咬牙变更募投项目。承销费、财务顾问费都是按融资额拿的,保荐人乐意融资额越高越好,由此 IPO 融资演变成"圈钱"活动。

募资创造业绩

第一步,夸大需求。争取更多的股权融资额或定向债,使得融入资金远超项目实际资金需求,钱多自有妙用。

第二步,套取资金,从体内流向体外。资金到位后,将项目外包给实际控制的承包商,甚至将设备采购这块肥肉也送出,资金支付非常大方,承包商貌似非关联,实为关联或利益团体,实现资金的乾坤大挪移。

第三步,承包商一方面将项目转包给实际建设方,按照项目实际资金需求付清工程款项,设备的采购、安装均由上市公司背后操作;另一方面将剩余资金通过虚假交易转移至同样受控制的非关联经销商,用于调整利润。

第四步,经销商以高出市场价的价格向上市公司采购产品,并以市场价销售给实际客户,高买低卖产生的亏空由前述转移至经销商的项目投资款弥补。

第五步,产品售价的提高导致上市公司的利润率远超同行,亮眼的业绩为下一轮包装、投资大型项目创造条件。

> 通过上述操作，上市公司实现了利润操控的资金闭环，只要持续进行项目融资，就能如"永动机"般源源不断地融入资金、调节利润，创造业绩神话。

三、融资见顶

A股市场普遍存在超募情形，少数IPO公司"见光死"，进入IPO*僵尸股"六步曲"的死亡通道：普通投资者亏损→基金投资者套牢→交易清淡，流动性差→无新投资者进入，流动性更差→分析师、财经媒体无人问津→僵尸股*。这样，IPO融资就变成一次性融资行为，后续融资困难，最后出现大股东高位套现、控股权转让、财务造假、大股东非法窃取或占用上市公司资金等违法违规情形。

IPO是公司的二次创业，投资者的期望就是跑步机，越来越加速。IPO之后，如果业绩跟不上，即使勉强达到再融资条件，上市公司挣扎着融资，融资额会越来越少，直至丧失融资资格。

四、充当控股股东提款机

证监会颁布《上市公司股东、董监高减持股份的若干规定》，试图制约上市公司股东快速减持的行为。可是翻开公告牌，上市公司IPO减持公告的理由却依旧很博眼球：结婚、还房贷、给孩子交学费、前台文员忘发函、改善生活、搞慈善、改善中日关系、创业……

然而，难以启齿的背后原因往往是：当初上市或增发配股，大股东运用杠杆太多，还钱的时候到了；对公司发展信心不足，锁定期满后认为是价格高点；股市扩容及势在必行的注册机制必然导致市盈率大幅降低；落袋为安，账面财富变现；进行所谓市值管理，利用内幕人优势，精准造势，逢高出货，逢低吸筹，割韭菜比卖产品赚钱来得轻松又快捷……

第四节 时间是个魔术师

2017年,证监会共计召开IPO审核会议498次,其中,通过380次,未通过86次,暂缓表决22次,取消审核10次,整体过会率约为76%。2018年,证监会共计召开IPO审核会议199次,其中,通过111次,未通过59次,暂缓表决10次,取消审核19次,整体过会率约为56%。如果将"主动撤材料"的算进去,实际过会率很低。

千军万马过独木桥,但大部分公司不具备上市条件,报材料枉费心血,徒费钱财:有的无知者无畏,认识肤浅,没有精心研读证券法律法规;有的明知有硬伤,明知存在问题而不改,抱着闯关一试的侥幸心理;有的决策失误,内部整改、调整不到位,这是"人祸";有的过分倚重中介机构,脑子长在中介机构身上;有的迷信关系能搞定一切……

公司要上市,须经历炼狱般的痛苦。早早就想着IPO,然而,欲速则不达,耐心等待时机也许能帮你躲过"陷阱",以下四条建议可以作为参考。

1. 准备充分需时间

如果没有充分准备好,首发失败的风险很高,不良印象及历史痕迹很难抹除,再次闯关需等多少年或再度折戟沉沙,必须给问题留下充分的解决时间。

2. 战略成长需时间

在起步期就筹备上市,会身不由己地受资本市场规则以及急不可耐的股东的影响,一定会延迟或中断新业务尝试、新品上市、模式创新、研发投入、并购重组,企业风险承受意愿及能力急剧下降。

3. 运行平稳需时间

业务模式是否成熟、增长是否可持续、风险是否可控、业绩是否优良、经营性现金流是否健康、核心人才队伍是否搭建完成且保持稳定、增长速度、利润、现金流、投资之间如何保持平衡等,都是需要时间来考验的。

4. 利益平衡需时间

过早IPO,意味着将企业成长溢价过多地让渡给外部投资者,而不是最大化地留给承担高风险的创业团队、原始股东及员工。

IPO，快，不一定好，有时跑得慢没有关系，只要在正确的道路上。有时不需要比别人更聪明，而是在等待合适的时机。

第五节 内控制度存忧

内控制度风风火火的时候，跨国企业、大企业的内控制度、SOP 是香饽饽，这些内控制度术语专业、结构庞大、体系严密，但是最终为了应付 IPO。上市公司执行内控制度这些年了，效果恐怕还是差强人意，存在以下六个问题。

1. 公司治理结构存在重大缺陷

中国是人治社会，尽管有《公司法》《上市公司治理准则》等法律法规，但是部分上市公司董监高大多听命于控股股东，股东大会、监事会难以发挥作用，审计委员会形同虚设。

2. 风险意识薄弱

公司里不乏"三拍干部"，拍脑袋决策，拍胸脯保证，拍屁股走人。这不是个别现象，国人普遍缺乏风险意识，毕竟从农耕社会转身的中国，还没有经过商业社会的洗礼，或者说没有亲身经历公司的生生死死。经历过才知道痛。企业成长中需要付出代价，公司历史不长的企业，很难有较强的风险大局观和风险意识。相比在资本市场摸爬滚打多年的上市公司，IPO 企业没有经历过大风大浪和资本市场的考验。

3. 内控制度水平低

天下文章一大抄，部分上市公司的内控制度也是如此。每个公司的文化、业务模式、规模大小、组织架构、权责分工、员工接受能力、不同发展时期、风险级别、发生概率及容忍度管理基础等都不一样，内控制度必须经过充分、翔实的调研，量体裁衣。未能结合行业特性和公司自身的业务特性，没有结合自身的业务特点，东拼西凑、照葫芦画瓢会导致执行难的问题。

4. 三层防线守不住

按照内控制度设计，有三道屏障：业务层面、公司层面和董事会，但是实际工作中,业务层面忙于自身工作,无暇顾及内控,内控制度得不到有效执行,出险了才拉响警报,董事会下内控组织平时不参与内控工作,仅靠公司内控部门的监督、指导,难以完成庞大的内控工作。执行层面三层防线都守不住。

5. 风险管理能力亟待加强

内控牵涉面很广,专业性很强,需要专业人士去识别、评估风险,并据此制订风险管理制度,财务和审计人员必须依赖各职能部门才能完成内控制度的建设、修订、制订、监督、检查、反馈工作。对内控制度缺陷发生的重灾区,更需要高层的强力支持和高水平专家的帮助。

6. 内控制度过多过细

内控制度并非完全要独立地自成体系,公司的其他制度中也要融入内控要求,这样互相补充,相得益彰。目前的内控制度专门应对监管部门及外部审计机构,与公司的管理制度存在"两张皮"情形。如果仅靠内控制度来约束一切经济行为,保证公司长治久安,既无必要,更不现实。内控制度太多、太细,企业离死亡也就不远了。

此外,内控制度的制定要宽严适度,执行上张弛有度,切忌烦琐、冗长。员工看不懂的,不要做;过于理论化的,不要写;篇幅长的,不要发;做不到的,不要谈。

第六节 股东关系

万科股权大战凸显了各方在权斗、情感、利益上的交错,演绎着人性、规则、时局。

1. 控股股东与财务/战略投资者

投资人拿的是真金白银,也是血汗钱,而且溢价很多倍。对于投资人这个半路夫妻,控股股东需要给予尊重:尊重规则,遵从规范,遵守契约。如果承诺兑现不了,则要愿赌服输。但是可以肯定的是,最大的输家一般不是控股股东,而是投资人。

2. 控股股东与创业者

引入投资者后,股权结构会发生较大变化,有可能创业股东退居二股东,创业股东拥有股东、董事、高管多种身份,一些创业股东控制欲强,私心重,藏杀器(一旦创始人离开或撒手不管,便实施焦土政策),留后手(一旦公司经营不下去,自己立即另劈山头),以个人江湖义气做公司生意,这方面的例子举不胜举。

3. 控股股东与员工

控股股东之路洒满了员工的汗水,每个员工都背负着一家人的生活期望。激励员工低薪苦干的是控股股东打出的"情怀、许诺、期权"的口号与招牌,但是控股股东应该牢记自己肩负的重任,莫负员工。只要公司价值增加、保持增长,放弃个人的小算盘,又算得了什么?

4. 控股股东与经营团队

一些控股股东对员工用而不养,既不在内部培养团队,也不愿在外部招聘人才,公司里的一切围着控股股东转,各专业部门无独立开展工作的空间与能力,以凸显公司对控股股东的过分依赖。

第七节 精选 CFO

企业家是稀有资源,唯有跟对老板,有好的事业平台,CFO 才能崭露头角,成就功名。上述问题是一名优秀的 CFO 在 IPO 之前必须考虑的。CFO 在 IPO 中身负保驾护航的重任,但是很多公司上市前才准备空降财务总监,历史痕迹无法抹去,追溯调整等于承认以前犯错,证监会不一定会原谅你,金枪新材被否决就是证明。也有公司明知财务总监难堪重任,但是老板一意孤行,最终付出代价。

一、老板与 CFO 的各自不足

IPO 企业的 CFO 一般都是控股股东推荐任命,对控股股东尽心,对其他股东负责。IPO 若成功,CFO 虽在人前显贵,但内心苦楚谁人知,老板对 CFO 往往有比较矛盾的想法。

◇ 因掌握核心机密又防又用的,但不信任;
◇ 因可信任而将 CFO 当马前卒的(陪老板入狱,与老板共享富贵);
◇ 因临时需要而不得不空降高薪 CFO(如 IPO,合规性要求达不到担心被

处罚等),但内心不平衡,口惠实不至,事后卸磨杀驴;

◇ 将CFO视作业务伙伴,希望陪伴在成长之路上。

反之,CFO也有许多不足:

◇ 同甘共苦者少,同乐不愿同苦;

◇ 风险意识强,危机来临前自保,大难临头独自飞,缺乏担当;

◇ 自恃专业才干,捞一票就走,IPO成功之后就甩手不干;

◇ 因知晓、参与许多高机密方案,价值创造功劳不大,不能吃亏且牢骚多,老板隐忍,但众部门愤愤不平等现象经常发生。

二、CFO的选才标准

那么,什么样的CFO适合IPO企业呢?

(一)综合素质高

有创业心态,格局大,有定力,沟通能力强。

(二)有预判能力

研究政策变化,看云识天气,把握风向及风向标。

以中概股公司纷纷回归A股为例,在A股市场容量有限的情况下,中概股公司想博取境内外市场的估值差,只是一厢情愿的想法,从国际资本市场走回头路、开倒车,想在国内IPO或借壳上市,政府决策机构怎会答应?

(三)具备扎实的底层技术

财务实质上是技术活,IPO审核的重点大致在股权(历史沿革、股权结构、股权交易)、业绩的真实性与合理性、盈利能力、关联交易与同业竞争、规范性(对外遵纪守法,对内治理和运营规范)、内控制度、资产质量等方面。此外,每年还有热点,2017年是职工薪酬或股份支付,2018年是看重利润规模(一俊遮百丑),2019年是频频暴雷的无形资产及商誉。

IPO涉及战略、业务模式、合规、内控、会计准则、精细化成本、核算、风控等方面,有的需要宽度、高度,有的需要深度。不仅需要很强的运用于实际的能力,也需要一定的理论水平。

曾几何时,过度包装、任意粉饰、大胆调节得到热捧,会造假、点子多的CFO成为老板的最爱。干的人,一朝功成万户侯;不干的人,觉得自己亏了。IPO造假这样低风险、高收益的事,让许多CFO赴汤蹈火,前赴后继。然而,如今监管风口变了,即使侥幸上市,对造假者也要秋后算账。

IPO企业的业绩虚高,CFO难辞其咎。2017年发审委关注一些IPO公司高管薪酬过低情形,笔者认为,市场是有行情的,打工者不是雷锋。如果是真的,这样的企业难以吸引人才,不可能让其上市;如果是假的,这样的企业更不能上市。同时,IPO公司高管薪酬过低也有粉饰业绩、掩盖盈利能力羸弱之嫌,而少缴甚至不缴社保、公积金,有违反劳动法、侵犯员工合法权益之弊。

监管意见逐趋尊重市场规律,证监会允许增长有曲线、利润有起伏;不要挑战审核员的专业水平智商;任何业务不能脱离商业规则、交易实质及商业伦理。诚信为本,操守为重。IPO不是秀"财技"的实验室。

(四)具备一定的引导和掌控能力

IPO最难的是改变老板及员工的意识、习惯,需要建立、修改大量的规则、流程,由于既要抓经营,又要抓合规,在高层达成一致意见的情况下,必须靠CFO强力推动,对已有的做法要纠偏纠错,对潜在的问题要做预备,CFO必须具有一定的引导和掌控能力。

第八节 十大魔咒

A股上市公司质量良莠不济,上市之后问题频发,有的是胎里病,有的是上市之前已有迹象,有的是辅导不过关,也有的是上市之后发生的。根据多年研究,上市公司入魔大致有以下十种情形。

一、合法合规性

(一)财务造假

虚增收入,虚构收入(通过票据背书或第三方回款),虚增利润,利润跨期调整,人为变更会计政策或会计估计(如调整固定资产折旧、应收款的坏账准备计提比例、金融资产与股权投资的转换),重大会计差错,利用会计政策漏洞潜在问题(如同一控制下的企业合并等),虚增资产,研发费用资本化,负债或亏损出表(将亏损公司踢出合并报表,范围实质上仍然控制),大亏小盈轮换为保壳。

寄予厚望的科创板上市公司,研发费用备受争议,笔者结合税法的新规,对其进行了案例研究。

评研发费用政策及高新技术门槛

研发费用关系到IPO企业的高新技术企业资质,也关系到所得税上的加计扣除,在研发费用上栽跟头的企业不少,例如伪科技、骗取高新技术企业资质、通过研发费用调节营业成本与经营费用。研发费用及高新技术企业资格的政策刚推出时,税务总局也懵懵懂懂,但经过这些年的历练,政策水平也在不断完善。2018年9月20日,财政部、国家税务总局、科技部三部门联合发布《关于提高研究开发费用税前加计扣除比例的通知》,既修补了漏洞,又适当放开政策。

1. 亮点颇多,彰显国家重视科技的决心

√ 允许委托境外研发,提出了两个限制条件:实际发生额80%,不超过境内符合条件的研发费用的2/3;

√ 研发费用均可加计扣除75%,至2020年12月31日;

√ 其他相关费用限额,实际执行中放开尺度,从10%提高到20%;

√ 享受加计扣除行业,无论是否为高新技术企业,只要主业在行业目录范围内,当年主营业务收入占营收净额(营收总额-不征税收入-投资收益)的50%(不含)以上;

√ 省部级以上项目,可以免评;

√ 对研发人员的股权激励费用,可以列入研发费用;

√ 允许项目跨期,符合一个项目往往数年才能完成的科学规律;

√ 不以研发项目成败论英雄,失败的研发项目费用一样可以加计扣除。

2. 不断规范,不让守规企业吃亏,不让越轨企业得益

√ 研发项目口径规范、统一;

√ 不包括企业对产品(服务)的常规性升级或对某项科研成果直接应用等活动,今后大部分企业都会栽在这上面;

√ 只允许三类人员计入费用：研究人员、技术人员和辅助人员，一定程度上避免企业将不相干的人员列入；

√ 研发活动需要共享企业的资源，对于共享费用，基本按工时分摊，这个税务机关最难掌握。

3. 企业洁身自好，评估风险

研发费用不仅能拿到高新技术企业资质，还享受到加计扣除，名利双收的事谁不喜欢？但是需要提醒的是，尽管在费用计入范围、研发活动与非研发活动的费用分摊方面，企业具有较大的主动权，但也不要欺负税务部门一无所知：

× 直接形成产品或作为组成部分形成的产品对外销售的，研发费用中对应的材料费用不得加计扣除，产品的收入、成本必须拎出来；不形成产品的下脚料、残次品、中间试制品等特殊收入，应冲减研发费用。

× 对有的行业而言，研发费用的废料、残次品和中间品并非没有市场价值。但也有例外，比如在金属加工行业就比较常见，电缆里的铜芯可以剥出来对外出售，有的企业就入了小金库，别以为税务部门不知道。

× 研发费用与生产成本、经营费用混同，这是大部分企业的通病，财务部门改善研发业务流程，深入作业现场，加强横向部门之间的沟通，主导研发费用的进程，是做好研发费用核算、归集、分摊、申报的前提条件。

4. 提高高新门槛，还需实事求是

中国高新技术企业数量很多，研发费用总额很大，且研发费用增速很快，大有赶超美国之势。明眼人知道，高新技术企业队伍里南郭先生众多，研发费用水分多，高新技术企业变相成了普惠性政策。

（1）对IP，实行两层分级制。

Ⅰ类知识产权在有效期限内可以无限制地使用，而没有什么含金量的Ⅱ类知识产权则只能使用一次，如实用新型、外观设计、软件著作权等。

拥有在技术上发挥核心支持作用的知识产权的所有权，且其收入之和在企业同期高新技术产品（服务）收入中必须超过50%的产品（服务），这条明显不合理，研发项目不可能一边发生费用一边创造收入，而且市场化需要极其漫长的过程,不可能今天种树苗,明天结果子。

(2) 政府科技部门对研发项目的评价,通常方法有行业标准判断法、专家判断法和目标或结果判定法,但是行业专家的判断未必都能适用。肿瘤免疫领域作出突出原创性贡献的华人科学家、耶鲁大学教授、威廉·科利奖(William B·Coley Award)得主陈列平2018年痛失诺奖,但他几次想将世界顶尖技术引入国内,国内20名专家中,有10名院士否决。科学带有探索性,建议科技部门只鉴定研发项目的真与假,可行与否,是否有经济效益。

(3) 企业申请认定前一年内未发生重大安全、重大质量事故或严重环境违法行为,这是企业生产管理、企业社会责任方面的事,与高新技术资质并没有必然的联系。

(二) 非合规或非法业务

做好事是需要成本的,做坏事也是要付出代价的,譬如虚增收入,需要承担"税收+运作成本+配合方利润",当然,还要随时准备付出被罚的代价,为骗取出口退税的假出口(将货物扔到大海里)而虚构海外客户和海外资金循环,还需要承担空壳公司的运维成本。

(三) 风险管理失控

类似影响恶劣的事件如合同诈骗上当巨亏、突如其来的巨额坏账。

(四) 非法融资

主动或被动参与,如高利贷、P2P,期望借此度过危机而翻身的侥幸心理,基本是条不归路。

(五) 内幕交易

证监会新主席上台后,狠抓内幕交易,揪出不少上市公司的内鬼。

(六) 关联方及交易

既有关联方隐形,也有关联方通过交易进行利益输入或输出。

(七) 信息披露不充分、不及时

具体表现为重大信息隐瞒不报或滞后披露,让投资者措手不及。

（八）其他

花样百出，最让人瞠目结舌的是私刻萝卜章，对外洽谈业务或对外担保，企图以非法合同逃避法律制裁。

二、转型与投资

（一）转型失败

贸然下重注，跨行业投资并购失败，追逐热点题材、热门行业。

（二）境外收购失败

中国人讲面子，家丑不愿外扬，境外收购失败，美梦落空，一旦掉入深坑，真的是叫天天不应，叫地地不灵。巨资收购标的业务业绩下滑严重，很多西方公司除了所谓的悠久历史、曾经的辉煌和没落的商标，其实际价值不高。

（三）重大投资失误

例如矿藏的实际储量远低于可研报告，基本建设严重延期，运行成本高昂，当地营商环境恶劣，主要客户/当地人口/供应商发生迁移。

（四）标的公司坑深

并购对象造假破产，隐瞒表外债务，并购对象对抗新股东。

三、配置与组合

（一）资产/业务组合不佳

资产过重或过轻，都难以应对行业低谷期风险，或竞争力衰退。

难以避开系统性风险、政策性风险，如自然灾害及疫情扩散的农业、实行管制的文化娱乐业、被家长口诛笔伐的游戏业，业务组合不佳。

（二）多元化投资失败

见异思迁，得陇望蜀，行行都不精。

（三）资产配置失当

长期性不动产比例过高，大量闲置，不能产生现金流入，尤其是土地、房产占资产的比重过大。

（四）越脱越困

出售优质资产，购进垃圾资产，卖儿又卖女，断自家香火。

四、主业问题

(一) 行业难做大

许多行业有发展瓶颈,很难突破,如食品安全、运费占比高导致的销售半径问题。有的行业稍微发力,就遇到天花板。

(二) 主业萎缩

产品的更新迭代难以把控,跟不上消费者需求的变化,主业没有核心竞争力,有的就是做流量,有的就是贴牌,有的研发投入低,产品单一,造血能力不足,市场空间小,结构存在问题,增收不增利,低质量规模增长没有带来回报的增加,行业竞争激烈,没有增长或衰退,行业回报率较低。

(三) 客户问题

有的客户与股东集于一身,客户过于集中,公司对其过于依赖,如富士康、运营商系、电力、华为等巨无霸,轻轻松松就可以扶植一家公司上市,也可以让一家公司断炊。

(四) 行业潜规则

医药医疗行业的高回扣众人皆知,很难做到出污泥而不染。

五、自身经营及财务状况

(一) 无心经营

靠卖股权或卖房、政府巨额补贴救急,希望卖壳走人。

(二) 过度金融化

高成本融资,高杠杆融资,过度使用非标金融产品,大力使用资管、信托等产品。很多上市公司嫌产业利润微薄,做产业的供应链、外汇、期货等业务。

(三) 财务状况恶化

负债率较高,经营性现金流入不敷出,维持生存是大问题,靠借新还旧或新增融资续命,资产被全部质押,变现及流动非常困难。

(四) 利润质量堪忧

账面有利润,但是经营现金流持续为负,如 PPP 项目。

(五) 资产质量一般或较差

底子差,现金流极差,靠融资续命,没有核心技术。

（六）盈利能力问题

毛利率极低，亏损严重，很难翻身。

（七）资产大幅减值

一些上市公司对2018年年报中的应收款、存货、商誉等进行巨额减值，地动山摇。

（八）对外担保

为他人担保将自身拖入债务泥潭，账户被冻结，无法正常经营。

六、控股股东

建议证监会对IPO公司出台控股股东管制规则，避免由于控股股东问题而将好端端的上市公司逼入绝境，同时，交易所加强对控股股东的监管，昔日千亿元市值的康得新集团就是血淋淋的例子。

（一）自身问题

问题不胜枚举，如心怀叵测，居心不良；实力较弱，关键时刻无法支持上市公司；持股比例过高或过低；操纵股价；质押比例过高；股份被冻结、被拍卖、爆仓；挪用上市公司巨额资金，无力偿还占款；减持套现离场；向上市公司收取管理费，让上市公司承担责任（如对外承诺、捐赠、亏损业务）；掏空上市公司；无力控盘导致前几大股东争夺控股权。

（二）老板格局、能力及品德

实际控制人学历低，胆子大，销售能力强，但是达不到公众公司的要求；家族打理，管理思想落后；买珠宝名贵字画供自己欣赏，买豪车当坐骑，贪图富贵……这些现象司空见惯，需要加以引导和警示。

（三）母贫子贵

子公司上市成功，丑小鸭变白天鹅。但控股股东如果太穷，难免会做出损害上市公司的事情，通过关联交易从上市公司"剜肉吸血"，幕后炒自家股票搞所谓的市值管理，钱来自上市公司或将持有的上市公司股票质押，一旦出事就跑路。

（四）一股独大

上市公司为公共财产，中小股东很难形成制约、监督，在董事会提名、高管任命、独立董事履职、监事会职责等公司治理方面有名无实，治理结构问题喊了十几年，就是没有从根本上解决。

七、人的问题

(一) 股权激励

激励条件设置过于苛刻,员工持股计划成了镜中花、水中月,令管理层和核心员工失望。

Wind 资讯的数据统计显示,以 2019 年 6 月 26 日的收盘价与员工购买均价计算,2014 年至今已实施的 827 笔员工持股计划中,有 572 笔员工持股计划仍处于浮亏状态,占比 69.16%,共涉及 473 家公司,员工持股计划失去了应有的作用(当然,背后原因较为复杂)。

(二) 队伍稳定性

人的因素永远是第一位的,频繁变换大股东,大股东频繁更换管理层,管理层大换血。

(三) 内部人控制

管理层谋求控股,与控股股东博弈,董监高掏空上市公司。

(四) 管理无能或陷入内乱

各项指标在同行业对标中垫底,资金去向成谜(如预付、应收款),公司内部分帮派、有山头。

(五) 被收购公司融合难

国人素有"宁做鸡头、不做凤尾"的思想,收编后被收购企业的原高管权力变小,与收购方文化、经营理念的磨合,适应收购方的管理体制等。

八、经营管理

(一) 商业模式落后

产业链中处于被动挨打地位,在上下游没有话语权,没有创造出好的商业模式,难以解决巨额资金的垫付问题,营运资本占用高,现金循环周期长,利润都在应收款和存货里。

(二) 不务正业

无心搞主业,左手搞贷款,右手玩资本运作,玩概念题材,玩金融,玩股票,玩理财投资。

（三）产品质量问题

产品被召回，产品含有违禁物或致癌物，产品被抽查上黑名单，这个问题非常致命。

九、商誉

商誉已成为2018年A股上市公司谈虎色变的话题，重伤了许多公司，有的需要好多年才能恢复元气，其成因较为复杂。

（1）蛇吞象，商誉占净资产的比重过高；金额过大，溢价过高，内含报酬率过高（加权平均资本成本高），投资回收期过长；

（2）标的资产质量平平或低劣，并非优质资产，对赌三年期都无法实现目标；

（3）交易有猫腻，出售方涉嫌向收购人或谈判人员输送利益，羊毛出在羊身上。

十、政策扶持

（一）监管放行

命悬一线的公司希望通过重大资产重组、非公开发行、再融资等获得新生或喘息的机会，但是如果监管部门不放行或市场不买账，则失去了翻盘的机会，如重组失败，再融资告吹。

（二）政府补贴

上市公司还是块金字招牌，许多上市公司靠政府补贴度日，譬如新能源汽车退补政策出台，一批上市公司就出现亏损。

笔者总结的上述十种情形，无论对拟IPO公司，还是对已上市公司，无论对监管层，还是投资者，无论对实控人，还是对公司员工，都具有警示与启迪意义。

第九节　政策建言

这些年投资者鲜有分享到经济增长带来的财富增加，除极少数利益团体外，投资者大多血泪斑斑。资本市场发展这么多年了，的确令人寒心。

一、改革配给与审批制度

中国资本市场的核心思维还是严格的资源配给和审批制度，IPO成为稀缺资源。政府应做到真正地开放IPO市场，企业与生俱来享有上市资格，唯有开放才能谈及公平公正。配给与审批只会滋生腐败，牺牲投资者的利益，最终让资本市场付出代价。靠市盈率按23倍发行是行政定价，可以让市场去解决"高市盈率、高股价、高申购量"的三高问题。

二、审核标准透明

人不可能十全十美，审核不通过都有理由。现实中，专业团体、财经媒体认为可以通过的为什么证监会股票发行审核委员会会否决？反之，认为不应通过的反而闯关成功？既然审核标准这么严，为什么一些公司上市三年就大变脸？核心问题是：审核的原则有哪些？审核标准可不可以公示（不能只在内部券商培训会议上耳语）？标准可不可以统一？哪些问题构成实质性障碍？哪些仅是一般性问题？可不可以量化为计分标准？

三、精简招股说明书

现在的上市公司IPO、再融资、重大资产重组的大部分资料都是较为冗余，浪费投资人时间。招股说明书的核心内容就是：公司的投资价值是什么？公司的核心竞争力和竞争壁垒是什么？公司增长的驱动因素和风险点是什么？比较竞争的优势和劣势在哪里？这些才是投资者关心的问题。

五、证监会定位

证监会应具有独立性，应放权于市场，尊重市场规律，坚持公平与效率，不能既定规则，又当裁判，放下计划经济的管制之矛，拾起市场经济的监管之盾。

六、政策立法、修订与解释

对现有的政策解释，因时因人因事而变，导致同一政策在不同时期有不同的解释，政策缺乏统一性。

监管部门对资本市场微观调控的思维，导致市场一有风吹草动，就立马修改规则,今天向左,明天向右,而且大多没有什么实质效果,让投资者左右为难。

七、尊重市场

改变行政调控思维,让企业能进能退,让市场自动分层,让市场容错纠错,让市场发挥调节功能。

将监督交给市场。中国股市发展 20 多年,虽然口口声声地保护中小投资者,但是现行的证券立法大都是维护控股股东、中介机构的利益(各行业协会"护犊子"),而且违法代价低。市场一直在呼吁提高造假者的违法成本,对 IPO 公司实际控制人或主要管理人员追究刑责,新修订的《上市公司治理准则》对董事也有担责条款。降低造假收益一时半会儿不容易,但提高造假上市成本是完全可以做到的事情。

如果 IPO 存在造假、信批不充分和不实等问题,鼓励类似浑水机构做空,提倡股民集体诉讼,对有些案件,证监会根据市场结果进行处罚,还市场监督功能。

导致上市公司集体诉讼难的背后是国情,集体诉讼需同时具备三大条件:一是司法独立,排除地方保护;二是实施判例法,便于低成本援引;三是法院支持高额赔偿金。

城外的人想进来,城里的人不想出去,在城里混不下去的主儿还想将稻草换成金条,将壳卖出天价。资本市场必须有进有出,优胜劣汰,才能成为一池活水。

八、融入国际化

商业大同,A 股主动与国际资本市场运行理念、规则接轨,放开国内外资本准入,加快与国际资本市场的规则接轨进程,提高资本市场活性,倒逼国内资本市场改革,完善市场均衡博弈、自我修复机制。既没有必要另搞一套,更没有必要进行低段位地创新。

【附录】

为什么农业企业上市难?

农业是基础,无农不稳,但是农业企业要上市,面临很多无法逾越的难题。

（1）经受全球供给及进口配额冲击，农业企业较难赚大钱。国外的大米、水果、猪牛羊肉等不仅比国内品质好，价格还便宜。一旦国内农产品价格涨幅过大或大量减产，国家就开闸放水，批量进口。对农产量大国，中国以此大打贸易牌。此外，农业也有周期，"猪三年"就是一年亏一年平一年赚，这样分析，农业企业怎么可能赚大钱？

（2）靠天吃饭。农产品受自然灾害、瘟疫流行等不可测因素的影响极大，好年成少，所以，保险公司没有兴趣开发险种。

（3）靠政策。农业上市公司补贴收入占半壁江山甚至更多，实在正常。2017年，新的政府补助会计准则，允许一部分补贴作经常性损益。中国人多地少，农业人口数量巨大，农业税免征，还给予农业补贴，即使这样，农民还是不愿种地，因为城乡存在巨大差异，不只学过比较经济学理论的专家懂，农民也明白。

（4）盘点难。笔者在正邦集团工作时，曾到凤凰猪场去过，却根本进不去。大型猪场动辄几十万头的养殖规模，严格进行消毒隔离。30万头，就是数数也得要多少天？严格的消毒、隔离（一周左右）、猪对陌生人的高度敏感，导致不可能让陌生人进去抽盘。笔者感叹：人看猪，猪像人（一猪一间，卫生，有空调）；猪看人，人像猪。

（5）员工素质相对较低。农业企业大多人迹罕至，生活条件艰苦，大学生不愿意去，招人极其困难，工资倒不是主要问题。所以，农业企业中半文盲、年岁大、本地人居多。由于员工素质相对较低，决定了基础管理水平、现代化管理系统难以推行，加上行业特点，成本核算也难以准确，为投资者、分析师所诟病。

（6）最后一点，国内农业企业拼规模，大多没有核心竞争力，核心技术基本在国外，种猪、农作物种子、低害或无害农药、废弃物处理等都得靠进口，国内技术力量强的企业，往往要等到国外专利失效后才能搞仿制！

第十章
CHAPTER 10

市 值 管 理

　　2014年,国务院发布《关于进一步促进资本市场健康发展的若干意见》,提出了"鼓励上市公司建立市值管理制度",一石激起千层浪引发了资本市场市值管理的热潮。然而,近年来出现了打着市值管理的幌子,从事内幕交易,行套利之实的投资者,2017年证监会进行整治。市场上有形形色色的市值管理理论,究竟什么是真正的市值管理?

第一节 市值管理定位

资本市场上对市值管理有不同的理解,证监会文件中认为市值管理的目的是提高上市公司质量,市场上更多的理论是旁门左道,容易让人误入歧途。

1. 市值管理的定义

市值管理的主体是上市公司,是股东受托行为,并非控股股东及经营层的财富管理;市值管理的目的是维护公司全体股东的利益,在内在价值与市场价值之间取得平衡,并非等同于提高上市公司质量;市值管理是长期性经营,做大蛋糕,不是市场投机、玩零和游戏,更不是割韭菜、褥羊毛。

2. 为谁服务

市值管理是股东层面的大事,上市公司要有长期策略,平衡各方股东的利益。控股股东要有大格局,控股股东利益可以优先,但一定要兼顾其他投资者的利益,正所谓独乐乐不如众乐乐。

市值管理是股东委托上市公司董事会进行股权管理、价值管理,必须由董事长亲自抓,董事长一定会承受控股股东施加的压力,但不能听由私募、投行、庄家摆布或配合其演戏。市场上盛行的讲故事、编题材、造概念、蹭热点的伎俩,并不是市值管理的正道。

3. 与业绩创造之间的关系

业绩创造是土壤,市值管理是结出的花朵。业绩创造是上市公司层面的内部事务,而市值管理是外部资本市场的主动行为,两者各有侧重,不可混同。市值管理是长期行为,要取信于资本市场,不得苟于一时之利。

第二节 当前资本市场的特点

资本市场风云变幻,研究资本市场的特点,是市值管理的必修课。

1. 马太效应

国家一直鼓励兼并重组，优化资源配置，近些年效果开始显现。伴随着资本市场的逐渐成熟，投资者渐趋理性，资本市场呈现两极分化的马太效应，市场分层明显。强者更强，头部公司具有很强的虹吸效应；弱者更弱，会出现仙股；烂壳急剧贬值，早跑者套利，晚跑者套牢。

2. 金融工具大量使用，产业资本进入

金融衍生工具与产业资本大举介入，市值管理不稳定性增加。从正面进入股市的金融基础产品不多，倒是从偏门进入的金融衍生工具争相涌入，金融衍生工具使用过度，金融资本层层嵌套，股市风险集聚，同时，产业资本鱼贯而入，形成多方博弈的复杂局面。

3. 投资理念发生变化

伴随着高增长成为过去式，投资者结构也发生变化，机构投资者从过去的追求收入、利润的快速增长少年型转变为偏爱自由现金流、资本回报率、贴现率的成年型。

4. 资金推力

资金是水，业绩是舟。水可载舟，亦可覆舟，舟可为木船、游轮，也可为航母，但是水需要看源头，只有政府实行货币宽松政策，机构资本金充实，家庭及个人债务水平适度，上市公司业绩创造满足预期，市值管理才能最大化。

资本市场需要有活水流入，新的证监会主席上台，首先引入国际资本，短时间指数暴涨。

第三节 影响市值的主要因素

资本市场纷繁复杂，乱象丛生，究竟是什么力量在决定或影响市值呢？

1. 资本周期与行业周期

周期即势能，在熊市、行业低谷期，纵使卓越的上市公司也是无能为力的；相反，在牛市和行业爆发式增长期，纵使平庸的上市公司，也能获得高溢价。

2. 股东的担当

大股东要有恒业的准备,承诺5年不跑路、定增或重大资产重组3年锁定期,股价低迷时要增持;大股东要有足够的实力,要巩固控股股东的地位;大股东要立足现状,着眼长远,做好上市公司战略规划和业务布局。

3. 公司业绩

资本层面创造的价值,比经营层面创造的价值更具有放大效应。经营层面犹如建筑物的框架和地基,如果建设很牢固,就可以有各种外形设计、装修。经营业绩较好、质地优良的公司就有具有价值,容易在资本市场兑现价值,经营层面创造的价值具有长期性,资本层面创造的价值具有偶然性。

4. 盘子大小

盘子大小不同,市值管理的利弊不同。小盘股的股价易波动,大股东控股地位容易受挑战,业绩容易翻脸,是散户、PE的最爱;大盘股的行业地位牢固,股价被操控的难度大,对重分红的长期投资者具有吸引力。

5. 股东结构影响

2018年2月,重大资产复牌后的豫园股份股价并没有上涨,且不说注入的资产多为溢价地产项目(商业地产不被看好),"健康、快乐、富足"概念资产尚未被孵化出来,豫园股份重大资产重组方案不受股民待见的另一个主要原因是,资产重组完成后,复星系在上市公司中的持股比例已将近70%,剩余股份中又以散户居多,因此,大的机构投资者离场。

6. 信心、定力、质地

股市极为敏感,极易"伤风感冒"。身体强壮的股票抗跌能力强;身体羸弱的股票,一经打击便卧床不起;更有甚者,一些股票患上"神经衰弱症",患得患失。好质地的上市公司,要坚定信心,保持定力。

7. 政策因素

有人说,中国股市是政策市,笔者不敢苟同,*"政策风"短期来看并不总是有效,长期看效果有限,破坏了资本市场的自我修复机能*,如政府直接干预、非市场化的发行制度、不彻底退市制度、欠缺效率的公司治理、卖空及大股东减值规定。市值管理不一定要跟着政策走,但不可逆政策而行。2015年股市熔断机制之后暴跌,监管部门逼迫做空机构回吐利润、资金,在此期间解禁抛售的控股股东及利益一致行动人回购股票,这是近几年出现的极端例子。

第四节 如何进行市值管理？

研究价量变化是股民的必备课。但是作为市值管理者，要具有大局观，着眼于势、能、量，进而判断市值的趋势、速度和水平。

一、实时调整股东结构

在保持市场活性的前提下，有效引导不同类型的投资者，适时调整股东结构。

（一）优化存量

引入机构投资者，如证金、汇金、社保基金、大险资等国家队，这些机构不以短期获利为主，在市场有很强的号召力。在不同时期，定期审查投资者名单，对机构投资者、战略投资者、券商、私募、游资等种类及持股比重实时引导调整。对各类投资者，不仅要看出身，还要定判断标准：持仓期、投资组合集中度、调研时间长短、参与决策的专业人员数量、平均交易量以及最看中哪些财务和运营数据。现在的有些基金经理最多只看 18 个月左右的数据，3 年就已经算是长线，这与当下的风险考量、内部考核有关。核心材料供应商、关键客户、销售平台或渠道商、掌握国际尖端技术的实验室都是公司理想的战略投资者，这些投资者能弥补公司短板，加速公司发展。

（二）调变量、扩增量

上市公司可运作的手段非常多，如增发、配股、增减持、红利政策、股权激励、并购重组、可转债及其他金融创新工具。

二、主动管理好预期

股价受宏观经济走势、行业周期、熊牛市、企业发展阶段、业绩、技术面、投资者心理等诸多因素影响，顺境中借势，逆境中扛压，平境中蛰伏（积蓄）。此外，运用预期可以对冲风险，提前释放或延迟到来（如惯用的停复牌）。

三、量化管理,预测股价大势

导致单边上涨、单边下跌、巨幅震荡、长期横盘的背后必然有其动因,必须设计一些能揭示个股股价重大波动规律的指标,如景气度、通货膨胀、基本面、公司特性、PEG 等,不断监测并修正,日积月累并能形成一套科学的量化预测指标。

四、塑造企业声誉与品牌

主动积极地参加含金量高的国际、国内评比,作好危机公关。

五、研究股性

犹如个体的人,股票也有其独特个性,不会是"千股一面",不同股性吸引不同的投资者。对不同的股票,市值管理原则是相同的,但策略、方法不尽然相同。

第五节 市值管理的量化决策

市值管理风险与收益并存,对估值的预判是最艰难的事,影响上市公司后续资本市场运作效果,管理全球最大基金的桥水公司创始人瑞·达利欧(Ray Dalio)采用的投资决策方法简单易行,在瑞·达利欧的两步法基础上,笔者增加了第三步。

一、预估发生的可能性

首先评估方案成功、失败的可能性,很多上市公司的市值管理往往止步于此。

二、测算预期收益

能冒险的经纪人来往于牛市中,而平庸的人只能在熊市中。任何决策都有一定的赌博成分。预期收益=押对奖励×押对概率-押错惩罚×押错概率,只要有损失承担能力,有时虽押错概率很大,但是押错成本小;有时押对概率虽然小,但奖励很高,就值得押。不管押对的概率已经有多大,提高押对概率始终有价值;知道什么时候不去押注和知道什么值得押注同样重要;最好的选择是好处多于坏处的选择,而不是毫无坏处的选择。

眼看他起高楼,眼看他宴宾客,眼看他楼塌了。有些控股股东为了进行所谓的市值管理,幕后操纵上市公司股价,在超过损失承担能力的情况下加倍杠杆,随着去杆杠行动的展开,资管/信托合同到期后不能续期,结果股价"跌跌不休",被强行平仓,损失惨重,控股地位不保。

三、比较机会成本取舍

对不同的方案进行评估,比较机会成本,择优使用。

第六节 市值管理启迪

资本市场犹如大海,表面风平浪静,海面以下却波涛汹涌,深不可测,因此,做好市值管理,难度极高。

一、紧抓机遇

资本市场具有周期性,牛短熊长,题材热点不断变幻,机会稍纵即逝,可遇而不可求。顺势而为,好风凭借力,送我上青云,熊市布局,牛市收获。历史总是惊人地相似,需要不断地研究历史、研究同行、研究规律。市值管理要因时相机而做,公司处于不同的发展阶段,采取不同的策略。

二、研透控股股东

控股股东是最大的庄家,是交易对手。在资本市场,有不少控股股东是资本运作高手。水平一般的个人或机构投资者,遇到这样的控股股东,要特别小心,最好当旁观者,除非能跟上节奏,或者对其利益诉求看得真切,看出它的下一步棋走法,否则,就是与狼共舞。

三、沉下去浮出来

股市脆弱,任何风吹草动都会反映在股价上。所有东西都是放在眼前看更大,正在发生的事情似乎很大,回头看则不然。应该跳出局部看全局,有时甚至可以过一段时间再做决定。

四、波动围绕价值中枢

理论上,股价应围绕价值波动,但是实际上两者重合相交的时间极少,绝大部分时间股价上蹿下跳,反复无常,这也是股市的魅力所在,但价值却是水平仪。

政府掌握庞大的资产,A股依靠国家托市资金、货币超发,会带来交易量的增加,交易量的增加推动股价的增长,这处交易量是流沙,使科技股变成科幻股。若股价严重背离价值,则流沙撑不住水平面,水位会迅速下降。水深时不肯下水捕鱼,水浅时又捕不到鱼,市值管理就永远没有机会。

投资者都是各种不同角色的混杂,有神仙有妖精,有小鬼也有凡人,买卖行为都有特殊的理由,上市公司在保持股性活性的同时,如何减少剧烈波动、提升投资者质量、让普通投资者能分得一杯羹,是市值管理需要解决的问题。

五、信披重在提质增量

提高信息披露的质,增加信息披露的量,消除投资者的恐惧。当前,资本市场信息披露存在三大问题:应披露而不披露,隐瞒真相或披露失去时效性;披露不详细,轻描淡写或犹抱琵琶半遮面;虚假披露,有意误导,混淆视听。投资者对风险有恐惧感,风险就是不确定性,上市公司应保持开放、透明的态度,让投资者消除恐惧、疑惑。

六、鼓励长期价值投资

股票市场越来越短视,这是个全球性问题,以美国股票市场为例,如今75%的市值仍然掌握在退休基金、指数型基金和大学投资基金的手上,但股票持有时长从20世纪70年代的5.1年降低到现在的7.3个月。

放眼全球,货币购买力贬值一直存在,长期价值投资的交易成本会因交易频次的降低而提高,股票的长期表现比债券好。

在A股市场,长期投资是很危险的事。投资者缺乏安全感:财产及人身安全没有保障,政府政策多变,同一经书不同和尚念出不同音(看谁在位),国有企业没有形成职业经理人制度,民企老板决策又不受约束,企业经营行为均短期化,其兴也勃焉,其亡也忽焉,所以做长期投资,将自己的命运交给别人,的确是很危险的事。

尽管市场呼吁投资者关注长期投资价值,上市公司要做长期战略部署,不要对一城一池津津乐道,但是依旧雷声大雨点小。高管的短期任期压力,高频短期交易的皆大欢喜(交易所收手续费,券商收佣金,政府收税),吃快餐的对冲基金,对公司长期价值丝毫不关心追求速战速决的机器人(指程序化交易),促使市场短期投机成风。短期业绩上不去的GE,贷款也要派发高股息、回购股票。

纵观所有伟大的公司,创始人箴言都没有提到为钱而奋斗,但是随着一棒一棒地交接,后任的董事长及CEO们似乎忘记初衷,穿梭于投资者、华尔街,疲于应付当期业绩,每季度都活得很辛苦。国内很多上市公司3年业绩对赌期满后,价值急速缩水。

鼓励长期投资,当前急需从六点抓起。

(1) 控制股东及核心管理层长期持有,坚决兑现承诺。

(2) 时刻维护并扩大现有股东利益是制定一切重大政策的出发点,并保持公开透明,非为一己之私。

(3) 业绩是结果,价值才是目标,价值需要量化,公司需要在长期、动态平衡的基础上,建立覆盖市场占有率、PGA(profitable growth)、研发投入与新产品上市,社会责任(能提高公司及产品品牌影响力而非时下的讨好指标)和客户满意度五大指标的竞争力衡量体系,淡化短期业绩。

(4) 持之以恒地筛选股东,吸引长期投资者入场。

(5) 在公开场合积极宣传公司的信念,在信披露上对内在价值与市场价值出现严重背离时向投资者警示。

(6) 修改证券法及公司章程,鼓励公司为持有公司股票时间长的股东提供董事会席位,或者给予他们更多的投票权。

股市重未来,市值管理不仅要管理现时价值,更要释放未来价值潜力,不可过度透支未来。市值管理者不是会算命的神仙,不要只盯着价格指数,更要重视价值衡量与风险控制手段。

舞榭歌台,风流总被雨打风吹去。市值纵横事,得失寸心知。

第十一章
CHAPTER 11

A 股壳成本

笔名为劳阿毛的一位作者于 2016 年发表《如何计算 A 股的借壳成本？》，引起笔者的极大兴趣，劳阿毛初步估计 A 股的壳成本应该在 80 亿—100 亿元，令人咂舌。

借壳上市是指非上市公司通过受让控股股份、权益互换、定向增发等方式进入上市公司，并取得上市公司的控制权，实现其上市的目的。壳资源价值即买壳上市的成本，由于监管部门没有规定借壳费用可以合法化，导致实操案例中，交易双方会选择较为隐蔽的方式实现壳资源成本的转化。如果A股的壳资源可以量化，监管部门、会计准则、税务部门允许壳资源成本合法、透明，计入借壳方成本，交易双方明码标价，不必偷偷摸摸，善莫大焉！但横亘在各方的难题是A股的壳资源究竟能否量化？又如何计算呢？

第一节 估值方法的选择

资产估值已有 3 种较为成熟的方法：收益法、市场法和资产基础法。目前，国内借壳上市中，置出资产普遍使用资产法或收益法，置入资产普遍使用收益法。众所周知，国内资产评估值是交易各方讨价还价的结果，以输出逆推输入，评估值没有太大意义，只是交易的一个强制程序而已，不在本书讨论之列。

对于借壳上市的交易双方而言，对置入、置出资产的估值，使用内生性估值较为稳妥；对上市公司估值，使用可比市场价格作为估值基础较为简便。

一、置入/置出资产的估值

收益法、资产基础法皆以利润作为基础，利润受到会计准则、企业会计政策及会计估计等诸多可供选择方法的操纵，而且准则盲点颇多，由此得出的估值并不可靠。不同于资产评估，内生性估值是通过资产产生的现金流反映现金流潜力及风险来评估公司价值的方法。唯有真金白银的现金流才能真实揭开价值的面纱，更能可靠地反映估值。

尽管内生性估值较为艰难，实操中运用的可比市场价格可能与内生性估值相差较远，但对于交易各方而言，内生性估值是确定交易低价、价格上限的基础。

（一）内生性估值的计算公式

需要指出的是，股权价值与内生性估值是完全不同的概念，两者的联系如下面的演算过程所示。

    标的公司股权价值
  －标的公司多余资产的清算价
  ＝对标的公司股权净投资
  ＋收购方承担的债务现值
  ＝标的公司内生性估值
  ＋交易成本和费用
    净收购价

与传统的股权估值不同,内生性估值不能仅限于股权估值,将标的公司的负债纳入公司的整体估值范畴,也即资产估值,以更方便地计算收购成本。资本结构的不同、举债能力、举债成本、利息覆盖率也对公司的未来现金流产生巨大影响,明显的例子就是高速公路上市公司,负债极大地影响估值。

使用贴现自由现金流模型来计算标的公司的股权价值:

$$V = \sum_{k=0}^{n} \frac{FCF}{(1+k)^n} + \frac{F}{(1+k)^n}$$

其中,FCF:由现金流量,等于经营性现金流扣除经常性资本支出、战略性资本支出后的余额;k:折现率或加权平均资本的成本;n:持有年限,F:持有期满后的预期转让价格;V:股权价值。

(二)不同类型公司的估值影响因子大不相同

金融企业估值易受到监管政策的影响:保险公司举牌上市公司源于监管部门的准入、保险资产的投资收益下降;银行股受政策(如资本金充足率、信贷扩张或收缩、基准利率调整),金融产品获批的影响。

周期性资产估值受经济周期影响,养猪业传统估值受"猪3年"周期影响(但最近是2年亏3年赚),大宗商品估值受宏观经济及周期性商品价格的影响。

上述两类企业的估值还较为容易,对于服务业等轻资产公司,估值则更难。竞争的门槛、行业的集中度、技术的快速发展、商业模式的被复制会导致估值瞬间跌入谷底,一些拥有品牌、独特能力的公司,估值仍然较高。

二、上市公司的估值

当证券分析师被上市公司说得心花怒放时,证券分析师坚定而大胆地说:"我给你P/E:80倍的估值",也并非滑稽可笑。基于可比价格的相对估值更易于为各方接受,便于快速地达成交易。

大多数投资法则是以可比市场的倍数为基础,类比法是以与标的资产类似的上市公司可比交易价格为基础,赋予不同的倍数来确定。

常用的市场倍数有P/E(市盈率)、$MVIC/R$(已投资本的市场价值/收入,已投资本的市场价值是公司的所有者权益和带息负债之和,但不包括现金)、

$MVIC/EBIT$（已投资本的市场价值/息前税前利润）、P/CF（市值/总现金流）、P/B（市净率），以市盈率最为盛行。

即使同类的上市公司数量较多，但是找到可比性很高的上市公司并非易事。投资者需要研究行业价值创造源泉、经济周期、风险因子、不同所有者差异、公司特质、未来资本性支出、现金流变化、资本结构等，尤其是增长动能及增长潜力（股票看未来），进而赋予不同的倍数。

笔者在上市公司担任财务总监期间，接待了形形色色的调研人员，初出茅庐的财务顾问可以信心满满地告诉交易方，我给你的估值是根据同行业A公司的估值进行倍数调整得出的。实际倍数的赋值需要浸淫数年的功力与深刻的洞察力，应关注细分市场容量、增长背后的逻辑与盈利驱动因素。

中国股市估值弹性不仅受增长制约，更容易受政府政策的影响。行业监管、外汇监管、利率监管、投资导向监管、针对特殊群体的鼓励或限制性等政策多变，构成了中国股市的独有特色：体量极大的国有企业参与其中，并得到国家支持，导致很多行业的竞争并不充分；房地产行业存在很大泡沫但不能刺破；产能极大地靠出口、境外投资化解供应过剩的局面难以解决；政府及企业运用高杠杆积累了庞大的债务；转型艰难，中速增长将是新常态。

在目前的A股市场，行业研究员或证券分析师基本依赖资本市场可比市场价格对非上市公司的股权进行估值，试图拉近两者之间的距离。如果估值与市场价格相近，则证明自己的估值是对的；如果估值与市场价格差异较大，行业研究员或证券分析师则通过估值调整来拉近与市场价格的估值，则证明自己的估值也是对的。

内生性估值反映了公司的基本面，基于现金流的内生性估值取决于三个要素：现金流、增长率和风险。现实操作中，往往对风险溢价作出不切实际的评估，翻翻保荐人的尽调报告、评估师的评估报告，往往只是定性而没有量化风险，这其实与忽视风险无异。市场是一只看不见的手，拉长时间段来看，市场是对的，但是短期并不是很有效，市场价格扭曲是常见的现象。但是对于追求"短、平、快"的国人来说，有谁愿意考虑3年后的市场呢？

借壳上市一般分为取得控股权、剥离壳公司不良资产并注入借壳方优质资产两步走，或两步并作一步走。

第二节 借壳成本的计算

上市公司股价偏离内在价值,市盈率过高,会导致借壳方拼命地提高注入资产的估值,共同抬轿子,由此确保自己地价值不受损。监管部门对出售资产按资产基础法、注入资产按收益法大为不满,资产重组的反馈函或问询函言必问此问题,但现实就是如此,监管部门如之奈何?以下从售壳方、借壳方分别计算借壳成本。

一、基于售壳方的借壳成本计算

借壳成本由三部分组成。

(一)出售资产

$$\begin{pmatrix} 原股东 \\ 出售股份 \end{pmatrix} \times \begin{pmatrix} 停牌前 \\ 股价 \end{pmatrix} \times \left(1 + 控制权溢价\right) - \left(\begin{pmatrix} 置出资产内 \\ 生性价值 \end{pmatrix} - \begin{pmatrix} 置出资产 \\ 转让价 \end{pmatrix}\right)$$

控股股份、普通流通股、限售股存在不同的市场价格。从某种程度上讲,控股型权益隐含的控制权溢价未体现在股价上。

从理论上说,控制权溢价也是倍数,通过超额回报予以补偿,20 世纪 90 年代的美国股市控制权溢价率为 20%,但是在中国似乎没有找到标准,控股权溢价率普遍高于此值。实践中,A 股控制权溢价补偿的方式可以有多样,各方可能还不用考虑超额回报,主要原因有两点:控股股东可以通过股权/业务的关联交易获取利益、巧妙地将成本费用加于上市公司、上市公司应得到的各类政府补贴/返还给控股股东等方法剪羊毛;控制权如同出租车的营运证,控制权溢价可以通过转让而获得补偿甚至获利,羊毛出自接盘侠。新的《上市公司重大资产重组管理办法》修订后,对壳资源的降温有一定的短期作用,但是控制权溢价明显地走向分化,垃圾壳的价格可能大幅跳水,但净壳、活壳的价格仍然看涨。神仙居天堂、凡人降人间、小鬼进地狱,是监管部门应当解决的问题。

（二）存量资产

借壳后原股东存量股份×(停牌前股价－类比上市公司股价×系数)＋(借壳方置入资产的内生性价值－借壳方置入资产的评估值)×借壳后原股东持有的股比

由于投资者的迫不及待，一个没有业务的壳公司，市值达到几十亿元，高估值形成了估值深坑，借壳方必须首先填平深坑，即"停牌前股价－类比上市公司股价×系数"，在此基础上的估值增值才能实现。

（三）操作费用

包括审计费、律师费、评估费、财务顾问费、承销费、管理费、公关费等费用，简单明了，易于计算。

二、基于借壳方的借壳成本计算

借壳成本也由三部分组成。

（一）受让资产

借壳方受让股份×协议价格－(置出资产内生性价值－置出资产转让价)×借壳方受让后持股比例。

黄建欢、尹筑嘉在《证券公司借壳上市：模式、成本和收益比较》一文中提出的借壳成本计算方法值得借鉴。假设：合并之前壳公司的总股本为 Q_a、借壳方的总股本为 Q_s，合并前壳公司的市值为 V_a，借壳方置入资产的评估价值为 V_s，壳公司与借壳方置入资产的换股比例为 m，借壳方借壳后持有上市公司的股权比例为 $(Q_{s\times m})/(Q_a+Q_{s\times m})$，即稀释比例为：$K=1-(Q_{s\times m})/(Q_a+Q_{s\times m})$，借壳方承担的借壳上市成本为：$C_s=V_s\times K-V_a\times(1-K)$，本公式反映出股权互换稀释相互抵消后的借壳方让渡价值。

（二）置入资产

借壳方置入资产的折价＝借壳方置入资产的内生性价值－借壳方置入资产的评估值。

（三）操作费

操作费项目同售壳方，另加上重组支出。

至于借壳成功后股价的推升，不属于借壳时点计算的借壳成本。

第三节　借壳上市后的风险

借壳上市成功，并非万事大吉。更大的难题在于量化风险，还有棘手的商誉问题。

一、量化风险

无论是内生性估值模型，还是可比上市公司价格的倍数模型，定量模型工具不能代替定性判断，永远不能忽视借壳上市成功后的风险，尤其是关键成功因素或其赖以存在基础的要素发生重大变化。

前几年借壳上市的公司，赶上中国经济下行与中美贸易战，供给侧改革去产能、需求下降、出口受阻导致外部环境发生重大变化，业绩很难完成，苦不堪言。

对可预测的持续性风险，一旦风险因子发生变化，应迅速调整贴现率；对非持续性风险，需要考虑发生的概率及其对应产生的影响。

二、商誉问题

商誉已经不是会计问题，并成为并购中的巨大风险，对于高于公允价值、躺在账上的巨额商誉，中国会计准则委员会有可能予以费用化。对借壳上市的企业而言，是必须而且不得不面对的问题：盈利预测兑现不了怎么办？股份激励、薪酬考核完成不了怎么办？市盈率下降引起股价下行怎么办？股价下跌，运用杠杆实现借壳上市的控股股东怎么办？

第四节　背离西方理论的中国股市

中国独特的经济环境、社会主义发展初级阶段导致中国股市与西方差异较大，从西方引入的 A 股带有很强的中国特色，以西方理论很难解释 A 股现象。

一、股价做高

至于以较高的增发价格收购借壳方置入资产,原股东可能出于维护增发前市值或享受借壳后股价上升带来市值增加的利益。借壳方明知壳很贵,但是天无绝人之路:通过提高置入资产的价格,将估值共同做高,售壳方索求高,借壳方不肯吃亏,普通股股东希望股价更高,大家共同抬轿子,皆大欢喜。

二、流动性折价难觅

流动性折价反映了因不能将所有者权益快速变现而导致的价格减值,根据对美国20世纪90年代限售股研究的成果,流动性折价水平在35%左右。A股有没有流动性折价?当然有,限售股就是。目前,重大资产重组规定是借壳方注入资产的限售期为3年。由此就可以推导流动性折价率,2017年2月的融资融券成本为8.6%/年,按3年期计算,100元的现值为78.07元,因变现而产生的流动性折价率(%)为100－78.07＝21.93。

当然,这是证监会的强制定价,交易各方似乎并不在意流动性折价,主要原因在于A股大扩容、注册制是大势所趋,大部分市盈率高的公司估值将大幅缩水(A股指数似乎不高,但主要是结构决定的,拜市盈率低的大盘蓝筹股所赐,托住市盈率畸高的中小盘子股),壳方股东只关心卖个好价格,无暇顾及借壳方注入资产的流动性折价,而且借壳方都有盈利保底承诺和限售期。

三、壳资源稀缺,短期行为严重

A股市场目前还是投机场所,上市公司壳资源仍然是稀缺资源,导致壳资源估值虚高,借壳上市者趋之若鹜。如果站在岸边不下水,会错失机会。学会如何在泡沫中游泳,泡沫破灭之前上岸才是借壳方的王道。

历史证明,大多数借壳上市并不成功,借壳上市后"一年红两年温三年之后无人问津",甚至昙花一现的比比皆是。如果借壳成本是合理的,风险是可控的,完成业绩、实现增长仍是很困难,下一步考虑的是如何退出,你方唱罢我登场,资本市场无故乡。

第十二章
CHAPTER 12

未来五年产业展望

　　无论是现有的产业发展,还是未来的产业布局,集团需要花大力气研究产业变迁趋势,未雨绸缪,做一年,想三年,看五年。

第一节 大环境形势严峻

靠投资、出口、低成本驱动三驾马车拉动的快速增长模式已难以为继,市场经济改革步伐艰难、人口红利效应不再、消费需求增长缓慢、城市化空间有限、技术模仿陷入瓶颈,生产力要素成本快速上升、"国退民进"不止、中美贸易战等一系列因素的挑战,严重威胁中国经济未来的可持续发展,对政府的宏观调控政策以及企业的产业投资决策构成新的挑战。

一、政府自身经济问题重重

十几年来高投资、高行政管理支出积累起庞大的债务,利润表上财政年年不菲的赤字,现金流量表入不敷出,土地财政、税收难以供养庞大的行政机构,经年累月的举债成为政府的巨大负担,资本结构失衡导致政府防范风险成为第一要务。根据国际清算银行的数据,2008年中国非金融机构的负债对GDP的比率为140%,到2017年宏观经济的负债率已经上升到260%。

中国经济既有短期、长期问题,也有周期性、结构性问题,加上中美贸易战等外部因素,错综复杂,首要任务是修复资产负债表,内部动大手术,以时间换空间,可能需要5年或更长的时间才能看到效果。

二、企业承受高成本之痛

只要是中国能生产出来的产品,价格就至少降一半,过去的低价策略让国货打遍全球无敌手。但是低价的前提是低成本,如今中国产品这一竞争优势逐渐丧失。高额的房产价格,不断攀升的工业地价,随GDP增长的人力成本,推高了企业生产要素的成本。此外,行政许可虽然大量取消,但是政府对企业监管的范围、力度前所未有之大,打开了注册之门,布下了监控之网。

民间大规模、结构性减税的呼声非常高,但是作为社会的管理者、国有企业股东,在支出端难以减少的情况下,大规模、普惠性减税就变成非常困难之举。

此外,居民家庭负债尚在容忍水平,但房产占据家庭资产的绝大部分,流动性强的金融资产占比少,导致消费无力。伴随着房贷、车贷、消费贷的上升,家庭债务虽未恶化,但已不容乐观。

三、和平已经不是当代的主流

各国政治强人的出现,战争、政局不稳、经济周期、制裁、货币超发、汇率剧烈波动等过去认为不太可能发生的系统性风险,现在呈现出非系统化、预期化的趋势,无论是投资还是经营,一定要作审慎预期。

美国是世界经济的火车头,是中国的最大客户,创造了中国90%以上的贸易顺差。美国将中国视为战略竞争对手,这是一场持久战,可能从贸易到金融、意识形态,再到军事。中美贸易战中,美国要砍存量,而不是讨论在增量中平衡利益,中国纵使削减从其他国家的进口而大量进口美国产品,也不能大幅改变贸易顺差局面。

中美贸易战下全球供应链架构将被迫重新调整,资本是逐利的,也是避险的,大量产业可能从中国转移,同时,美国在众多领域排斥中国竞争,如投资便利化、知识产权共享、前沿技术管制、高科技产品禁运等。

执金融牛耳的美国,美联储的货币政策影响全球经济,中国概莫能外。中国对出口的依赖性、美元的依赖性在中短期内是难以摆脱的,中国对美国的金融政策需要常年保持高度警惕。

四、经济全球化遇阻

以市场换技术的方式已一去不复返,中国政府需打好着力解决国内问题的同时,扩大高精尖技术、战略性资源、高端服务业的进口,逐渐减少进出口的逆差,坚持鼓励有能力的企业进行海外投资及并购,在全球市场找增量,"一带一路"也是经济全球化下的区域化策略,这步棋再难也得走。

当前国内情形与20世纪80年代的日本极为相似,日本的经历为中国扩张提供了宝贵的经验。日本进行了大规模的国际产业转移,全球重新配置供应链,日本的总部职能为:前沿性研发,技术支持,高技术高附加价值产品、设备及核心部件的制造,如丰田的雷克萨斯就是本土制造。将附加价值较低、技术含量不高的生产环节转移到海外工厂,产品由此得以顺利地进入东道国市场。

五、人口红利消失

人口红利消失已经成为共识，人口下降引起的后果是消费能力丧失，更严峻的问题是年轻人少，国家的创造力将逐渐衰退。

对人口红利需要一分为二地看待，印度的人均消耗资源极低，很多人睡在街上，捡垃圾吃，人口对于国家经济是负产出。相比广阔的地域，美国人口不多，人均高消费，但产出大大高于消费，人口对于国家经济的贡献是正产出。

所以，对人口红利不能一概而论是有利还是有弊，人口多，就业是大难题，政府为了社会稳定、解决短期就业问题，不得不放弃长期发展的考虑，当前中国政府、工商界、科技界需要创造经济发展机会，需要提高劳动生产率来带动消费增长。

综上所述，未来五年国内经济增速预计将不断下降，内因决定外因，需要政府、企业共同努力，跳出原有思维模式，积极调整策略。

六、国内政治与经济的结合越来越紧密

政府坚持以公有制为主体的经济体制，对不同所有制的企业区别对待。政治合格与经营合规（纳税、社保、环保、融资等）上升到前所未有的高度。

七、可供调控经济的工具越来越少，空间越来越小

经济学有"蒙代尔不可能三角"，即对于一个主权政府，货币自主权、汇率稳定和资本自由流动，三者不可兼得。同样，汇率与GDP、国际贸易、货币发行量、外汇管制高度相关，也很难兼得，保外储、让汇率在上下极限范围内浮动，难度非常高。

这些年，中国人民银行使用了众多的货币政策工具，除影响中长期的存款准备金、利率外，较多地运用了SLF（常备借贷便利）、SLO（短期流动性调节工具）、MLF（中期借贷便利）、TMLF（定项中期借贷便利）、PSL（抵押补充贷款）、TLF（临时流动性便利）、CRA（临时准备金动用安排）等工具，但是这些工具是保证市场合理的流动性，是维持经济发展，而不是治理经济问题。

财政政策上，政府也是不遗余力，除增加补贴、鼓励建设公用基础设施以外，允许地方政府发债，引导社会资金流向政府。为刺激经济，政府在众多领域制订

了大规模的投资计划。

在减轻税负上,政府一方面降低税率,另一方面对涉及就业、民生的中小企业及个人给予特惠政策,具有一定的效果。

总之,政府打组合拳,在经济中速增长的新常态下,改向追求质量,货币供应从超发转向稳健,减少货币的大水漫灌效应,汇率进一步放开,保持弹性与底线。财税政策方面仍然是大兴基建,并推出了前所未有的减税力度,试图通过供给侧改革,避免过剩行业尾大不掉。

改革开放四十年来,作为新兴市场经济代表的中国经济取得举世瞩目的成就,但是面对国内外形势变化,如何迈过中等收入增长陷阱,避免未富先老? 如何蓄积、开发经济增长新动能? 是个非常紧迫的课题。

第二节 产业投资机会

经过四十年的改革开放,中国业已形成完整的产业链,具备全球竞争的实力,但是放眼未来,产业投资的规律在哪里?

首先,顺应产业转移的普世规律。第一产业、第二产业的人口、占经济总量的比重逐步向第三产业转移,这是无可争议的。第二产业、第三产业更加高效、节约,人类的消费将从实物消费转到服务消费。

其次,深刻理解"以人为本"这个根本点。纵观历史,从农业时代→工业时代→信息时代→智能时代,虽然影响力、影响面各不相同,但相同的是*物为人役,以机器代替人力,改善衣食住行*,从生产→消费,从物质→精神,从温饱→享受,从生活→生命。

再次,把握国内的产业变迁与人口规律。第一次产业、人口的大迁移,是从内地到沿海。第二次迁移的规律是,如果气候、水资源保障、环境保护、交通、教育、医疗适合人居的核心六大要素被满足,今后会成为产业、人口的集中地,形成大城市及其卫星城镇,国家发展珠三角、长三角也同出此理。这样,有些城市会成为鬼城,有的乡村会荒无人烟。

最后,政府终将退出投资舞台的中心。随着基础设施、民生工程的发达完

善，政府将退出，转由企业成为担负社会投资的主力军。

究竟哪些行业会孕育投资机会呢？结合中国国情，还是要分清轻重缓急，着力化解发展中的难题。

一、集中发展市场空间大的行业

中国人口基数大，没有大产业，难以托起就业、税收，导致资源闲置，如能源、汽车、信息和通信、造船、轨道交通、海洋工程、高端数控机床、机器人以及在传统制造业急需改造的先进节能环保产业。这些成熟产业，必须进行创新和再投资，通过创新来提高效率、改进质量，以缩短与全球"领头羊"的差距。

颠覆性技术或产品在摧毁旧行业的同时，会减少资源消耗，消除浪费，提高效率，但是会将市场越做越小。

北京能源研究所曾做过预测，随着新能源的商业化应用，到2050年，中国总的能耗预计会下降到目前的45%，中东部可以自给自足，未来工业耗能、建筑耗能、交通耗能都会大幅度降低，到2035年，全国建筑能耗预计会比现在低75%。新能源的大范围应用意味着传统能源的穷途末路，因能耗大幅降低，新技术/产品的应用会让市场需求萎缩。

二、守住中低端市场

占据市场总量90%的主流市场是中低端市场，如中国的鞋帽服装等日用品市场，这个市场不能丢，毕竟，中高端市场才占10%，不足以满足中国产能的胃口。国家层面要分析国际产业分工转移的背后规律，采取各种手段降低企业的成本，让企业有微利可赚。

三、集中发展替代进口的大产业

现在各地招商喜欢"梦中情人"：无污染、高税收、就业多、占地少，这样的产业除了服务业，在实业里哪里能找到呢？

新材料大多属于化工行业，2013年美国化工产品（包括制药）＋塑料橡胶占全部制造业产值的19.5%，遥遥领先于第二位的食品饮料（占10.8%），而汽车只占6.1%，石油煤炭只占4.4%，中国必将走上化工强国之路，进口替代的行业大有可为。

现在国内的制造业大多属于原材料加工类型，为他人作嫁衣裳，附加值极低。原材料加工企业的报价模式通常是材料成本＋加工费，简单粗暴。以电缆企业为例，首先预测出含铜量，根据市场价格算出材料成本，然后乘上一定系数（加工时会有合理损耗），再加上一定的加工费，就大差不差，所以，电缆上市公司的利润极薄。往上游走，进军新材料领域是中国企业的必由之路。

四、战略性新兴产业呼唤领头羊

战略新兴产业是被最寄予厚望的行业，属于高增长行业，如新一代信息和通信技术（包括集成电路、人工智能、5G、云计算、大数据、互联网、软件、物联网等）、新材料。但是面临以美国为首的发达国家的技术封锁、人才封锁、资金封锁、物资封锁、信息封锁，"中国制造2025"是一条布满荆棘之路。

国家与国家之间也在竞争，彼此争夺全球领先地位，政府通过帮助企业获得领先技术，以及扩大企业的商业能力。战略性新兴产业看似可触及，但是要想培育成功非常困难，国内产业基础薄弱，关键材料及设备依赖国外，核心技术和产业化瓶颈尚未实现重大突破，商业模式还在探索之中。

技术是人类社会的智慧成果，打造战略性新兴产业，需要整合、汇集各方资源，包括但不限于智力资源、产业链资源、市场资源、财务资源，单靠国内的自主研发来取得世界前沿性产业领先地位，这并不现实。

技术的领先没有大规模的资金投入是万万不能的，但光靠砸钱也不行，政府应设法建立和维护中国与全球技术和知识贯通渠道，开发广阔的国内应用市场，从制度层面创建鼓励国内创新与知识产权保护的法律与人文环境。

从微观层面说，目前政府所能做的，就是降低准入门槛、提高用户忍耐度、厂家补贴（如研发、技改）、税收优惠、中长期政策性低利率贷款及贴息、政府产业基金扶助、政府采购、终端补贴等，基本上属于财务资源、试验性市场资源，但是最为核心的是技术资源、人才资源、项目研发及转化能力、投资能力，只有依靠实力雄厚的领头企业来担当，譬如5G时代需要华为这样的领头企业。

战略性新兴产业也存在严峻的考验与巨大的风险：一哄而上，玩概念、低价拿地、骗政府补贴的为数不少。但真正进行产业开发与推动的企业却屈指可数，主要的原因在于：周期长，时间耗不起；研发投入是天量，财力耗不起；需要全球的研究机构、企业、市场、集团共同推动，需要领头企业一马当先。但谁有资格、有能力、有责任感来担当领头企业呢?只怕是众口难调。观望、坐享其成的倒是不少。领头企业介入时机要合适,过早容易成为先烈,太迟则错失战略机遇期。

领头企业需要具备哪些特质呢?亚太德勤举办的"并购·中国经济转型的零界点"(谢安/屈倩如/侯珀)在线学习,有着冷静、精辟的见解,如图12-1所示。

图12-1 领头企业需具备的特质

第三节 改善产业投资环境

尽管政府这些年一直推出"放、管、服"改革、负面清单制度,但是由于各种原因,民营企业、外资的营商环境并没有得到期望的改变,政府并没有发挥市场这只看不见的手的作用。

一、鼓励企业走出去,整合全球资源

中美贸易战给我们敲响了警钟,要从根本上改变出口被"双反"、东道国提高进口关税等贸易壁垒的困境,只有学习日本、韩国,主动走出去,整合全球资源,藏富于海外。

放眼望去,跨国公司依然占据全球化商业体系的制高点,它们左右全球产业整合和价值链的能力依然难以撼动,我们不得不惊叹于跨国公司雄厚的研发基础、精良的装备设施、全球性高端人才、前沿性科技成果、深厚的管理底蕴、超强的文化灌输能力、庞大的市场网络、高明的商业模式、先进的信息化手段、强大的技术及人才储备、支持研发所投入的巨大财力。

中国企业是全球化经济浪潮的得益者,但还只是个小学生。全球化的思考点应以全球的商机和资源来评判,国内企业积极、稳健地参与全球资源的整合,整合模型主要为五类:以收购上游资源为特征的*供求关系型*;以关注产业链下游品牌、渠道,通过海外收购完善自身产业链控制能力为特征的*价值链型*;以通过海外收购逐步解决海外资产管理、金融资本全球化管理为特征的*全球业务扩展型*;以全球高端制造业产业转移为特征的*市场承接型*;以通过复制海外同类公司商业模式,后经本土化创新为特征的*复制创新型*。

这些年走出去面临国内、国际的双重压力,国内并没有在外汇管制、税收特惠、资金进出便利、引进顶尖人才政策等方面网开一面;国际上一些发达国家对投资便利化设置门槛,中国多起收购无功而返。

二、刺激内需,开放中保护基础性产业

中国经济将步入缓慢增长期,国家需大力鼓励消费。曼德维尔的《蜜蜂的寓言》说,节约并非美德,奢侈浪费才是致富之道。浪费不一定是坏事,可以刺激和带动消费。国人注重节俭,产品使用寿命较长,在一定程度上抑制了消费,例如,餐饮浪费可以带动农产品的增长。

履行WTO承诺,全面开放市场,基础薄弱、生产效率低下的行业,将经受重大冲击,如扩大进口美国的农产品。

三、改善营商环境,提供平等的市场机会

当前,新型国家资本主义盛行,助强扶大会导致很多竞争性产业被极少数企业垄断的现象,中小企业的生存环境极其艰难,弱小企业被逐出市场。主要表现形式如下。

(1) 政府资源向大型企业倾斜。很多大型企业通过财政返还等渠道,甚至以零地价获得土地。此外,在市场准入、政府采购、科技补贴、政府资助、地方税收留成返还等特殊优惠方面,基本为大企业所瓜分。由于补贴名目繁多,很多大型企业成立专门的部门,如产业发展部,其任务就是编写材料、跑政府部门,也催

生了一大批以帮企业拿补贴的中介。

（2）不公平的竞争政策、不断攀升的生产要素成本，让中小企业存活艰难。在资质的获批、资本金的大小、行业的准入门槛、融资渠道及成本、环保投入、用工成本、水电等公共资源的供应、土地供给等方面，让一批中小企业望洋兴叹。

（3）政府鼓励国有企业通过兼并扩大规模与整合资源，增强国际竞争力和议价能力，向产业链价值延伸（高端、多元化、分散风险），会形成新型国家资本对部分市场的垄断。有国资背景的企业利用股东资源，在获取自然资源、市场准入、特许经营权、政府项目、银行贷款、资本市场融资、政府采购、国有项目投标等竞争中获得诸多优势。新型国家资本主义思想会导致市场垄断，破坏创新，外资企业和民营企业面临不公平的竞争环境。

第四节　审时度势，苦练内功

当前，中国政府在*贸易增长与进出口平衡、开放服务业与金融/资本市场、承认技术的市场价值与知识产权保护方面*采取了积极行动，加强而不是减弱与西方发达国家的经济联系，释放潜在的市场活力与经济价值，被排斥或孤立的风险是无法想象的。

在外部环境不容乐观的情形下，政府通过共济基金、降低增值税税率、对小微企业减免税负、减少社保金征收率等措施帮助企业渡过难关，但是企业关键要立足于自身，不能等、靠、要。

一、战略调整

在世界如此大变局下，集团更要从战略层面考虑未来的可持续发展，分别从短期变化和长期趋势看，评估全球市场、国内市场、国内与国际市场通道，从增长、回报与风险方面分析对集团的影响程度，并按重要性和优先排序。

二、重新布局

受中美贸易战冲击最大的就是纺织行业，有些集团果断地进行战略调整，重新定位自己在价值链中的角色，重新进行业务布局，重新确定未来的投资方向，将商业活动和投资转向越南、缅甸、南美等国家或地区。并逐步将国内产能外迁，正在进行的项目该停则停，该关则关，该压缩则压缩。

三、拥抱新技术

模仿、引进技术的时代已经过去了，自古华山一条道，中国企业已经被迫进入科技创新这条道。商业模式可以模仿、超越，唯有技术才能引领未来。中国公布了"中国制造2025计划"，引起了美国的强烈打压。2019年美国制定了"前沿技术管制清单"，清单包括生物技术、人工智能和机器学习技术、定位、导航和定时、微处理技术、先进计算机技术、数据分析技术、量子信息合传感技术、物流技术、增材制造、机器人、脑—机接口、高超音速空气动力学、先进材料以及先进的监控技术等14类。国家的科技使命大多由企业承担，新技术的发展和应用，将对人的生活方式、企业运作模式、行业的兴衰产生重大而深刻的影响，不仅让企业领跑全球、让国家强大，也造福人类。

然而，靠自己进行技术创新，这也不是企业所能承受的风险，因此，可以从新技术应用层面开始，逐步走向源发性科技创新。

四、创新商业模式

商场如战场，免费服务、补贴大战在互联网界司空见惯，这是严重破坏市场竞争、试图垄断行业的不正当竞争行为，但是政府一直未加制止。这种竞争手段更加残酷，不断冲击着道德底线和商业规则，主要表现为三种形式。

1. 挤压式发展

现在国内绝大多数竞争领域已"人满为患"，产能严重过剩，发展空间非常狭小，很多企业挟资本、规模优势，掠夺和挤压原有实力稍弱的企业的市场空间、市场份额。

2. 颠覆式创新

美国管理学家海默说过，在过去的十年里，很多产业中的新进者创造了最大的新财富——这是一个不争的事实。他们不是通过"执行得更好"而获得成功，而是他们改变了游戏的规则。

传统的商品经济理论认为，供求关系决定商品的价格。但是为争夺全球大宗商品的定价权,攫取高额利润,华尔街创造性地开发了"期货"这个衍生金融工具,隔断供与求之间的直接对应,利用期货的杠杆效应左右国际市场大宗商品的价格,完全颠覆了传统的商品经济理论。这些游戏规则制定者融做市商、代理商、交易所的功能、角色于一体。在期货博弈中,他们通过翻看新入者的底牌、利用资金优势合谋让新入者挥泪斩仓等手法,让本想通过期货对原材料进行保值的中国等新兴市场国家吃尽苦头。交易所犹如吸力巨大的磁场,发展中国家加入身不由己。

3. 扼杀式竞争

在国内实现充分竞争的几乎任何领域,企业竞争的目的不是追求业绩增长和良好的股东回报,而是先将竞争对手置于死地。对于实力较弱、新生企业或新进入企业,将其扼杀在摇篮之中,不给其一条生路。

尽管竞争手法越来越恶劣,但是深陷其中的企业只能适应,无法逃避。随着国内很多领域的产业集中度越来越高,行业托拉斯会竞相涌现,国内内需不足导致竞争只会加剧。企业要知己知彼,制定独特的发展战略,创新商业模式。

自救的纸媒与坠落的广电

这是一个变化的年代,"2018—2019中国传媒经营价值排行榜"专家评审会上,纸媒收入全面超越广播电视,令人大跌眼镜。分析背后原因,商业模式的重塑与守旧,是两者差距的根本原因。

自从电子书籍问世,纸媒业一直寻求自救。一方面,极限生存降成本,事业单位改制后,一切皆可减,减版面、减期数、减员工、减发行、减办公面积……营业成本大都属于变动成本,纸媒业摇身一变成为"轻资产"公司;另一方面,以期刊为中心发展多业态,以拓展收入来源,如策划活动、举办会展、电商销售、申报智库、全案营销、通过新媒体传播、开发产业园赚租金。

移动互联时代,广电业的竞争对手如野草般生长,一方面,在视频(如爱奇艺、抖音),文字(如今日头条),声音(如喜马拉雅)等领域涌现出一批冲击力极强的新生代,都从广电分流用户,广告收入下降是必然而无奈

> 的；另一方面，相比纸媒业，广播电视业更像"重资产"行业，全天候播出模式导致日常运行成本成为一笔很大且固定的支出，广电业普遍吃财政饭，人员属于事业单位编制，很难进行市场化运作。内部的承包经营模式，让一些体制内个人获取市场化收益，导致制作成本难以降低。
>
> 由于商业模式不同，昔日的难兄难弟开始分道扬镳。
>
> 在移动共享时代，传统媒体业必须重塑商业模式，在体制机制、收入来源与结构、成本弹性与控制能力、人才队伍、流量平台、组织架构、营销策略、盈利模式上大胆创新，方可焕发生机。

五、重视知识产权/环境保护

知识产权、环境保护将是企业不可避免的一项重大投资或退出成本，集团需充分酌量。

由于发达国家的技术先发、领先优势，知识产权成为发达国家保护自己的壁垒，也是攻击性的竞争利器。知识产权让发展中国家承受不了高额的使用费之苦，不能享受科技带来的生产力提升之利，是继关税、"双反"之后的又一大壁垒，社会财富创造受到人为阻碍。如果任由其发展，贫穷国家的发展将会越来越艰难。知识产权是全人类的财富，应该有尝共享，共同开发，形成共同宝藏。

六、提高风险管理能力

企业面临的风险类型和复杂程度正在增加，企业风险管理能力亟待大幅提高，企业风险包括政治风险、知识产权风险、科技人才风险、始料未及的公共卫生安全风险、经济周期风险、核心人员的生命安全与健康风险，以及近年频繁发生的自然灾害、市场风险、供应突发性短缺、营运意外中断、更高要求的监管、信息安全、公司声誉等。

中美贸易战、国内经济下行给所有集团敲响了警钟，不能一味地进攻，更要注意防守。集团的财务状况能应对危机吗？资产组合能对冲或平滑风险吗？业务区域能分散风险吗？财务弹性能否支撑集团开展持续研发、市场开发、千载难逢的并购?

对于集团而言,仅仅做好常规性事务管理是不够的,必须备有突发灾难性事件应急处理预案,并进行模拟演习,进行压力测试。突发性灾难性事件往往是致命的,是新一轮大洗牌,如果没有将市场、客户、供应商、银行、政府、公共关系、生产/服务、员工、投资者、现金储备等事项的系统性处理方案准备好,集团会遭受灭顶之灾。

我们只听到时钟的嘀嗒嘀嗒声,但是从来不知道现在是几点,未来永远是VUCA(volatile 不稳定的,uncertain 不确定的,complex 复杂的,ambiguous 模糊的),只有穿透迷雾,洞察产业未来,并付诸行动,才能赢得未来。

第十三章
CHAPTER 13

职业感悟

　　以下感悟多是从工作实践观察所得,借鉴了杰出同行的宝贵经验,再融入个人思考而得,以此共享。
　　CFO是个很特殊的角色,一般是"内臣",如果能得到董事长或总经理的赏识,那么就是重臣。什么样的人更容易上升到CFO呢?

第一节 如何赢得信任？

渴望赢得信任，是每一个CFO的梦想。但信任是最难得到的。知识可以通过后天学习，能力提高则比较困难，但这两点都不是赢得信任的砝码，笔者认为赢得信任的关键因素有以下4项。

1. "三观"要合

"三观"是指人生观、价值观和世界观，高层能否融入集团，最重要的是能否认同公司的文化及上司的思维方式、行事风格。"三观"是思想、文化之类的无形资产，无形资产比薪酬及福利待遇等有形资产具有更大的影响力。如果"三观"适配，CFO就会用心做，干得长，养成忠诚意识。

2. 谨言慎行

财务部向来是禁地，信息不完全开放。CFO与董事长、总经理、非执行董事、监事打交道的频率高于其他高管，所以更加要小心翼翼，除非公开要求，否则，对内部信息要守口如瓶，平时注重修身养性，陶冶情操，有品更要有行。

3. 不拉帮结派

人多了就有团伙，有团伙就有帮派，这一问题在规模很大的集团尤为明显。帮派、裙带（血缘、地缘、同窗或同学）势力的危害性很大，是非判别中掺杂主观意识，真相易被模糊，让自己丧失判断力。CFO不必追求工作上的左右逢源，更不必与谁私下交往密切。

4. 主动服务意识

CFO不仅要做好财务职责范围内的工作，还要主动积极地参与战略、业务、运营、投资，反应迅速，献计献策。

第二节 优秀CFO的特质

业内有一种奇怪的现象，杰出的CFO通常是半路出家，或者从与财会略有相关的专业转道而来,这道出了*知识可以通过后天学习获得*这个道理。犹如一个木材,好材料稍微加工,就可以成栋梁,优秀的CFO确实具备一些与生俱来的特质。

(1)情商高。具有忠诚度与可靠性。

(2)数据敏感性与洞察力。这个是高层的DNA,会让数据活化,能看出玄机,讲出故事。

(3)领导力。随着职位的晋升,业务、管理、人际三方面的能力呈倒三角结构,升得越高,人际沟通能力和管理能力越强。

(4)稳健性。让公司安全行驶是CFO的天然使命,财务不能驱动业务,但是要减速、刹车,并做好日常维保。

(5)异构能力。杰出的CFO往往只能算半个专家,但一定是杂家,具有举一反三、融会贯通的能力,善解疑难杂症,既能解读宏观经济,又能破解公司难题。

第三节 当好战略助手

CFO不仅要埋头拉车,也要抬头看路,参与制订、理解、执行战略,是公司对CFO最基本的要求。"战略"一词古已有之,在西方被用于商业竞争,20世纪被MBA教材引入国内后,"战略"一词风靡一时,大行其道。然而,真正能理解并熟练运用而且见效的并不多,企业战略需要将兵法与商业规律有效结合,根据集团自身的优势和劣势,分析行业机会与威胁后量身定做。任何两家公司,即使方向上可能一致,但打法一定不同。有些公司经营很成功,但不代表它的战略是很有远见的,可能是一不小心就上了快车。

◇ 下棋时,开局要善布局,中局是缠斗、搏杀,残局是收官。*战略犹如开局,布局取势,势位高就是占据有利位置。*

◇ 中国文化强调中庸之道,"中"就是事物的平衡。*平衡就是适度,既无过,也无不及。*战略也要讲平衡,要"三天打鱼两天晒网",不能一味地攻城拔寨,内部要休养生息。平衡到一定时期,又要打破,创造新的平衡,企业才能基业长青。

◇ *有舍有得,有所为有所不为*。小利、短利最容易诱惑人,主业不强、投资多元化,一旦雷鸣电闪、暴雨倾盆,屋子就进水或倒塌。

◇ *先天基因和竞争博弈抑制了公司无限生长的能力*,每个企业都有自己的基因,有擅长的,更有不擅长的,要学会扬长避短,而不是补短板,短板是补不完的。

◇ *战略是选跑道*。在同一跑道上,有的企业比谁跑得快,理论上谁快谁先到,但是有的企业比谁跑得稳,跌倒的企业就彻底退出比赛。少犯错就是前进,不犯大错,不犯不可逆转的错误。

◇ *从大处着眼,从小处着手*。寻找到战略的突破口,就好比打蛇打到七寸,打井要打到出水口。

◇ *战略需要想象力加胆略*。有想象力,战略才富有前瞻性、可预测性。不入虎穴,焉得虎子,勇者无畏,做得大的老板胆子都大。

◇ *人是战略最宝贵的资源*。人是非常复杂的,人和人怎么融合?个人的经验如何化为组织的财富?不同时期需要什么类型的人?人和任务怎么融合?人和资源如何匹配?如何以比别人小的代价取得成功?

第四节 提高研究能力

2016 年 7 月,证监会发布的《证券期货经营机构私募资产业务运作管理暂行规定》明确:股票和混合类产品杠杆倍数不得超过 1 倍,之前上限为 10 倍。随着金融去杠杆行动的展开,资管/信托合同到期后不能续期,部分投资被迫平仓,损失惨重。从金融到股市,再到实业,一步步传导。

对于集团来说,一定要有研究能力,不仅仅要做政策研究,也要做一些战略的研究、业务板块的研究、自身的研究。研究能力也是衡量一个集团是否具有这种前瞻性的战略能力,以及能否度过危机、抓住机遇的本领。所以,大型集团内一般都有智库专做研究。

一般水平的专家学者,只会总结过去经验,难以模仿、复制;水平再高一点

的，就能从经验上升到理论，探索出理论背后的逻辑；大师级的专家学者，会有未卜先知的本领，即超前研究，研究未来会发生的事。预判难度超级大，但是价值很高。

研究企业自身，要放在大背景下思考，企业只是一个棋子，首先看看棋局，然后思考企业在棋局中扮演的角色和位置，努力是必要的，但是不能保证会成功，这就是研究的格局。

第五节 练习五项能力

人与人之间具有差异性，先天禀赋是无法改变的。要通过后天努力，将本来平凡的自己变优秀，将本就优秀的自己变杰出，以不负家庭养育、学校教育、公司培养。史蒂芬·科维的《高效能人士的七个习惯》是职场人士的必读书籍，以下五项能力对财务人士非常有用，通过练习可以做到。

一、自制力

成功人士都严格自律，对该做什么、不该做什么有自己的规则。笔者的同事是技术高管，他规定自己每天必须阅读2篇专业论文，即使公司散会或应酬到22:00以后，他也雷打不动，坚持阅读。

二、情绪控制能力

冲动是魔鬼，遇到压力或冤屈，首先要保持冷静，然后思索解决问题的方法。

三、时间管理能力

拖拖拉拉，"一慢二看三通过"的工作节奏已经很难适应公司的节奏，财务人员要做到：时间观念强，分配时间合理，工作方法好，工作技巧高，拒绝不必要的工作或应酬。日事日毕，实时结账，即刻出表。

四、抗压能力

喜欢按部就班、执行力强的人,对不稳定性和不可预测性的任务心存畏惧;风险厌恶型的人,在重大危机面前往往手足无措;原则性强的人,对模棱两可的事物难以容忍;喜欢创新的人,对例行公事感到无趣和厌倦。财务人员大都属于前3类。但无论是什么类型的人,都要具备抗压能力,可以适应不同类型的工作。

五、系统化学习能力

为什么有的人在学习上投入了很多时间精力,但是却效果平平?主要是缺乏结构化的学习思维。首先,学习工作流程等操作应用方面的基础知识,学了就用得上,不学就被淘汰;其次,学习本岗位、本专业所需的知识,有心人还会进行拓展,这样与其他部门打交道就得心应手;最后,根据个人的目标和能力进行拔高,如资本市场法规等。通过学习,将零散的、碎片化的知识上升为系统性的知识,提高知识的宽度、深度和高度。

第六节 如何制订好文件?

集团大都通过红头文件文件部署工作、制定政策、立章建制、传达精神,发文的目的是为了解决问题,但很多文件的效果难以符合预期。

一、文件的重要性

(1)无规矩不成方圆,一个公司的运行必须靠文件来支撑;

(2)罗马不是一日建成的,从某种程度上说,文件反映一个公司的管理、文化沉淀;

(3)文件是体系良好运行的保障;

(4)文件是历经多年、汇集众多中高层的知识、经验、智慧、心血的结晶,是反复多遍研究出来的,有的是付出巨大代价才学到的。

二、文件问题多

（1）文件看似说了，但是不能解决什么问题；

（2）以文代口，可说可不说的都发，重要不重要的都发，内容雷同的照样发；

（3）不考虑执行人的接受能力，企图面面俱到、至善至美，篇幅过长，语言啰嗦；

（4）文件汇编只是当年文件，员工不知道哪些被废止？哪些已修订？往年文件哪些还有效？

（5）文件呈事务化趋势，员工需要花费大量的时间学习才能执行，会分散精力，藤条太多反而会捆住自己的手脚。

三、如何制作高水平的文件？

发文，不是纸面功夫。

（1）文件起草阶段，应该贯彻"从群众中来，到群众中去"的思想，除了要符合外部的政策法规、市场环境外，还要考虑：适应公司、适应员工，不可闭门造车。

（2）向"结构简晰，统筹全局，突出重点，篇幅宜短，语言精练，专业宜细（会计、税务等），财管宜粗"的方向发展，重在解决现实问题，预防未来风险。

（3）上面千条线，下面一根针，文件相当于令牌，集团应该严控发文数量，不要轻易发文，数量上要严控。最失败的就是内控制度，曾经火了一阵子，但内控文件过多，导致走向两个极端：或内控过度，或形同虚设。

（4）易理解、好执行是衡量文件质量的标准。不要邯郸学步，不要全盘拷贝别人的东西。文件确实需要借鉴过去的、他人的成果，但是一定要量体裁衣，有自己的东西，才能解决自己的问题。文件既要承前启后，又要废旧立新，语言简洁，表述严谨，互相引用，相对独立而又彼此关联，读起来如沐春风。文风要朴实平白，尽量不要使用律师语言，因为最终执行的可能是文化程度不高的工人。

（5）发文篇幅要控制，宜少而精，除非是培训材料。*真经一页纸，假传万卷书*，可写可不写的，就不要写；其他文件已有的，就不要重复，常识性的东西就不用普及。

（6）发文部门对中高层要进行培训，纳入考核。很多人习惯于口头交流，不太喜欢看枯燥无味的文件，发文部门要到文件目标群体宣讲、答疑。

（7）文件要相关部门会签，避免内部打架，形成统一步调。

（8）文件每年要汇编成册，汇编时要删除临时性、非重要、告知性文件，并传承给新人，或温故知新。

（9）切忌走形式主义，文件不出会议室，放在桌上，挂在墙上，嘴上讲讲，文件的效力最终要落到执行层面。

笔者想要提醒的是，规模较大、历史较长的集团，不可迷失在各种规则和制度的流程里，这样无法充分发挥人的灵敏度和创造力，组织会陷入僵化、教条，千万不要把小事情弄得很复杂，给自己找事做。

第七节 财务团队能力建设

诚如麦肯锡 2018 年度调查结果所反映的，30% 的 CFO 认可自己在财务部门人才梯队建设上的成绩（比例本不高），但是非 CFO 受访者只有 15% 认可。由此说明，财务团队能力建设是集团财务的短板。

在中国，会计是个特殊的职业，既有会计人员从业道德教育，也有《会计法》做威慑，但是纵然这样，仍然不能像发达国家那样让会计师成为受人尊敬的职业。社会普遍对会计人员不认可，如何才能提高会计队伍在集团的地位呢？

当下之策，唯有自救，打造一支有战斗力的财务队伍。

一、进行职业宣誓，让员工充满仪式感

专家的词源本义是 profess，意思是向上帝发誓，以此为职业。例如希波拉底誓言，充满了高尚与爱。

- 请允许我行医，我要终生奉行人道主义；
- 向恩师，表达尊敬与感谢之意；
- 在行医过程中，严守良心与尊严；
- 以患者的健康和生命为第一位；
- 严格为患者保守秘密；
- 保持医学界的名誉与宝贵的传统；

✓ 把同事视为兄弟，不因患者的人种、宗教、国籍和社会地位的不同而区别对待；

✓ 从受孕之始，即把人的生命作为至高无上之物来尊重；

✓ 无论承受怎样的压力，在运用自己的知识时不违背人道主义。

同样，将集团战略目标、集团文化及价值观、财务部门的使命、集体荣誉感、对财会人员的要求结合，撰写职业誓言，在重大场合均需宣誓，秉承"公平、专业、忠诚、严谨、高效"的财务文化，职业誓言包括以下要点。

✓ 诚实，有责任感；

✓ 遵守原则，维护公司利益；

✓ 珍惜集体荣誉；

✓ 保守秘密；

✓ 没有赌博等恶习。

二、树立服务意识

在一些公司，财务部门画地为牢，身在账房朝南坐，缺乏主动服务意识。组织是为了更好地服务客户而生存，否则，就没有必要存在。

财务部门的客户有几类：一类是内部客户，包括管理层及所有相关部门，财务部门要为他们提供增值服务；一类是外部客户，包括金融、财政、税务、交易所、中介机构等日常打交道的机构，财务部门要为公司获得最大利益或争取更多支持；最后一类是股东、董事会、监事会等涉及公司治理的组织或人员，财务部门要做好信息披露及解释工作，争取他们的理解和支持，上市公司还需配合做好维护股价、维护市场形象等工作。

三、推行以业绩为导向的考评机制

德鲁克说，因为泰罗和福特，体力劳动的效率提高了 50 倍，但科学管理并没有解决脑力劳动的生产效率问题，脑力劳动者或者知识工人的生产效率在 20 世纪不仅没有改善，反而还下降了。在一些公司，财务部是最没活力的部门，工作氛围沉闷、吃大锅饭、不思进取、缺乏服务精神、监控多支持少等时被诟病。财务部考核被公认为是一大难事，其实，常规工作是完全可以量化的，以销售会计为例（今后机器人会分岗位）如表 13-1 所示。

表 13-1 销售会计的考核指标

序号	考核目标	指标说明	数据来源	指标定义/计算公式	目标值	权重
1	销售发票录入	核对出库单、订单、发货回单后开票;勾销未开票统计表;发票移交签收;增值税发票的管理	略	区分原则性及非原则性,按重要性原则,结合业务量多少确定差错率,收到属实投诉,扣分		
2	收款管理	核对付款方;开具收据(若需要);输入收款凭证	略			
3	应收款往来核算及核对	输入应收账款凭证;日常与客户的核对;季末询证函	略			
4	销售台账	建立发出商品及代管料台账并逐笔等登记,与销售部每月核对台账	略			
5	应收账款分析	按风险信用特征分析(如账龄),逾期应收款风险提示	略			
6	客户信用管理	参与客户授信额度的审核;退货及索赔处理;监控授信额度执行;坏账核销;协助清理不良应收款	略			
7	销项税核对	按月与税务会计核对销项税	略			
8	发出商品	每月勾销当月开票数;与客户核对未开票数额;每月编制已发货未开票统计表,与销售部每月核对	略			
9	代管料核算	建立代管料台账;抽查盘点记录	略			
10	定价管理及订单评审	建立订单评审模型,参与销售合同签订;参与销售定价	略			
11	销售预算	编制销售回款的月度预算及日报表;对预算与实际差异进行分析;跟踪客户履约进程	略			

（续表）

序号	考核目标	指标说明	数据来源	指标定义/计算公式	目标值	权重
12	回单管理	发货及发票签收回单的抽检；月末未勾稽单据的统计；未回单据的追查	略			
13	提供报表及分析	提供集团及本公司要求的各类报表，每月提供内部分析报告	略	A. 上交及时（20分），B. 内容全面（20分），C. 数据准确（20分），D. 问题分析（20分），E. 建议合理（20分）		

财务工作并非死板、枯燥的，可以在考核指标中设定赋予创新工作一定分值，鼓励员工提出创新建议或用于开展创造性工作。

四、提高职业匹配度

美国著名心理学家、职业理论专家霍兰德提出职业性向理论，把人格分成六大类，即研究型、艺术型、现实型、社会型、企业型和常规型，职业环境也可以分成相应的六大类。如果一个人的人格类型与职业环境类型属于同一个类型，他的职业满意度和成就感就会高些。

有的人走错了路，选错了会计这个职业，想成功比较难。所以，对财务队伍进行测评，是非常必要的。PPIS 是在 MBTI 定性分析的基础上，引入量化分析模型，发现职业潜能，包括天生能力与禀赋、工作价值观、职业目标和志向，是一个非常好的测评工具。

面对众多的财务人员，在职业通道上，集团应给予更多方向，不能在财务这一条道走到底。可以结合个人的兴趣、特长，转到营销、制造等岗位。

五、差异化人才策略

向集团争取有利的薪资报酬制度，以吸引和挽留人才。财务工作的特点是需要积累，晋升速度往往较其他职能部门慢，也不能实行严格的诸如末位淘汰这样残酷的制度，但是保持通畅的晋升渠道，完善温和的淘汰机制是非常必要的。

财务及相关法规变化多,高频、系统化的培训是必需的,但是培训的效果往往不尽如人意,要提倡"做中学、学中做",对一般人员开展应用性培训,以提升技能,提高员工解决问题的能力和工作质量,对培训效果进行考核,要持续跟踪培训效果。对有潜质的员工,实行梯队培养,不仅要提高其专业水平,更要培养其综合素质与能力。做好选才、育才,将有限的资源投入到高潜质人才上。

在工作中,做到学以致用为什么这么难?恐怕还是缺少系统性思维。通过学习,进行思考,系统性思维由系统思考、逻辑顺序、图象表单、工作模型四个步骤组成,遵循上述步骤,最终将思考化为工作成果。

第八节 职业随想

◇ 做"三学"。我在读书时,时任江西财经学院党委副书记的漆权老师教导我们:*学做人、学做事、学做学问*。通过家庭教育、学校教育、社会教育、自我教育,提高个人素养,培养 EQ。与人为善,心胸宽广,不交恶于人,自身要做到激情、勤奋、刻苦、自律。

◇ 培养兴趣。没有人一开始就热爱财务工作,会计工作一定是枯燥无味的,但兴趣靠强化。一个人在一门专业上花 10 000 小时,不敢说会成为行业杰出人物,至少会成为高级专家,必须历经"枯燥无味—培养兴趣—发现乐趣—热爱职业"的情绪通关过程,必须历经"被动应用—观察—模仿—创新—创造"的知识升华过程。

◇ 要有内驱力。*靠鞭子抽才干活的是牛马,靠监督才干活的是奴隶,靠自己驱动干活的是人才*。一般人健身做到力泄,健身达人则必须做到力竭,耗尽最后一丝力气。

◇ 跟上公司发展的步伐,*寻求公司及个人价值重合区域曲线*。在企业的不同发展阶段,对员工的要求完全不一样。在创业初期,一切以业务、融资为重;到IPO 时期,围绕合规、内控、底层(如成本核算);到一定规模,转向业务战略、投资并购、管控体系、风险管理。木头可以做柴火,可以做家具,也可以做栋梁,公司在不同的发展阶段,需要不同类型的人才,放错了地方的人才就是废材。骏马行千里，力田不如牛。个人特长能与需要的平台结合，才能挥洒自如。

◇ 先发优势比后发优势更大。抢跑不是坏事，个人自信心及优越感会越来越强，微弱优势不断积累与巩固，拉长时间段看，差距就非常大。

◇ 环境很重要。孟母三迁的故事启示我们，一个人取得成功，是对企业文化、教育程度、婚姻状况、疾病情况、心理健康、业余爱好、世界观、家庭背景的综合考量。

◇ 避免职场中的"中等陷阱"。一个人的成长如同股票走势，会有涨跌，既要保持总体向上，同时也要以 5 年、10 年、15 年、20 年的波段看，没有波段的上升，总体涨幅就很有限。经验固然重要，过分依赖反而成为掣肘。很多工作10年以上的人，跳槽面临"高不成、低不就"的尴尬局面，就是他们最多5年、甚至3年的工作经验，重复性地用了10年、15年而已，思维惯性，知识老化，短板不短，长板不长……3年太短，5年不长，10年、20年之后，个人就丧失了战略成长空间，经验成为负资产。会计行业知识更新快，需要永续充电，储蓄能量。光用不储备，相当于花钱不存钱。要养成坐冷板凳的习惯，习惯成自然；功夫在 8 小时外；在工作中学习，实践是最好的老师。

◇ 人生不是一条直线，挫折教育是必须付的学费。人生有得意有失意，有高峰有低谷，君子得其时则驾，不得其时则蓬累而行。得志不张狂，展平生之才学，报君黄金台上意；不得意时，则需复盘、自省、持续学习。两者各得其所，相得益彰。

第九节 跳槽选择

最理想的职业生涯是搭载现有公司的火车，减少上下车、停靠的风险，即个人职业规划与公司成长轨迹契合；个人的能力特长与公司需求相交合；小公司能做大，成为行业领头羊，然后，公司能登陆资本市场，再后来国际化，成为世界级的企业，这样的职业生涯可谓一帆风顺。对大多数人而言，很难做到。

棒球运动员中，聪明的击打者，只打高概率的球，只打甜蜜区的球。职场CFO要学会抓住职业生涯中的关键机会，不要不停地扣动扳机。收入不仅看水平高低、看构成(固定保障 VS 浮动可变),还要看收入抗风险性、收入成长空间、公司的薪酬理念(是否领先市场且有竞争性),以及公司为什么付薪:能力、业绩、资历、与上司的关系、相貌……高收入有时不一定是好事,卸磨杀驴者有之,在财务这个行当,职业风险大,高薪酬里面可能有风险溢价,也就是安全费。

第十节 如何读书?

书中自有黄金,读书是好习惯,但是读书要注意四个方面,希望能抛砖引玉,引起大家共鸣。

◇ 对书的态度。*愚者背书,文人编书,智者观书,圣人写书。书未必真实,书未必真理,书未必真情*。读书的作用在于启智、明理,大部分书可谓"一石螺蛳八斗壳",无用的文字太多。读书要读经典的书,经典是经过论证、有生命力的,流行理论来得快,去得更快。

◇ 读三类书。*个人修养方面*:文史哲类书籍,提高境界,变化气质;*职业方面*:经管类书籍,专业水平精进,对CFO而言,"法规"是财务人员的饭钵,*读得深、记得牢、背得出、会得用*。高水平的CFO的主要工作就是研究国家及地方的法律法规、部门规章、规范性文件、窗口指导意见、解释、监管风险提示、监管通信、备忘录、专家提示……然后结合本单位、本部门的实际情况,制定相应的措施;*生活情趣方面*:养生、美食、体育、娱乐、旅游、摄影等,培养业余爱好。

◇ 读书段位。既要避免画饼充饥,又要避免食而不化,温故而习新。读书分三个段位级:初级的是识字,一个字一个字地读,背诵别人的经验与教训;中级的是悟书,读出书本之外的东西;高级的是读无字书,思考发生在周围的自然、人、物质之事,举一反三,推己及人。我接触的第一代民营企业家,学历不高,不爱看书,但是眼光独到,其无师自通的本领源于对现实生活中的观察、思考,正所谓世事洞明皆学问,人情练达即文章。

◇ 为我所用。《中庸》强调,"博学之,审问之,慎思之,明辨之,笃行之"。作者拉你入怀,读者要读得进去,爬得出来。有一个相信理论—实践模仿—质疑理论—消化吸收的过程。

主要参考文献

［1］魏斌.价值之道——公司价值管理的最佳实践［M］.中信出版集团,2018年.

［2］阎达五,耿建新.企业集团会计管理［M］.中国财政经济出版社,1996年.

［3］魏成龙(主笔),王华生,李仁君.企业规模经济——企业购并与企业集团发展研究［M］.中国经济出版社,1999年.

［4］余东文.实现集团转型,整合核心业务［C］.中国总会计师协会编.控制　管理　创新——2005年度中国总会计师论文集.中国财政经济出版社,2006年.

［5］张云亭.融资融券与投资者行为［M］.中信出版集团,2019年.

［6］张云亭.顶级财务总监——财务治理、价值管理和战略控制［M］.中信出版社,2003年.

［7］［美］道格拉斯·R.爱默瑞,约翰·D.芬尼特.公司财务管理［M］.荆新,王化成,李焰,等译校.中国人民大学出版社,1999年.

［8］［美］瑞·达利欧.原则［M］.刘波,蓁相,译.中信出版集团,2018年.

［9］［美］罗伯特·冈瑟.决策的真理［M］.王磊,译.人民邮电出版社,2011年.

［10］［美］保罗·斯佩里,比阿特丽斯·米切尔.公司转让［M］.何昌邑,李菁,等译.北京大学出版社,2003年.

［11］［美］克里斯·祖克.从核心扩张［M］.曾浠菁译.中信出版社,2004年.

［12］［加］克雷格·S.弗莱舍,［澳］芭贝特·E.本苏桑.商业竞争分析:有效运用新方法与经典方法［M］.叶盛龙,刘芷冰,范丽慧,等译.机械工业出版社,2009年.

［13］［英］玛格丽特·梅.财务职能转变与公司增值［M］.郑志刚译.电子工业出版社,2002年.

［14］［美］罗伯特·J.多兰,赫尔曼·西蒙.定价圣经［M］.董俊英译.中信出版社,2004年.

［15］［美］彼得·林奇,约翰·罗瑟查尔德.彼得·林奇的成功投资:修订版［M］.刘建位,徐晓杰译.机械工业出版社,2010年.

［16］［美］亚德里安·斯莱沃斯基,大卫·莫里森,劳伦斯·艾伯茨,保罗·克利福德.发现利润区:珍藏版［M］.凌晓东,等译.中信出版社,2007年.

［17］［美］埃斯瓦斯·达莫达兰.估值——难点、解决方案及相关案例:第2版［M］.李必龙,李

羿,郭海译.机械工业出版社,2015年.

[18] [美]COSO制定发布.企业风险管理——整合框架[M].方红星,王宏译.东北财经大学出版社,2005年.

[19] 赵立新,刘萍等.上市公司并购重组企业价值评估和定价研究[M].中国金融出版社,2011年.

[20] [美]弗兰克·C.埃文斯,大卫·M.毕晓普.并购价值评估:非上市并购企业价值创造和计算[M].郭瑛英译.机械工业出版社,2003年.

[21] [美]罗伯特·S.卡普兰,安东尼·A.阿特金森.高级管理会计[M].吕长江主译.东北财经大学出版社,1999年.

[22] [美]艾森·拉塞尔.麦肯锡方法[M].张薇薇译.机械工业出版社,2010年.

[23] [美]芭芭拉·明托.金字塔原理——思考、表达和解决问题的逻辑[M].汪洱,高愉译.南海出版公司,2010年.

[24] [美]J.弗雷德·威斯通,[韩]S.郑光,[美]苏珊·E.侯格.兼并、重组与公司控制[M].唐旭,等译.经济科学出版社,1998年.

[25] [美]斯蒂芬·罗斯,伦道夫·韦斯特菲尔德,布拉德福德·乔丹.公司理财精要:第7版[M].张建平,黄悦嘉,刘祖基,等译.人民邮电出版社,2016年.

[26] [美]史蒂芬·珂维.高效能人士的七个习惯[M].高新勇,王亦兵,葛雪蕾译.中国青年出版社,2010年.

[27] [美]约翰·G.塞莱克.应收账款管理最佳实务[M].程淑珍译.经济科学出版社,2006年.

[28] [美]史蒂文·M.布拉格.财务分析最佳实务[M].王美仙译.经济科学出版社,2006年.

[29] [美]史蒂文·M.布拉格.存货管理最佳实务[M].曾月明译.经济科学出版社,2006年.

[30] 单喆慜.上市公司财务报表分析[M].复旦大学出版社,2005年.

[31] [美]吉姆斯·D.威廉森,珍耐斯·M.鲁赫夫—安德逊,斯蒂芬·M.布拉格.现代主计长手册:第5版[M].阎达五,等译.经济科学出版社,2000年.

[32] 薛云奎.穿透财报——发现企业的秘密[M].机械工业出版社,2018年.

[33] 赵瑜纲等.财务报表分析[M].经济日报出版社,1997年.

[34] [美]杰弗里·摩尔.跨越鸿沟[M].赵娅译.机械工业出版社,2009年.

[35] 哈佛商学院出版公司.项目管理——按时按预算交付项目的基本技能[M].李争鸣译.商务印书馆,2007年.

[36] Winston Yung.自动化和人工智能如何重塑财务职能.www.linkedin.com,2018年3月4日.

[37] Winston Yung. CFO应着力推动"四化建设",www.linkedin.com,2018年4月29日.

[38] Winston Yung. 3分钟了解CFO新职责,www.linkedin.com,2019年4月29日.

[39] [美]沃伦·巴菲特.巴菲特致股东的信:股份公司教程[M].陈鑫译.机械工业出版社,2004年.

图书在版编目(CIP)数据

超级集团财务/余东文著. —上海:复旦大学出版社,2020.9 (2021.7 重印)
ISBN 978-7-309-14819-0

Ⅰ.①超⋯ Ⅱ.①余⋯ Ⅲ.①企业集团-财务管理-研究 Ⅳ.①F276.4

中国版本图书馆 CIP 数据核字(2020)第 020218 号

超级集团财务
余东文 著
责任编辑/姜作达

复旦大学出版社有限公司出版发行
上海市国权路 579 号 邮编:200433
网址:fupnet@fudanpress.com http://www.fudanpress.com
门市零售:86-21-65102580   团体订购:86-21-65104505
出版部电话:86-21-65642845
江阴金马印刷有限公司

开本 787×1092 1/16 印张 23.75 字数 388 千
2021 年 7 月第 1 版第 2 次印刷

ISBN 978-7-309-14819-0/F·2668
定价:88.00 元

如有印装质量问题,请向复旦大学出版社有限公司出版部调换。
版权所有   侵权必究